理解战略叙事：
国际政治中的话语武器与修辞策略

Understanding Strategic Narratives: Discourse Weapons and
Rhetorical Strategies in International Politics

曹德军 著

社会科学文献出版社
SOCIAL SCIENCES ACADEMIC PRESS (CHINA)

图书在版编目（CIP）数据

理解战略叙事：国际政治中的话语武器与修辞策略 /
曹德军著. -- 北京：社会科学文献出版社，2024.5（2025.2 重印）
（中国社会科学博士后文库）
ISBN 978-7-5228-2367-6

Ⅰ.①理… Ⅱ.①曹… Ⅲ.①国际关系–研究 Ⅳ.
①D81

中国国家版本馆 CIP 数据核字（2024）第 029661 号

·中国社会科学博士后文库·

理解战略叙事：国际政治中的话语武器与修辞策略

著　　者 / 曹德军

出 版 人 / 冀祥德
组稿编辑 / 张晓莉
责任编辑 / 宋浩敏
责任印制 / 王京美

出　　版 / 社会科学文献出版社·区域国别学分社（010）59367078
　　　　　　地址：北京市北三环中路甲 29 号院华龙大厦　邮编：100029
　　　　　　网址：www.ssap.com.cn
发　　行 / 社会科学文献出版社（010）59367028
印　　装 / 三河市龙林印务有限公司

规　　格 / 开 本：787mm×1092mm　1/16
　　　　　　印 张：16.5　字 数：276 千字
版　　次 / 2024 年 5 月第 1 版　2025 年 2 月第 2 次印刷
书　　号 / ISBN 978-7-5228-2367-6
定　　价 / 98.00 元

读者服务电话：4008918866

第十批《中国社会科学博士后文库》
编委会及编辑部成员名单

（一）编委会

主　任：赵　芮

副主任：柯文俊　胡　滨　沈水生

秘书长：王　霄

成　员（按姓氏笔划排序）：

卜宪群	丁国旗	王立胜	王利民	史　丹
冯仲平	邢广程	刘　健	刘玉宏	孙壮志
李正华	李向阳	李雪松	李新烽	杨世伟
杨伯江	杨艳秋	何德旭	辛向阳	张　翼
张永生	张宇燕	张伯江	张政文	张冠梓
张晓晶	陈光金	陈星灿	金民卿	郑筱筠
赵天晓	赵剑英	胡正荣	都　阳	莫纪宏
柴　瑜	倪　峰	程　巍	樊建新	冀祥德
魏后凯				

（二）编辑部

主　任：李洪雷

副主任：赫　更　葛吉艳　王若阳

成　员（按姓氏笔划排序）：

杨　振	宋　娜	赵　悦	胡　奇	侯聪睿
姚冬梅	贾　佳	柴　颖	梅　玟	焦永明
黎　元				

《中国社会科学博士后文库》
出版说明

为繁荣发展中国哲学社会科学博士后事业，2012 年，中国社会科学院和全国博士后管理委员会共同设立《中国社会科学博士后文库》（以下简称《文库》），旨在集中推出选题立意高、成果质量好、真正反映当前我国哲学社会科学领域博士后研究最高水准的创新成果。

《文库》坚持创新导向，每年面向全国征集和评选代表哲学社会科学领域博士后最高学术水平的学术著作。凡入选《文库》成果，由中国社会科学院和全国博士后管理委员会全额资助出版；入选者同时获得全国博士后管理委员会颁发的"优秀博士后学术成果"证书。

作为高端学术平台，《文库》将坚持发挥优秀博士后科研成果和优秀博士后人才的引领示范作用，鼓励和支持广大博士后推出更多精品力作。

《中国社会科学博士后文库》编委会

谨将此书献给我的家人

摘　要

　　战略叙事是提升国际话语权、推进国家战略的重要话语手段。处于无政府状态格局中的主权国家的竞争不仅体现在物质实力层面，也体现在话语叙事建构上。国际社会并非沉默的空间，自古以来国家之间的话语说服与叙事竞争都是战略博弈的重要内容。长期以来，政治学学者围绕战略叙事的功能差异与关键假设展开了诸多争论。在理性主义与后结构主义这两个光谱之间，可以细分出不同的分析路径。工具性话语分析将话语视为利益杠杆，沟通行动理论强调政治的本质不是竞争而是沟通协商，后结构主义者将话语视为本体性元素。既有研究路径分别关注了外交话语的某些维度，但缺乏综合性分析框定，研究视野相对较窄。近年来随着国际战略竞争升级，国际关系学者也越来越意识到外交叙事的意义，部分研究从修辞语言学角度关注"讲好中国故事"的学理意义，强调国际道义的说辞政治，但学界对"话语权"的内涵与论证逻辑均存在一定争议，如果"外交话语"目的在于追求"权"，那么话语本身也就被物化了。本研究整合社会心理学、政治语言学与外交沟通理论，对战略叙事的变迁机制进行了系统分析。

　　本书内容分为三大部分。第一部分梳理学科发展脉络。其中，第一章梳理了古希腊以来的叙事研究学术流派，透视政治话语的构成性、功能性与本体性特征。早在古希腊时期，伊索克拉底、亚里士多德等先贤就围绕着"说服艺术"对修辞做出了细致的实践观察、系统的技术归纳和深刻的理论总结。亚里士多德指出，具有说服力的修辞需要具备逻辑论证、可信度与情感感染三原则，这为现代叙事理论奠定科学基础。20世纪80年代中期发生的政治修辞"叙事学转向"突出了话语可信度与说服力要素。第二部分聚焦叙事机制。战略叙事基于场景设置、因果关系、角色扮演与情节演变四要素组合，影响大战略的制定与实施效力。第二章探讨国际政治的隐喻投射逻辑，政治隐喻将源域的意义映射到目标域，具有简化认知方式、意义填充、选择性框定推理与促进安全化进程的功能。第三章探讨战略叙事的说服、框定与记忆三机制。基于亚里士多德修辞三原则，叙事语言框定听众注意力，强化历史记忆，凸显说服力度。第四章分析了政治叙事的情感绑定机制，尤其是民粹主义话语的政治动员机制。第三部分为案例研究。第五章论述大国竞争的权力（话语强制）、沟通（共识争论）与认同（情感归属）三维功能，对比战略竞争中的悲剧、喜剧、浪漫剧与讽刺剧建构逻辑。第六章关注美苏峰会中的廉价话语。参与首脑外交的领导人注重从细微的信号线索中捕捉意图线索，美苏领导人基于细微印象判断彼此的可信度。第七章着眼于全球治理的中国叙事。在百年未有之大变局背景下投射"人类命运共同体"叙事，有助于提升中国在全球舞台上的战略影响力。

战略叙事是国际关系中未被充分探讨的重要学术议题。本书通过回答"叙事何以塑造政治"这一问题，探讨了战略叙事的生成、投射与变迁逻辑。首先，提出"叙事人"假设。与理性主义的"经济人"假设不同，本研究的"叙事人"假设认为，叙事塑造主观预期与外交互动方式。该假设批判反思霍布斯式的实力崇拜逻辑，将战略叙事视为一种调动资源、凝聚共识，削弱"他者"的合法性的政治艺术。其次，创新战略叙事四大类型。借鉴文学理论，将战略叙事剧本分为喜剧、悲剧、浪漫剧与讽刺剧四类。喜剧呈现出积极的颠覆性翻转；悲剧情节往往会急剧恶化；浪漫剧则是积极、平缓的正向表达；讽刺剧的情节结构则不稳定，并反复波动。再次，构建叙事变迁理论。对比美苏战略竞争与中美战略竞争的叙事异同，提出悲剧叙事向喜剧、浪漫剧或讽刺剧转变的变迁机制。大国竞争不存在唯一的叙事结构，叙事变迁源于外部冲击下的话语机会结构转变，这为化解全球政治僵局，超越冷战悲剧叙事，提供了新的解释。最后提出叙事黏性概念。

在大国竞争时代，合理运用不同叙事策略传递战略意图，是确保国家利益的基本能力。改革开放以来，中国不断融入世界体系。

"讲好中国故事"不是简单的话语权问题，而是一个如何构建当代中国的叙事风格和投射机制问题。本研究的政策意义体现在：一方面，为洞悉大国竞争的话语逻辑提供综合性的分析框架，对主流外交沟通理论和政治语言学具有完善与创新意义；另一方面，为新时代"讲好中国故事"带来启发。构建全球治理的中国叙事框架，需要促进中国话语模式与全球治理需求对接，对中国全球治理的实践创新进行学理化总结。

关键词： 话语武器　战略叙事　政治隐喻　面对面首脑外交廉价信号　全球治理叙事

Abstract

Strategic narrative is an important discursive tool for enhancing international discourse power and promoting national strategy. The competition of sovereign states in the anarchic pattern is not only reflected in the level of material strength, but also in the construction of discourse narratives. The international community is not a silent space, and since ancient times the discourse persuasion and narrative competition between countries are an important element of the strategic game. For a long time, political science scholars have debated the functional differences and key assumptions of strategic narratives. Between the two spectra of rationalism and post-structuralism, different analytical paths can be subdivided. Instrumental discourse analysis views discourse as a lever of interests, communicative action theory emphasizes that the essence of politics is not competition but communicative negotiation, and poststructuralists view discourse as an ontological element. The existing research paths focus on certain dimensions of diplomatic discourse, but lack a comprehensive analytical framework, and the research horizons are relatively narrow. In recent years, with the escalation of international strategic competition, scholars of international relations have become increasingly aware of the significance of diplomatic narratives, and some of them have paid attention to the doctrinal significance of "telling China's story well" from the perspective of rhetorical linguistics, emphasizing the rhetorical politics of international morality. However, the connotation of "discourse power" and the logic of argumentation are both controversial, and if the purpose of "diplomatic discourse" is to pursue "power", then the discourse itself will be objectified. This study integrates social psychology, political linguistics and diplomatic communication theory to systematically analyze the mechanism of strategic narrative change.

The contents of this book are divided into three main parts, the first of which summarizes the disciplinary development of narrative studies. The first chapter traces the scholarly schools of narrative studies since ancient Greece, penetrating the constitutive, functional and ontological features of political discourse. As early as in the ancient Greek period, Isocrates, Aristotle and other sages have made detailed practical observations, systematic technical summaries and profound theoretical summaries of rhetoric around the "art of persuasion". Aristotle pointed out that persuasive rhetoric requires three principles of rhetoric, namely, Ethos, Pathos and Logos, which lay the scientific foundation for modern narrative theory. The second part focuses on the narrative mechanism. The second part focuses on narrative mechanism. Strategic narratives are based on a combination of scenarios, causality, role-playing, and plot evolution that influence the effectiveness of grand strategy formulation and implementation. Chapter 2 explores the logic of metaphorical projection in international politics, where political metaphors map meanings from source domains to target domains, simplify cognitive styles, fill in meanings, selectively frame reasoning, and facilitate securitization processes. Chapter 3 explores the three mechanisms of persuasion, framing and memory in strategic narratives. Based on Aristotle's three principles of rhetoric, narrative language frames the audience's attention, strengthens historical memory, and emphasizes the strength of persuasion. Chapter 4 analyzes the emotional binding mechanism of political narratives, especially the political mobilization mechanism of populist discourse. The third part is a case study. Chapter 5 discusses the three-dimensional functions of power (discursive coercion), communication (consensus argument) and identity (emotional belonging) in great power rivalry, comparing the logic of tragedy, comedy, romance and satire constructs in strategic rivalry. Chapter 6 focuses on cheap discourse in the U. S. -Soviet summits. Leaders involved in summit diplomacy focus on catching clues of intentions from subtle signaling clues, U. S. and Soviet leaders judge each other's credibility based on subtle impressions. Chapter 7 looks at the Chinese narrative of global governance. Projecting the narrative of " a community with a shared future for mankind" against the backdrop of profound changes unseen in a century will help enhance China's strategic influence on the global stage.

Strategic narratives are an important and under-explored academic topic in international relations. By answering the question of " how narratives shape politics", this book explores the logic of generation, projection and change of strategic narratives. First, the hypothesis of "homo narrans" is put forward, which argues that narratives shape subjective expectations and diplomatic interactions. Critically reflecting on the Hobbesian logic of the cult of power, this hypothesis views strategic narratives as a political art that mobilizes resources, builds consensus, and undermines the legitimacy of the "other". Second, it innovates the four major types of strategic narratives. Drawing on literary theory, strategic narrative scripts are categorized into four types: Comedy script, tragedy script, romance script and satire script. comedy presents a positive subversive flip; Tragedy tends to deteriorate sharply; romance is a positive and gentle expression of positivity; and the plot structure of satire is unstable and fluctuates repeatedly. Again, the theory of narrative change is constructed. Comparing the narrative similarities and differences between the U. S. − Soviet Union and China-U. S. strategic rivalry, we propose a mechanism of change for the transformation of tragic narratives into comedies, romances, or satirical dramas. There is no unique narrative structure for great power rivalry, and narrative change stems from the transformation of the discourse opportunity structure under external impact, which provides a new explanation for resolving the global political deadlock and transcending the tragic narrative of the Cold War. Finally, the concept of narrtive stickness is put forward.

In the era of great power competition, the rational use of different narrative strategies to convey strategic intentions is a basic ability to ensure national interests. Since the reform and opening up, China has been integrating into the world system. "Telling China's story well" is not simply a question of discourse, but a question of how to construct contemporary China's narrative style and projection mechanism. The policy significance of this study lies in the following: on the one hand, it provides a comprehensive analytical framework for understanding the discursive logic of great power competition, which is of great significance for the improvement and innovation of mainstream diplomatic communication theory and political linguistics. On the other hand, it will bring inspiration for "telling China's story well" in the new era. In order to build a Chinese narrative framework for global governance, it is necessary to promote the interface between Chinese discourse patterns and the needs of global governance, and to summarize China's practical innovations in global governance.

Keywords: Discursive Weapons; Strategic Narrative; Political Metaphors; Face-To-Face Summit Diplomacy; Cheap Signals; Global Governance Narratives

目　录

Contents

导　言

改革开放以来，中国不断融入世界体系。世界如何认识中国身份的巨大转变，中国如何向世界展示伟大民族复兴愿景，无不反映在外交修辞与战略叙事的建构过程中。尤其是在互联网时代，外交沟通的信息容量及其传播速度前所未有的发展，叙事方式、叙事内容越来越引起人们的关注。自国际关系理论的"第三次大辩论"以来，部分国际关系学者开始重视语言对国际关系的独特作用，理性主义、建构主义与后结构主义均对外交话语问题有所讨论，但是国际关系学界对战略叙事的分析则相对薄弱。[①]更遗憾的是，主流学界对战略叙事的建构机制关注不够，专门研究战略叙事的中文文献并不多。中国学界很早就倡议提升中国的国际话语权研究，但是国际话语权研究与战略叙事研究的研究内容并不相同。话语权是一种宽泛的利益修辞表达模式，战略叙事则是关乎重大利益与战略竞争的合法性建构问题。"讲好中国故事"不是简单的话语权问题，而是一个如何构建当代中国的叙事风格和投射机制问题。大多数话语权研究主要从权力和权利两个维度理解"话语权"，呼吁复兴的中国要建立与实力匹配的议程设置能力。[②]但是将"话语"和"权"联系在一起，一方面会忽视话语研究的其他维度，过度关注权力、地位与利益较量，存在窄化研究议程的风险；另一方面，国际上对"话语权"的内涵理解存在很大争议，不少西方舆论将中国争取话

---

① 参见 Hanna Meretoja, *The Narrative Turn in Fiction and Theory: The Crisis and Return of Storytelling from Robbe-Grillet to Tournier*, Basingstoke: Palgrave Macmillan, 2014; János László, *The Science of Stories: An Introduction to Narrative Psychology*, New York: Routledge, 2008.

② 相关研究参见郑华《首脑外交：中美领导人谈判的话语分析（1969—1972）》，上海人民出版社2008年版；孙吉胜《语言、意义与国际政治：伊拉克战争解析》，上海人民出版社2009年版；刘永涛《话语政治：符号权力和美国对外政策》，复旦大学出版社2014年版。

语权的努力视为修正或颠覆现有秩序的诉求，容易树立一种斗争大国的形象。

外交话语是国家利益的载体，研究决策者如何对外阐明言论，如何塑造连贯一致的战略叙事，具有重要的学理意义。在无政府状态的格局中，主权国家的竞争不仅体现在物质实力层面，也体现在话语叙事建构层面。国际社会并非沉默的空间，自古以来国家之间的话语说服与叙事竞争都是战略博弈的重要内容。① 美国著名作家马克·吐温有句名言："历史不会重复，但会押韵。"这句话之所以流传至今，在于其形象地使用了隐喻修辞手法，对历史的规律性与偶然性有着精妙的洞察。作为大国竞争的话语武器，战略叙事是一种调动资源、塑造意义与争取利益的"故事呈现"（storytelling）形式。在百年未有之大变局背景下，战略叙事对大国竞争的意义尤为突出，如果不能建构起合法的竞争叙事，就难以获取战略支持与道义合法性。近年来，"中国威胁论"、"中国强势论"、"新型债务陷阱"、中美"修昔底德陷阱"等叙事困扰着中国外交，如何根据国际形势设计与投射贴切的叙事，真正把中国故事讲到国内外听众的心坎里，是中国外交需要解决的重大难题。基于对新兴大国意图的不确定性认知，有关权力转移的战略叙事常常将中美关系类比为伯罗奔尼撒战争中的雅典与斯巴达，或者类比为一战前夕的德国与英国，以及冷战期间的苏联与美国。这种叙事类比是西方国家压制中国独立发展权的话语武器，值得剖析其内在逻辑并反驳之。

2021 年 5 月 31 日，习近平总书记在中共中央政治局第三十次集体学习时强调，讲好中国故事，传播好中国声音，展示真实、立体、全面的中国，是加强我国国际传播能力建设的重要任务。② 因而，中国外交需要改进国际传播策略，提升对外叙事能力，展示可亲可信的中国形象。通过有温度、接地气的故事传播理念，以理服人、以情动人，是全面提升国际传播效能的最佳叙事方式。作为一种调动话语资源、塑造意义的"故事呈现"形式，外交叙事是中国捍卫国家利益的重要工具。如何用战略

---

① Nicole Deitelhoff and Harald Müller, "Theoretical Paradise-Empirically Lost? Arguing with Habermas", *Review of International Studies*, Vol. 31, No. 1, 2005, p. 168.

② 《习近平主持中共中央政治局第三十次集体学习并讲话》，新华社，2021 年 6 月 1 日，https：//www. gov. cn/xinwen/2021 - 06/01/content _ 5614684. htm？ jump = true&wd = &eqid = 941253b300 00031d0000000664676ba9。

叙事分析服务中国外交，是中国学者需要思考与回答的时代性课题。在中国推动构建人类命运共同体的时代背景下，本书将讨论叙事理论及其现实启示等问题，注重将理论发展和现实政策结合起来。在学理方面，本书不仅从学术史角度梳理古希腊以来叙事研究的思想流派，对国际关系的话语类型进行总结、分类和解读，而且还从叙事机制层面上对大国竞争的变迁逻辑进行了比较深入的讨论。在理论分析层面，本书分别论述了修辞学理论发展，政治话语的隐喻投射，战略叙事的说服、框定与记忆机制，以及政治叙事的情感捆绑逻辑。在外交政策分析层面上，本书结合国际局势及当前中国外交实践进行了比较研究，以期对构建中国外交话语和战略叙事体系带来政策启示。本书立足新时代中国特色大国外交所面临的战略叙事问题，尝试为讲好中国故事、为塑造普惠发展的包容性叙事建言献策。

第一节　选题背景

早在古希腊时期，伊索克拉底、亚里士多德等先贤就围绕着"说服艺术"对政治修辞做出了细致的实践观察、系统的技术归纳和深刻的理论总结。同样，中国春秋战国时期的谋略家也都十分重视通过灵巧的外交修辞，纵横穿梭于列国之间，留下诸多如"巧舌如簧""三寸之舌"的经典案例。中国古代政治注重政治"说服"的合法性，所谓"名不正而言不顺"。

在国际互动实践中，没有有效充分的沟通与话语说服，就不会有国际互动中的秩序与认同。约翰·奥斯汀的言语行为理论指出"言语即行为"，言语不仅可以用来表达、传递和理解事实，即"以言指事"，此外，其本身也是行动，即"以言行事"，而且还会对他人的行动、思想和信念产生影响，达到"以言取效"的目的。① 然而遗憾的是，战略叙事与外交修辞却没有得到主流理论的充分重视，相关机制与策略分析大多也比较零

---

① 参见 John L. Austin, *How to Do Things with Words*, New York：Oxford University Press, 1962。

散。为反思理性主义的"廉价话语无用论"，有必要对战略叙事的生成、投射与接受进行全面系统分析。

一、既有研究及其不足

现有研究受语言学理论和建构主义影响较大，关注叙事效力与合法性规范，但对战略叙事的动态机制分析不足。自 20 世纪 80 年代国际关系理论建构主义转向以来，国际政治语言学与外交话语研究取得了一定进展，但研究议程比较零散，主要表现为两个方面。

一方面，话语分析路径多元，综合性分析框定缺失。整体上，外交话语分析存在三大路径。其一，工具性话语分析将话语视为利益杠杆，将其作为权力附庸。托马斯·谢林与罗纳德·克雷布斯等人分析了威胁性话语的强制功能。[①] 其二，沟通行动理论强调，政治的本质不是竞争而是沟通协商。据此，托马斯·瑞斯提出"争论性逻辑"。[②] 其三，后结构主义者将话语视为本体性元素。戴维·坎贝尔认为，美国身份认同是其叙事竞争的根源。[③] 上述路径分别关注了外交话语的某些维度，但缺乏综合性分析框定，研究视野相对较窄。

另一方面，叙事合法化逻辑突出，对变迁机制关注不足。部分学者关注战略叙事的说服效力，爱丽丝特·米斯基蒙等在《战略叙事：沟通权力与新世界秩序》与《铸造世界：战略叙事与国际关系》中主张从国际体系、政策机制与政治行动者等不同角度考察战略叙事的投射效力。[④] 斯泰西·戈达德的实证分析发现，二战前德国的合法化叙事策略让英国产生非理性认

---

① Thomas C. Schelling, *The Strategy of Conflict*, Cambridge, Mas.：Harvard University Press, 1960, p. 3；Ronald R. Krebs and Patrick Thaddeus Jackson, "Twisting Tongues and Twisting Arms：The Power of Political Rhetoric", *European Journal of International Relations*, Vol. 13, No. 1, 2007, pp. 38–41.

② Thomas Risse, "'Let's Argue!'：Communicative Action in World Politics", *International Organizations*, Vol. 54, No. 1, 2000, p. 6.

③ David Campbell, *Writing Security：United States Foreign Policy and the Politics of Identity*, Minneapolis, MN：University of Minnesota Press, 1998, p. 68.

④ 参见 Alister Miskimmon, Ben O'Loughlin and Laura Roselle, *Strategic Narratives：Communication Power and the New World Order*, New York：Routledge, 2013；Alister Miskimmon, Ben O'Loughlin and Laura Roselle, *Forging the World：Strategic Narratives and International Relations*, Ann Arbor：The University of Michigan Press, 2017。

知错位，最终选择"绥靖战略"。① 叙事效力分析关注了话语合法化的意义，但对叙事黏性及其变迁分析不足。

二、本研究的学术创新

在学理上，国际关系学者分析了话语叙事的工具性话语分析、沟通行动理论以及后结构主义三大路径，分别指涉话语强制、共识沟通与身份认同。合理的战略叙事有助于降低战略成本、推进安全化框定、提升战略说服能力。本书认为，作为战略竞争的"话语武器"，叙事基于场景设置、因果关系、角色扮演与情节演变四要素组合，直接影响大战略的制定与实施效力。分析大国竞争的战略叙事变化，有助于理解权力转移的话语维度，为构建和谐包容的叙事剧本提供启发。

首先，本书提出"叙事人"假设。与理性主义的"经济人"假设不同，本书的"叙事人"假设认为，叙事塑造主观预期与外交互动方式。该假设批判反思霍布斯式的实力崇拜逻辑，将战略叙事视为一种调动资源、凝聚共识，削弱"他者"的合法性的政治艺术。

其次，创新战略叙事四大类型。大国竞争的"剧本"是多元的。本书借鉴文学理论，将战略叙事剧本分为喜剧、悲剧、浪漫剧与讽刺剧四类。悲剧情节往往会急剧恶化；喜剧呈现出积极的颠覆性翻转；浪漫剧则是积极、平缓的正向表达；讽刺剧的情节结构不稳定，并反复波动。

再次，构建叙事变迁理论。对比冷战与后冷战时代的大国竞争的叙事异同，提出悲剧叙事向喜剧、浪漫剧或讽刺剧转变的变迁机制。大国竞争不存在唯一的叙事结构，美苏竞争从二战时期的浪漫剧叙事，迅速恶化为冷战时期的悲剧叙事，而在冷战后美俄又进入反复波动的讽刺剧叙事。叙事变迁源于外部冲击下的话语机会结构转变，这为化解全球政治僵局，超越冷战悲剧叙事，提供了新的理论解释。

最后，提出"叙事黏性"概念。战略叙事具有极强的连贯性，叙事模板的延续性与黏性差异体现在话语被听众接受和认可的时间长度。

---

① Stacie E. Goddard, "The Rhetoric of Appeasement: Hitler's Legitimation and British Foreign Policy, 1938-39", *Security Studies*, Vol. 24, No. 1, 2015, pp. 95-130.

例如重大危机记忆具有较强的叙事黏性，那些所谓的"慕尼黑记忆"和"越南教训"，至今仍在深刻塑造决策者对政策形势的看法。叙事通过路径依赖而具有"锁定效应"和"正强化效应"。此外那些被制度化的话语将更加稳定，话语惯性意味着，主导性叙事的故事情节或要素被不断复制。由于有路径依赖倾向和强大的根深蒂固的利益的参与，话语惯性在政治结构中广泛存在。另外，话语既然是建构性产物，那么其就具备变化的多种可能，本书探讨了叙事的长期惯性与戏剧性突变的逻辑机制。

第二节　研究对象

本书的研究对象是"战略叙事"，其内涵是指政治行动者以话语为手段动员资源、塑造行动合法性的故事性表达。早在 20 世纪 80 年代，沃尔特·费舍尔便强调，叙事有本体性的意义与影响，并呼吁建立社会科学的"叙事范式"。[①] 著名语言学家维特根斯坦也指出，叙事展现了"语言游戏"的逻辑。与严密的逻辑论证不同，叙事通过讲出扣人心弦的故事吸引听众。[②]

国际政治中的领导人言论，如政策报告、国际演讲、对外公告、战略文件以及媒体发言，构成相对稳定的战略叙事模板，这些叙事的战略意义在于：推进国家利益，削弱对手合法性；对内教育说服公众，对外维持战略声誉；建构本体性安全，树立身份认同。叙事可以促进不同位置上的行动者换位思考，减少战略误判与认知误解，但是并非所有叙事都能带来正面结果，叙事还存在很多不可忽视的负面功能，叙事沟通也会带来意想不到的后果。鉴于话语能够与行动分离，自利者就有动机操纵话语进行欺骗，借助叙事转移注意力、制造虚幻的认

---

① Walter R. Fisher, "Narration as a Human Communication Paradigm: The Case of Public Moral Argument", *Communication Monographs*, Vol. 51, No. 1, 1984, p. 2.

② 转引自 Dan P. McAdams, "Personal Narratives and the Life Story", in Oliver John, Richard Robins and Lawrence A. Pervin eds., *Handbook of Personality: Theory and Research*, 3rd ed:, New York: Guilford Press, 2008, p. 244。

同、编造虚假的故事，而这些做法一旦被识破将极大影响彼此信任。此外，在新媒体时代，过度宣传与话语包装，也会增加沟通的成本，提高认知世界真相的难度。

长期以来，中国在国际实践中形成了独特的外交话语表达风格，注重从传统文化中汲取智慧和灵感。在新中国外交史上存在诸多精彩的国际叙事案例，例如1955年在冷战阴霾下周恩来总理率团出席万隆会议，面对西方国家的敌意叙事，中国代表团展示了"求同存异"的外交话语艺术与真诚团结的外交智慧，成功地化解了外界对新中国的误解，保证了会议取得圆满成功。新时代"讲好中国故事"要构建两大话语，即安全话语与发展话语，安全话语叙事的重点在于将中国描绘成一个爱好和平的国家，以取得国际社会的信任；同时积极塑造中国的发展叙事，提升中国贡献世界的合法性，将中国发展与全球可持续发展话语密切对接，强化人类命运共同体理念的叙事感召力。

基于此，本书的研究重点体现在两个方面。一方面，分析叙事变迁机制。话语具备变化的多种可能，大国竞争的叙事变化可能是缓慢的，也可能是突然的、戏剧性的。逻辑上，提炼不同剧本出现、强化与衰落的条件性因果关系，是本书的核心。另一方面，把握话语机会结构。重大危机冲击会提供变革主导性叙事的机会窗口，如叙事者如何有策略地选择词语、调整姿态、吸引听众，让边缘叙事成长为主导性叙事。鉴于叙事转变是一个漫长的过程，展现和把握话语机会结构是分析的逻辑重点。

此外，清晰地分析战略叙事的因果链条并非易事，而且也不存在完美的叙事模式。因价值立场、意识形态、注意力分配与利益重心差异，战略叙事不一定能引发共鸣。再者叙事本身是非中性的，叙事后果既可以是正面的也可能是消极的。那些致力于产生积极效果的叙事可能最终事与愿违，产生意想不到的"自我束缚"效应。而有些陈词滥调和虚伪表达则会招致反感，例如，美国长期对西方民主优越性的宣扬，招致国际社会的叙事反击。概言之，叙事要通过听众的信念体系发挥作用，对叙事接受造成影响，因此叙事生成、投射与接受的过程是复杂交织的。

第三节　结构安排

立足于"叙事人"假设，本书致力于整合政治心理学、语言学与传播学理论，揭示叙事建构与变迁机制。全书分为理论基础、叙事机制与案例分析三大部分（参见图0-1）。

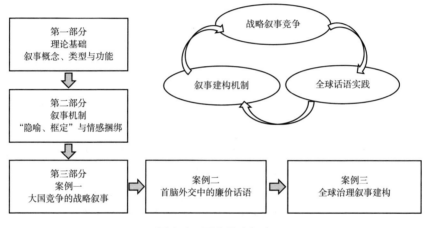

图 0-1　研究思路框定

资料来源：笔者自制。

第一部分，也是第一章，阐述战略叙事的概念、学术脉络与逻辑争辩，从学术史角度梳理古希腊以来的修辞与叙事思想，着重论述战略叙事的概念、类型与功能。早在古希腊时期，伊索克拉底、亚里士多德等先贤就围绕着"说服艺术"对政治修辞做出了细致的实践观察、系统的技术归纳和深刻的理论总结。从修辞角度看，政治话语的主要特征体现在：话语是构成性的、话语是功能性的、话语是本体性的。20世纪80年代中期发生的政治修辞"叙事学转向"突出了话语可信度与说服力难题。

第二部分，即本书第的二、第三、第四章，揭示叙事理论的主要机制。战略叙事如何才能变得可信？有说服力的叙事是对听众注意力、印象认知和情感的塑造，当听众完全被一个故事所笼罩，深度沉浸会使他们几乎忘记了周围的世界。本书第二章与第三章探讨了叙事说服的"隐喻"与"框定"机制。其一，"隐喻"将源域的意义映射到目标域，让抽象的概念与熟悉的事物挂钩，可以吸引听众注意力。其二，"框定"选择性地裁剪信息，犹如一盏"探照灯"激发听众的情感共鸣。第四章探讨政治叙事中的情感捆绑逻辑，话语与情感的关联体现在一方面话语赋予情感以意义和内涵，另一方面情感波动与说服力之间存在因果关联。

　　第三部分，即本书第五、第六、第七章，案例分析。从案例角度分析大国竞争背景下的叙事策略，第五章分析大国战略叙事竞争异同，美苏冷战叙事呈现一定动态性，当前的中美竞争不同于美苏竞争，不存在唯一的权力竞争剧本。第六章深入分析首脑外交中的话语表达过程，以及面对面沟通的"廉价话语"如何影响彼此可信度认知；作为一种战略沟通方式，最高领导人面对面峰会有助于近距离解码彼此意图，捕捉微妙的语言和非语言信号。冷战期间美苏多次领导人峰会为促进双方意图认知、避免战略误判发挥重要作用，廉价话语构成外交叙事的微观基础。第七章关注全球治理的中国角色与话语建构问题，在全球公共产品的供给进程中构建"全球发展倡议"、"全球安全倡议"与"人类命运共同体"等标志性叙事概念，能够在展示中国比较优势的同时争取国际支持。

第一章 以话语为武器：
从修辞学到叙事理论

话语是在不同听众之间建立意义桥梁的媒介，修辞学（rhetoric）是一种"言说的艺术"（the art of speaking）。[①] 话语在政治中发挥重要的作用，它塑造了国际行为体对意义和身份的理解方式。政治沟通话语包含大量讨论、激励与说服。在政治竞争中，雄辩的领导人都善于描绘激动人心的前景，以说服支持者跟随其步伐。《圣经·创世记》中记载了有关"巴别塔"（Babel Tower）的故事，讲当时人类联合起来兴建希望能通往天堂的高塔，为了阻止人类的计划，上帝让人类说不同的语言，使人类相互之间不能沟通，计划因此失败，人类自此各奔东西。[②] 为了增加说服力，话语往往是通过修辞来组织的，利用特定的话语策略和手段语言就会呈现不同风格。

第一节 政治话语的修辞学分析

早在古希腊时期，伊索克拉底、亚里士多德等先贤就围绕着"说服艺术"对修辞做出了细致的实践观察、系统的技术归纳和深刻的理论总结；古罗马时期，以西塞罗和昆提利安为代表的修辞学家在大量修辞实践积累的基础上对其进行了理论重构和升华，他们围绕"善言科学"

---

① Aristotle, *On Poetics*, Lndiana: St. Augustine's Press, 2002, p. 5.
② Mark Freeman, "Mythical Time, Historical Time, and the Narrative Fabric of the Self", *Narrative Inquiry*, Vol. 8, No. 1, 1998, pp. 27−50.

（science of speaking well）对修辞的伦理规范、社会功用、教育结构和培养方式等基本问题进行理论阐述；在当代，话语论证和修辞艺术通常被看成人们使用语言手段影响他人的思想和行为的一种实践艺术。[1] 作为话语的高级呈现形式，叙事在塑造国家战略利益方面发挥着独特作用。为了说服国内外听众，战略竞争的大国会创设相对连贯的叙事模板，投射话语合法性，推进战略目标的达成。

一、作为意义载体的政治话语

在历史上，古希腊修辞学发展的一个主要推动力是其政治体系鼓励公民直接参与讨论。[2] "修辞"一词的古希腊语是"rhetorike"，意指修辞者（演讲者）所进行的说服性话语的"艺术"或技能。[3] "叙事"（narrative）一词则来自拉丁文"narro"，有"知道"（gnarus）和"讲述"（telling）的含义。[4] 中国汉字的"语"左边是言，表示叙事，右边是吾，即我，表示向人表达自己，本义是与人谈话。英文中"话语"的单词是"discourse"，是从拉丁语"discursus"（来回奔跑）发展而来的，有口头交流对话的含义。[5] 当然，叙事不仅仅使用语言，还使用一套话语体系，特定的话语体系构成了叙事文本。从修辞角度看，政治话语的主要特征体现在三个方面。

首先，话语是构成性的。话语通过提供一个理想化的剧本脚本帮助人们来理解生活的复杂性，人们正是通过叙事来感知生活的意义，并为未来行动提供指南。[6] 丹·麦克亚当斯认为："每个人都试图通过将生活中的

---

[1] Jonathan Potter and Margaret Wetherell, *Discourse and Social Psychology: Beyond Attitudes and Behaviour*, London: Sage, 1987, p. 4.

[2] Edward M. Harris, "Rhetoric and Politics", in Michael J. Macdonald ed., *The Oxford Handbook of Rhetorical Studies*, Oxford: Oxford University Press, 2017, p. 53.

[3] Kenneth Burke, *A Rhetoric of Motives*, Berkeley: University of California Press, 1969, pp. 49–55.

[4] Hayden White, *The Content of the Form: Narrative Discourse and Historical Representation*, Baltimore: Johns Hopkins University Press, 1987, p. 215.

[5] Jeanne Fahnestock, *Rhetorical Style: The Uses of Language in Persuasion*, Oxford: Oxford University Press, 2011, p. 6.

[6] Michael Murray, "Narrative Social Psychology", in Brendan Gough ed., *The Palgrave Handbook of Critical Social Psychology*, London: Palgrave Macmillan, 2017, pp. 185–200.

事件安排成故事，使分散的、混乱的经验形成一种连贯性经验。"① 心理学将世界现实视为一种非概率的给定，即现实由感性与理性感知处理，最终反映在话语中。话语是构成性的，因此可以展示、塑造和构建人们看待自己和世界的方式。例如，民族主义话语将我们定位在一个公民的角色上。作为连贯的意义系统，话语一旦被创造出来，就会在社会中扩散。② 叙事是将语言置于互动情境中的意义创造过程。③ 通过讲故事的形式，叙事让人们得以对自身与世界进行意义理解，并且得以形式化人们的个体认同。菲利普·阿伯特把叙事比拟成一张网，并把社会科学理论比喻成飞禽，认为理论体系在被经验之网所捕捉的瞬间，就得以更确证自身观点的有效性。④ 马丁·哈耶认为叙事是"话语的水泥"，它使话语具有凝聚力与感染力。⑤ 叙事模式不仅被视为一种交流的基本形式，也是一种"思维模式"，为交流提供特定的细节与社会含义。通过讲故事，人们可以在共同体中获得社会地位，了解不同社会群体的目标和价值，或者内化社会惯例。

其次，话语是功能性的。人们讲故事的原因多种多样：可能是为自己辩护，也或者是为说服他人、为娱乐甚至是误导他人。从心理学角度出发，那些被"转移"到"叙事世界"中的个人会沉浸在故事中。谈话是一种社会实践，人们说什么（和写什么）取决于说话的特定语境和它所服务的功能。在日常生活中，话语发生的语境及其功能不断变化。话语分析强调人们所说的内容具有内在的可变性，内容服务于不同目的。话语分析强调说话者通过建构不断变化的多重身份（部分身份甚至可能是矛盾的），以实现一系列的互动目标。⑥ 话语由共同的意义、论证和修辞工具组织起来。人们对某一问题的描述或观点很可能会因谈话方式和目的而有

① Dan McAdams, *The Stories We Live By: Personal Myths and the Making of the Self*, New York：Guilford Press，1993，p. 11.

② Derina Holtzhausen and Ansgar Zerfass, "Strategic Communication：Opportunities and Challenges of the Research Area", in Derina Holtzhausen and Ansgar Zerfass eds., *The Routledge Handbook of Strategic Communication*, New York：Routledge，2015，pp. 6-7.

③ Richard Toye, *Rhetoric: A Very Short Introduction*, Oxford：Oxford University Press，2013，p. 3.

④ Philip Abbott, "Story-telling and Political Theory", *Soundings: An Interdisciplinary Journal*, Vol. 74, No. 3/4，1991，pp. 369-397.

⑤ Maarten A. Hajer, *The Politics of Environmental Discourse: Ecological Modernization and the Policy Process*, Oxford：Oxford University Press，1995，p. 65.

⑥ Martha Augoustinos, "Discourse Analysis", in Brendan Gough ed., *The Palgrave Handbook of Critical Social Psychology*, London：Palgrave Macmillan，2017，pp. 215-216.

所不同，重点是话语本身。① 为了增加说服力叙事者可能会因听众或辩论场所不同而改变论点，或者随着时间的推移而修改自己的主张、理由和依据。修辞行为者也会出于权宜之计而使用多种或混合论证策略。通过增加论证的种类来接触更多的听众，或者强化自己的主张，多元化的论据组合可能会增加在多元听众中的支持度。

最后，话语是本体性的。话语不仅建构了世界对象，还建构了说话者与听众的身份。身份的"本体性安全"是通过话语而产生的，传统观点仅仅将身份看作个人拥有的内在心理本质，但实际上没有话语表达就没有不同的主体角色定位，如"祖国""敌人""英雄""朋友"等特定话语模式，定位着不同角色的权力、责任和道德义务。例如，大量文学作品描写了遥远边疆的浪漫主义叙事，这种叙事歌颂了最初定居者的不畏艰险的勇气，他们跋涉迁徙、克服逆境以追寻更美好的生活，最终实现自力更生与独立自主。这种浪漫叙事就像一个仪式化的故事，通过许多想象的形式——历史、文学、艺术、广告、电影和电视不断被强化。② 一般这种边疆浪漫主义叙事有三个基本要素：主人公离开安全的家园，冒险进入一个不确定的世界，其间遇到各种挑战，但坚强地塑造出一个更美好的世界。这种叙事弘扬了自由、个人主义和自力更生的美德。这种叙事的力量在于，当个人遇到各种形式的不确定性和挑战时，它能提供情感上的安全感与激励。③

二、叙事即"讲故事"的方式

与严密的逻辑论证不同，叙事通过讲出扣人心弦的故事吸引听众。④叙事是一个有开头、中间和结尾的完整故事结构。本书认为，一个完整的

---

① Jonathan Potter and Margaret Wetherell, *Discourse and Social Psychology: Beyond Attitudes and Behaviour*, London: Sage, 1987, p. 4.

② Judith Kleinfeld, *The Frontier Romance: Environment, Culture, and Alaska Identity*, Fairbanks, AK: University of Alaska Press, 2012, p. vii.

③ Joseph Campbell, *The Hero with a Thousand Faces*, Princeton, NJ: Princeton University Press, 1949, p. 9.

④ Dan P. McAdams, "Personal Narratives and the Life Story", in Oliver John, Richard Robins and Lawrence A. Pervin eds., *Handbook of Personality: Theory and Research*, New York: Guilford Press, 2008, p. 244.

叙事往往包括下列四个要素。①场景设置（setting）。叙事场景可以是真实发生，也可以是想象中发生的情境。嵌入在场景中的叙事者与听众，会受到背景信息或预设的影响。例如，历史上的史诗神话叙事会约束新叙事的可信度与听众感受。②因果关系（causality）。叙事捕捉并表达因果关系，一件事引发了另一件事才能构成故事情节，因果关系是情节连贯性的核心。③角色（figure）。人物角色是故事中的行动者，所有故事都涉及角色之间的矛盾与互动，听众通过与角色命运产生情感关联，来主观化地解读叙事内容与意义。④情节（plot）。情节是叙事中事件、角色与因果关系的容器。古希腊修辞学的集大成者亚里士多德就认为，情节是构成剧本叙述结构的第一原则。① 情节不仅使事件相互关联，而且展示这种关系将如何转换。情节引导听众思考"接下来发生了什么"和"为什么发生了"。在循循善诱中，听众从情节中推断因果关系。

对于历史社会学家来说，叙事可以捕捉到历史发展的偶然性、多种因果路径的交叉、时间顺序的重要性，以及制度和事件改变结构的力量。接受叙事并不意味着放弃归纳因果解释，相反叙事分析对一系列事件的详细描述，可以排除对立的解释并产生新的和更好的问题。叙事现实主义将叙事理解为现实的"投影"或"图像"，但叙事并非历史的客观投影，而是主观构建的产物。② 换言之，在故事中事件产生了自己的意义。故事依赖于情节，而情节依赖于先前的情节。当涉及文化和记忆问题时，讲故事被视为规范性的力量。讲故事与叙事概念可以相互转换。③ 叙事语言被认为是一个符号系统，而不是一个描述系统，这些符号在大脑中唤起某些图像。但是叙事语言（如音乐）与符号系统（如乐谱）两者之间有着本质的区别，叙事语言本身具有认知内容，正如我们听到的音乐，而符号系统（乐谱）只是对音乐的描述。④ 因此，叙事的本质是它的唤起性质，而不是描述。例如，政治家通常用"侵略性""狡猾""友好"等词语来描述

---

① Aristotle, *On Poetics*, Indiana：St Augustine's Press, 2002, p. 32.

② Louis O. Mink, "Narrative Form as a Cognitive Instrument", in Robert H. Canary and Henry Kozicki eds., *The Writing of History: Literary Form and Historical Understanding*, Madison：University of Wisconsin Press, 1978, p. 148.

③ A. R. Louch, "History as Narrative", *History and Theory*, Vol. 8, No. 1, 1969, p. 62.

④ Franklin Ankersmit, *Narrative Logic: A Semantic Analysis of the Historians Language*, The Hague：Martinus Nijhoff Publishers, 1983, pp. 19-20.

个人、群体或国家，这些修辞不仅描述了现实，而且唤醒了听众与"侵略性""狡猾"等相联系的经验或记忆。

基于此，可以将战略叙事理解为"决策者关于中长期目标或愿景，以及实现这些目标的手段的故事性表达"。[①] 国际关系中的叙事通过三个层次呈现出来。首先，国际系统层次上的叙事，描述了世界结构是如何被建构的、参与者是谁，以及如何运作。例如冷战叙事、反恐战争叙事与中华民族复兴叙事，描述了国际态势与结构矛盾。其次，国家层面的叙事，阐述了国家或民族的故事，以及它的价值观和目标。例如，"中华民族自古以来热爱和平""中华民族伟大复兴的中国梦""美国是人类自由的灯塔""美国是世界秩序维护者（世界警察）"等等。最后，政策层面的"议题叙事"，阐述为什么需要一项政策，以及如何成功地实施或完成这项政策。每个层面的叙事都需要建构合法性，以提升话语吸引力与感召力。[②]

第二节　政治修辞学的学理脉络

一、古典时期的修辞学起源

两千年前，古希腊城邦的民主实践需要公民有效地参与政治辩论，而交换意见与说服他人都离不开修辞技巧。[③] 高超的演说技巧在雅典社会中是获取权力的必备武器，既可以构成政治成功的先决条件，也是自我防卫的工具。公元前 5 世纪下半叶，修辞教育成为一项重要的业务。著名的修辞学教师普罗泰戈拉斯（Protagoras，公元前 490—前 420 年）、高尔吉亚（Gorgias，公元前 485—前 380 年）与普罗迪库斯（Prodicus，公元前

---

① Judith Goldstein and Robert O. Keohane, *Ideas and Foreign Policy: Beliefs, Institutions, and Political Change*, Ithaca: Cornell University Press, 1993, p. 3.

② Alister Miskimmon, Ben O'Loughlin and Laura Roselle, *Strategic Narratives: Communication Power and the New World Order*, New York: Routledge, 2013, p. 23.

③ Thomas Cole, *The Origins of Rhetoric in Ancient Greece*, Baltimore and London: John Hopkins University Press, 1991, p. 35.

465—前395年）认为，掌握修辞技巧和运用修辞能力是实现政治抱负的最佳技能。随着修辞学流行，出现了一些投机性的诡辩之风。在《反对诡辩家》一文中，伊索克拉底（Isocrates，公元前436—前338年）谴责了这种投机性的诡辩，他主张把修辞学视为"人性的禀赋，超越了单纯的动物性，使人们过上文明的生活"。作为修辞学传统的先锋思想家，伊索克拉底将理想的演说家设想为：不仅要有娴熟的演说艺术，而且要有历史、文化、科学方面的天赋，最终还要有道德。正是这种纯正的理念使伊索克拉底获得"自由教育之父"的美誉。

但在同一时期，柏拉图却强烈地批评了这种修辞学思想。他在职业生涯的早期谴责修辞学的出现是社会价值观下降的表现。因此，他在《理想国》中提出的教育模式里并没有论述修辞学，而是关注音乐、体操、数学和辩证法。① 而在职业生涯后期，他开始反思是否可以有一种方法能更有建设性地思考修辞。②

实际上，在柏拉图之前，雄辩口才曾一度被视为欺骗的伎俩。苏格拉底指出，存在两种劝说形式，一种是向听众传授见解和知识（episteme），另一种是传达意见，但没有知识和见解（doxa），而修辞学导向的劝说形式属于后者。苏格拉底把修辞归入阿谀奉承的概念下，与浮夸、个人修饰和诡辩并列。受苏格拉底影响柏拉图在《高尔吉亚篇》（Gorgias）中也强调，修辞是与真理无关的蛊惑人心的手段。③ 直到后期，在《费德罗篇》（Faidros）中，他才认为理想修辞必须将真理与哲学紧密交织在一起，换言之理想的修辞和哲学一样，都是为了传达真理，这样说话者不仅要有雄辩的口才，而且要有洞察力。④ 当修辞被看作一种操纵的手段，就与真理相对立。后来他的学生们发现，修辞是中性的，它可以用来谈论一切，也可以用来反对每一个人。换句话说，修辞内部没有任何东西是客观的，修辞并非一种可鄙的、不值得称道的实用技能。

---

① Marcus Tullius Cicero, *De Oratore*, London, William Heinemann, 1967, p. 2.

② Sara Rubinelli, "Rhetoric as a Civic Art from Antiquity to the Beginning of Modernity", in Ruth Wodak and Bernhard Forchtner eds., *The Routledge Handbook of Language and Politics*, New York: Routledge, 2018, pp. 17-20.

③ Platon, *Gorgias: Platon Skrifter 2*, C. Høeg and H. Ræder trans., Gylling, Denmark: Hans Reitzels Forlag, 1992, pp. 117-222.

④ Platon, *Faidros: Platon Skrifter 6.*, C. Høeg and H. Ræder trans., Gylling, Denmark: Hans Reitzels Forlag, 1992, pp. 13-92.

柏拉图的学生亚里士多德是古希腊修辞学的集大成者。亚里士多德认为，所有艺术和科学在其所在领域都具有说服力。修辞学和科学不再像柏拉图描述的那样，是两种对立而不相容的知识体系。① 修辞学被定义为各种可能的说服手段的教义，而劝说被看作科学实践本身的内在组成部分。修辞可以说服人，可以依据科学知识进行指导或说服，例如，医学关于什么是健康的和什么是不健康的、几何学关于量的特性、算术关于数字的计算都能增强修辞的说服力。在《修辞学》一书中，他开创性地区分了修辞三要素，即修辞者、所设话题及听众，在这里听众的重要性得到了强调。② 在亚里士多德看来，有三种修辞分别对应于三种听众，即评判过去的听众（法律修辞）、热议未来的听众（政治修辞）以及评说当下的听众（表现修辞）。③ 更重要的是，亚里士多德明确指出优秀的演说需要同时展现可信度（Ethos）、情感感染（Pathos）和逻辑论证（Logos）三大修辞原则。④ 在《修辞学》第二卷中，他分析了 15 种情感，包括愤怒、温和、爱、友谊、怜悯和嫉妒等，而且将修辞学视为一门公民的艺术，强调道德魅力的价值。⑤ 概言之，亚里士多德的修辞说服三原则代表古希腊修辞学的巅峰，亚里士多德因此也被后世公认为"修辞学之父"。⑥

古希腊时期之后，罗马逐渐成为修辞与传播理论的发展中心。在古罗马时期，发表有说服力的演讲被认为是在民众大会和罗马元老院中取得成功的先决条件。⑦ 当时，罗马政体建立在民主寡头制基础上，元老院中的几百个人都需要有技巧地提出自己的观点，以获得听众的认可，基于此影响立法的审议。罗马时期修辞训练的重点是训练学生如何成功地申辩。这一时期，两位思想家西塞罗（Cicero，公元前 106—前 43 年）和昆提利安（Quintilianus，公元 35—96 年）对修辞学的发展产生重大影响。他们自身也是申辩能力很强的律师。西塞罗在 15 岁时写下的《论发明》（De Inventione）是罗马修辞学的代表作品。西塞罗认为，口才是政治的竞争武

---

① Christof Rapp, "Aristotle's Rhetoric", in Edward N. Zalta ed., *The Stanford Encyclopedia of Philosophy*, 2002, http://plato. stanford. edu/archives/sum2002/entires/aristotle-rhetoric/.

② Aristotle, *Rhetoric*, New York: Modern Library, W. R. Roberts trans, 1954, pp. 10-20.

③ Aristotle, *Art of Rhetoric*, Cambridge, MA, Harvard University Press, 1975, pp. 20-30.

④ Aristotle, *Rhetoric*, New York: Modern Library, W. R. Roberts trans, 1954, pp. 1-4.

⑤ Aristotle, *Rhetoric*, New York: Modern Library, W. R. Roberts trans, 1954, pp. 12-17.

⑥ WMA Grimaldi, "Studies in Aristotle's Rhetoric", *Hermes Einzelschriften*, Vol. 25, 1972, pp. 60-66.

⑦ Stanley Bonner, *Education in Ancient Rome*, Berkeley, CA: University of California Press, 1998, p. 8.

器，修辞学是政治学的一个要素。① 后来西塞罗进一步完善了修辞艺术的概念，反思了演说家的教育角色。公元前 55 年，他写了一篇题为《演说家》的文章，提出了修辞必须与哲学和对人性、文化和社会的全面了解相结合。换言之，西塞罗表达了对演说修辞的高度赞赏。他写道："没有什么比演说的力量更有魅力的了，它能控制集会主题，赢得他人好感，把听众引向演讲者希望的任何地方，或者把他们从希望的任何地方引开。本质上，言语修辞和真理知识是一个统一体，不可分割。"② 但非常遗憾的是，不少经典理论家却把两者分离开来。西塞罗认为，理想的演说家必须是有德性的，越是技艺高超的修辞家，这个人的道德权威就越大，就越需要与正直、善良等道德尺度结合起来。因为如果我们把全部的修辞资源交给那些缺乏美德的人去支配，无异于把语言武器放到了疯子的手里。③ 甚至，优秀的演说家必须具备辩证法学者的敏锐、哲学家的头脑、近乎诗人的表达方式、律师的记忆力、悲剧演员的声音和最贴切的演员神态。④ 在操作性层面上，西塞罗呼应了亚里士多德的修辞三原则，认为这是一个娴熟演说家的主要素质：获得听众的同情、展示真相与激发情感。

罗马教育家昆提利安将修辞定义为"讲好话"（bene dicendi）。⑤ 与亚里士多德的理念类似，这种定义包含着双重含义：通过有效地运用言语达到自己想要的目的，在伦理意义上为人们指明向善的道路。按照昆提利安的说法，人与其他生物之间唯一的区别，就是上帝赋予了人"言语的

---

① Jonathan Powell and Jeremy Paterson eds., *Cicero the Advocate*, Oxford：Oxford University Press, 2004, p. 8.

② Cicero, "De Oratore [On the Ideal Orator]", James M. May and Jakob Wisse trans., in James D. Williams ed., *An Introduction To Classical Rhetoric: Essential Readings*, Chichester, England：Wiley-Blackwell, 2009, p. 57.

③ Cicero, "De Oratore [On the Ideal Orator]", James M. May and Jakob Wisse trans., in J. D. Williams ed., *An Introduction To Classical Rhetoric: Essential Readings*, Chichester, England：Wiley-Blackwell, 2009, p. 55.

④ Cicero, *De Oratore [On the Ideal Orator]*, E. W. Sutton and H. Rackham trans., Cambridge, MA：Harvard University Press, 1967, p. 67.

⑤ Quintilianus, *The Institutio Oratoria*, H. E. Butler trans., Cambridge, MA：Harvard University Press, 1933, pp. 37, 342.

天赋"。① 这种天赋可以用来做善事，也可以用来做坏事，但是这一点不应该成为使我们拒绝修辞的理由。他讲道：这正如刀剑放在士兵手中是有益的，但在强盗手中却是有害的。② 由此，修辞是否会导致好的结果，取决于演说者是不是一个好人，是否有好的动机和意图。此后，他也开始从道德角度思考修辞问题。③ 为重新评估修辞学这门学科，他撰写了《演说家的教育》，强调完美的演说家不仅是一个雄辩的演讲者，也应该是社会领袖和道德发言人。④ 身处罗马帝国时期，他对修辞用途的理解难免存在局限性，其教学主要是为了培养法庭辩论家，因为当时关于国家政策的公开讨论不受罗马皇帝的欢迎。在屋大维统治时期，"脱口秀"成为罗马一种时尚的修辞练习形式。⑤ 对此，昆提利安呼吁应该阅读希腊文和拉丁文的文本，他也重点介绍了"模仿"（希腊语为mimesis）理论，认为模仿是"启迪灵魂的活动"。⑥ 而在古罗马时期之后，中世纪古典修辞学开始衰落。在那种历史动荡的气氛中，人们曾试图恢复对修辞艺术的兴趣。然而，鉴于那时的修辞学与城邦政治没有直接联系，也不具有民主表达功能，因而其地位开始式微，修辞对政治而言不再发挥核心作用。

　　到了公元 5 世纪，随着基督教日益兴盛，培养神职人员和宗教领袖，使基督信仰惠及缺乏读写能力的民众，成为基督教护教论者、修辞家最为关注的问题。⑦ 在中世纪早期，圣·奥古斯丁将古典修辞学变成了一种基督教的演讲和讲道艺术。在《基督教学说》中，奥古斯丁试图阐明《圣

---

① Quintilian, *The Institutio Oratoria*, H. E. Butler trans., Cambridge, MA：Harvard University Press, 1933, p. 323.

② Quintilian, *The Institutio Oratoria*, H. E. Butler trans., Cambridge, MA：Harvard University Press, 1933, p. 323.

③ M. F. Quintilianus, *Institutio Oratoria*, H. E. Butler trans., Cambridge：Harvard University Press, 1969, p. 34.

④ Quintilian, *Institutio Oratoria*, Cambridge, MA, Harvard University Press, 1953, p. 1.

⑤ M. Heath, *Hermogenes On Issues: Strategies of Argument in Later Greek Rhetoric*, Oxford：The Clarendon Press, 1995.

⑥ George A. Kennedy, *A New History of Classical Rhetoric*, Princeton, NJ：Princeton University Press, 1994, p. 78.

⑦ St. Augustine, *On Christian Doctrine*, D. W. Robertson trans., Indianapolis：Liberal Arts Press, 1958, p. 9.

经》中的修辞规则，并指出《圣经》是真正的口才修辞范本。① 在基督教第一部伟大的修辞学著作中，奥古斯丁解释了为什么修辞艺术对基督教教义的倡导者很重要，即修辞可以用来宣传真理。奥古斯丁所说的真理，与柏拉图不同，指的是一种宗教真理，即基督教信仰。对奥古斯丁来说，修辞是一种武器——可以在反对异端邪说的斗争中以及在传播基督教的斗争中使用。奥古斯丁认为，修辞是人类生活中不可避免的一部分，但他和早先的柏拉图一样，拒绝肤浅的、不良的修辞。接下来几个世纪里，君主和贵族的势力不断增强，修辞在社会中发挥的作用逐渐被削弱。6 世纪的德西德里乌斯·伊拉斯谟认为修辞主要是一种言辞风格，修辞训练培养的是语言表达能力。②

二、近现代修辞学的新发展

直到 17 世纪晚期至 18 世纪，詹巴迪斯塔·维柯（Giambattista Vico）重新强调了修辞在发明中的作用，力求恢复古希腊修辞学的辉煌。与此相似，19 世纪理查德·惠特利（Richard Whately）主教提出了"争议点""预设""举证责任"等重要论辩原则，推进了公共话语中修辞作为一种论辩形式的研究。但是受到历史环境约束，修辞学自罗马帝国后开始呈现衰落趋势，重新找回古希腊时代的修辞经典成为一项历史使命。③ 在文艺复兴时期，古典主义得到了重生，随之而来的是修辞艺术的复兴。在文艺复兴前的中世纪时期，语言被束缚在基督教教义之中，教会认为语言应该为神圣的事业服务。而在文艺复兴时期，语言得以世俗化，一种被称为"人文主义"的思潮认为语言属于每个人。在这种大背景下，修辞学再次成为一个中心话题。文艺复兴时期的修辞学不仅仅是一种说话技巧，而且是与哲学结合在一起的智慧和口才。通过重新发现或复兴西塞罗的修辞学思想，文艺复兴时期的修辞学学者重新建立起了修辞学和哲学之间的联系。他们认为，理想的圣人是哲学家、修辞学家和诗人的结合体，即一个

---

① St. Augustine, *On Christian Doctrine*, D. W. Robertson trans., Indianapolis: Liberal Arts Press, 1958, pp. 110-151.

② Desiderius Erasmus, *The Essential Erasmus*, J. Dolan trans., New York: Plume, 1964, p. 23.

③ James L. Jarrett, *The Educational Theories of the Sophists*, New York: Columbia University Teachers College Press, 1969, p. 45.

能思考、能表达、能感受的人。基于这种将修辞神圣化的观点，文艺复兴时期成为继古希腊之后的又一个修辞学黄金时代。①

在 17 世纪，修辞学被认为是一门辩证的学科，它关注从不同的方面看问题的话语方式。哲学家弗朗西斯·培根、勒内·笛卡尔和托马斯·霍布斯均是这一时期的杰出修辞学家，他们对修辞学的论述都是隐藏在辩证哲学之中的。在 17 世纪，修辞学的推广和普及十分广泛，但这一时期的修辞学是一种实用化的修辞学，沦为一种风格学说和文学家的工具。② 随着启蒙运动的到来，人们对修辞的理解发生了变化。在宗教改革之前，国王和教会被视为与上帝有直接的沟通关系，而宗教改革后，平民可以阅读《圣经》，并与上帝有直接的联系。③ 这种与上帝关系的个人化，使宗教交流不再由更高的社会权力来传播，而使个人能以一种新的方式参与交流。在政治上，这种变化在法国大革命和美国革命中得到了体现，大众参与政治为大众演讲和公开辩论提供了广泛基础。尽管启蒙运动、宗教改革、法国大革命和美国独立战争复兴了古希腊时期的修辞理解，但与古希腊时期不同的是，在这个新的时代，修辞是捍卫个人权利以及获得真识的重要途径。到了 19 世纪中后期西方资本主义社会迅猛发展，修辞学与政治传播、民主政治、大众运动相结合，逐步兴盛起来。其中皮埃尔·布迪厄、米歇尔·福柯与尤尔根·哈贝马斯这三位思想家，为现代修辞学奠定了坚实的基础。米歇尔·福柯的研究重点是现代主体的历史和经验谱系。④ 尽管福柯并没有建立专门的话语理论，但却被公认为是有史以来在语言学、人文科学、文化研究和话语分析方面最有影响力的思想家。⑤ 他提出了一系列著名的概念，包括话语（discourse）、支配性（dispositif）、权力/知识（power/knowledge）、考古学（archaeology）、谱系学（genealogy）、规训

① J. Lindhardt, *Retorik*〔*Rhetoric*〕, Copenhagen, Denmark：Munksgaard, 1987, p. 39.

② Thomas M. Conley, *Rhetoric in the European Tradition*, Chicago, IL：University of Chicago Press, 1994, p. 162.

③ Stanley A. Deetz, *Democracy in an Age of Corporate Colonization: Developments in Communication and the Politics of Everyday Life*, New York：State University of New York Press, 1992, p. 97.

④ Michel Foucault, "The Subject and Power", in Hubert L. Dreyfus and Paul Rabinow eds., *Michel Foucault: Beyond Structuralism and Hermeneutics*, Chicago, IL：The University of Chicago Press, 1983, pp. 208-228.

⑤ Michel Foucault and James D. Faubion eds., *Ethics Subjectivity and Truth: The Essential Works of Michel Foucault 1954-1984* (*Vol. 1*), New York：The New Press, 2000, p. 1.

(discipline)、生物权力（biopower）、政府性（governmentality）等。① 从福柯的角度看，语言是一种建构性实践，它不是给定事物的"外在"投射，而是"事物"本身的意义展现。② 到 20 世纪 60 年代末，福柯更加明确地将语言和权力联系起来。他坚持认为，权力和知识是紧密交织在一起的。在秉承尼采思想的基础上，福柯认为权力与知识相互隐含：没有特定的知识领域，就没有权力关系；而没有以权力关系为前提，就没有权力关系下的知识。③

著名法国社会学家皮埃尔·布迪厄（Pierre Bourdieu）提出了惯习、场域等标志性概念，这些概念都与语言分析存在着千丝万缕的关联。惯习指的是个人通过社会化（特别是在早期生活中）获得的一套持久的倾向性，这些倾向性将行动导向社会世界。鉴于这些倾向是通过反复参与社会实践而获得的，就不可避免涉及话语。例如，在不同的生活实践基础上，工人阶级、中产阶级和上层阶级的说话习惯就存在差异，这体现在语言偏好、使用的词语和说话方式等的差异上。场域概念涉及三重隐喻：一个行动的空间、一个力量的磁场以及一个竞争和争夺权力的舞台。一个人能够说什么，有什么效果，取决于他在社会领域中相对于其他人的地位。布迪厄反对把话语和对话者从其嵌入的场域中抽象出来，主张关注说话者与听众之间的权力关系。④ 词语的意义取决于在场域内的位置，那些处于从属地位的人往往试图模仿主流群体认可的说话风格。⑤ 例如，有关"女王英语"、"高贵发音"和"优雅谈吐"的表达就是场域等级的体现。⑥ 概言之，场域充满对合法语言的竞争。

尤尔根·哈贝马斯（Jürgen Habermas）是当代话语分析的集大成者，他所提出的"沟通理性"（communicative rationality）为协商民主奠定了重

---

① Michel Foucault, "What Is Enlightenment?" in Paul Rabinow ed., *The Foucault Reader*, New York: Pantheon Books, 1984, pp. 32-50.

② Reiner Keller, "Michel Foucault: Discourse, Power/Knowledge and the Modern Subject", in Ruth Wodak and Bernhard Forchtner eds., *The Routledge Handbook of Language and Politics*, New York: Routledge, 2018, pp. 73-76.

③ Michel Foucault, *Discipline and Punish*, New York: Vintage Books, 1995 [1975], pp. 27-28.

④ Pierre Bourdieu, *Outline of a Theory of Practice*, Cambridge: Cambridge University Press, 1977, p. 54.

⑤ Pierre Bourdieu, *Language and Symbolic Power*, Cambridge: Polity Press, 1991, p. 181.

⑥ Andrew Sayer, "Pierre Bourdieu: Ally or Foe of Discourse Analysis?" in Ruth Wodak and Bernhard Forchtner eds., *The Routledge Handbook of Language and Politics*, New York: Routledge, 2018, pp. 110-112.

要基础。在商议过程中，参与者需要相互交谈，阐明所持立场的理由，并听取其他参与者的意见，或者面对面挑战他人的观点，公共政策就是在这样的辩论过程中产生。① 对哈贝马斯来说，单向性质的强制劝说违反了"理想的话语"条件，也破坏了"参与者拥有平等话语权"的条件。作为审议式民主的基础，沟通理性涉及五个维度：①以理性（Verstand）为基础，即通过语言阐述的有效性诉求来赋予世界以意义；②使人们能够参与沟通（Verständigung）过程，即不仅能够协调人们的行动，而且能够通过以相互理解为导向的主体间实践来赋予这些行动以意义；③建设性地寻求理解（Verstehen）的主要动力，即用语言的意义填充现实的给定性，从而用规范渗透客观性事实；④既是走向可理解性（Verständlichkeit）的手段，也是目的，即作为言说和行动的主体，人们通过相互理解来感知世界；⑤是达成协议（Einverständnis）的主要社会力量，即作为一个交往的物种——人类能够相互理解，作为一个话语的物种——人类能够达成协议。② 从哈贝马斯的观点来看，没有沟通的理性，就没有民主。

战略叙事是"政治行动者构建国际政治过去、现在与未来的共同含义以塑造国内外行为者行为的一种话语手段"。③ 每个战略叙事都有一定的背景、情节、人物及结局。在无政府主义和强政治的逻辑下，悲观论者一般认为国际体系缺乏进行交流对话的基本条件。④ 叙事无用论者认为，简单地把国家看成追寻话语背后的真理而忽视权力的行动者，过于天真，国际政治本身不依赖话语，而关注物质性权力的意义。实际上，即便无政府状态也存在多种逻辑，原始荒野式的弱肉强食逻辑并不能描述

① Jürgen Habermas, *Between Facts and Norms: Contributions to a Discourse Theory of Law and Democracy*, Cambridge：Polity Press, 1996, p. 90.

② Robert Alexy, "Jürgen Habermas's Theory of Legal Discourse", in Michel Rosenfeld and Andrew Arato eds., *Habermas on Law and Democracy: Critical Exchanges*, Berkeley, CA：University of California Press, 1998, pp. 226-233.

③ Alister Miskimmon, Ben O'Loughlin and Laura Roselle, *Strategic Narratives: Communication Power and the New World Order*, New York：Routledge, 2013, p. 2.

④ John S. Dryzek, "Transnational Democracy", *Journal of Political Philosophy*, Vol. 7, No. 1, 1999, pp. 30-51；John S. Dryzek, *Foundations and Frontiers of Deliberative Governance*, New York, NY：Oxford University Press, 2011；Jens Steffek, "The Legitimation of International Governance：A Discourse Approach", *European Journal of International Relations*, Vol. 9, No. 2, 2003, pp. 249-275；Jennifer Mitzen, "Reading Habermas in Anarchy：Multilateral Diplomacy and Global Public Spheres", *American Political Science Review*, Vol. 99, No. 3, 2005, pp. 401-417.

所有时段的国际议题。只要国家之间存在基本的互动前提即可进行沟通：如果存在一个基本的共同生活世界，在这个世界里各国澄清游戏规则，建立共同的知识，那么互动者之间的话语就可以被用来理解、调和与说服。[①] 整体上，理性主义者往往把行动者的偏好视为给定的，而建构主义则关注偏好的来源，或者说关注身份的改变如何导致利益的改变。两派对于话语的功能也有不同的理解：理性主义者往往采取工具性的解释，行动者的偏好视为给定的前提下，话语被视为利益杠杆，在博弈中间接影响均衡点，换言之，话语对于理性主义者而言是可用或不可用的工具；[②] 而建构主义者则认为话语还具备本体性功能，没有话语就没有身份认同。[③] 建构主义者视野下的话语说服，是导致偏好与身份改变的重要机制；但是理性主义者批评认为，说服只是利益计算，与身份无关。[④] 两者的争论，可以用哈贝马斯对沟通行动（communicative action）与战略行动（strategic action）的区分来理解。[⑤]

第三节　政治学研究的叙事"转向"

自 20 世纪 70 年代开始，社会科学出现叙事转向的趋势。叙事分析在

---

① Nicole Deitelhoff and Harald Müller, " Theoretical Paradise-Empirically Lost? Arguing with Habermas", *Review of International Studies*, Vol. 31, No. 1, 2005, p. 168；龚群：《道德乌托邦的重构——哈贝马斯交往伦理思想研究》，商务印书馆 2003 年版，第 130 页。

② Thomas Risse, " Let's Argue! Communicative Action in World Politics", *International Organization*, Vol. 54, No. 1, 2000, pp. 14−16.

③ Jeffrey T. Checkel, " Why Comply? Social Learning and European Identity Change", *International Organization*, Vol. 55, No. 3, 2001, p. 554.

④ Frank Schimmelfennig, " Strategic Calculation and International Socialization: Membership Incentives, Party Constellations, and Sustained Compliance in Central and Eastern Europe", *International Organization*, Vol. 59, No. 4, 2005, pp. 827−860.

⑤ Diana Panke, " More Arguing than Bargaining? The Institutional Designs of the European Convention and Intergovernmental Conferences Compared", *Journal of European Integration*, Vol. 28, No. 4, 2006, p. 360；Jürgen Habermas, *The Theory of Communication Action*, Vol. I: *Reason and the Rationalization of Society*, Thomas McCarthy trans., Boston, MA: Beacon Press, 1984, pp. 286−287；Jürgen Haacke, " Theory and Praxis in International Relations: Habermas, Self-Reflection, Rational Argumentation", *Millennium: Journal of International Studies*, Vol. 25, No. 2, 1996, p. 261；James Johnson, " Habermas on Strategic and Communicative Action", *Political Theory*, Vol. 19, No. 2, 1991, pp. 183−185.

政治科学、心理学、社会学、人类学、法律、文学、历史等诸多学科积累了大量科研成果。例如，乔纳森·戈特肖尔的通俗著作《讲故事的动物》借鉴了神经科学和进化生物学，证明了故事符合人类期待解脱的心理需求。① 再如，乔纳·萨克斯的《赢得故事战》，将故事称为"深深植根于DNA 中"的"古老的神话公式"。② 从创世神话到互联网争论，塑造故事的集体神话、史诗叙事或民间故事等叙事谱系，都可以置于权力关系网之中来理解。在社会背景下，故事常常能够清晰地表达和再现现有的意识形态以及权力和不平等的霸权关系。③

自 20 世纪 70 年代以来，社会科学领域涌现了一批叙事研究的思想流派，例如叙事心理学④、叙事社会学⑤、叙事心理分析⑥、宗教研究的叙事方法⑦、叙事犯罪学⑧、民俗研究⑨和市场营销⑩等。社会科学的叙事转向借鉴了维特根斯坦的语言游戏思想和欧文·戈夫曼的符号互动主义。而且在后现代思潮作用下，叙事研究也吸收了文化人类学家克利福德·格尔茨（Clifford Geertz）、历史哲学家海登·怀特（Hayden White）、社会

---

① Jonathan Gottschall, *The Storytelling Animal: How Stories Make Us Human*, New York：Houghton Mifflin Harcourt，2012，p. 6.

② Jonah Sachs, *Winning the Story Wars: Why Those Who Tell（and Live）the Best Stories Will Rule the Future*，Boston：Harvard Business Review Press，2012，p. 4.

③ Patricia Ewick and Susan Silbey，"Subversive Stories and Hegemonic Tales：Toward a Sociology of Narrative"，*Law & Society Review*，Vol. 29，No. 2，1995，p. 212.

④ 参见 Theodore R. Sarbin ed.，*Narrative Psychology: The Storied Nature of Human Conduct*，Westport，CT：Praeger Publishers，1986。

⑤ Ronald J. Berger and Richard Quinney，*Storytelling Sociology: Narrative as Social Inquiry*，Boulder，CO：Lynne Rienner Publishers，2004，p. 9.

⑥ Esther Rashkin，*Family Secrets and the Psychoanalysis of Narrative*，Princeton，NJ：Princeton University Press，1997，pp. 6–12.

⑦ R. Ruard Ganzevoort，Maaike Hardt and Michael Scherer-Rath，*Religious Stories We Live By: Narrative Approaches in Theology and Religious Studies*，Leiden：Brill Academic Publishers，2013，p. 52.

⑧ 参见 Patricia E. O'Connor，*Speaking of Crime: Narratives of Prisoners*，Lincoln：University of Nebraska Press，2000；Lois Presser and Sveinung Sandberg，*Narrative Criminology: Understanding Stories of Crime*，New York：New York University Press，2015。

⑨ Bruno Bettelheim，*The Uses of Enchantment: The Meaning and Importance of Fairy Tales*，New York：Doubleday，1975，p. 4.

⑩ Robert V. Kozinets，Kristine de Valck，Andrea Wojnicki and Sarah J. S. Wilner，"Networked Narratives：Understanding Word-of-Mouth Marketing in Online Communities"，*Journal of Marketing*，Vol. 74，No. 2，2010，pp. 71–89.

学家布迪厄和福柯等学者的语言学思想。[①] 叙事研究的兴起带动了专业期刊的繁荣，《修辞学刊》（*Rhetorica*）、《修辞评论》（*Rhetoric Review*）、《论辩》（*Argumentation*）、《修辞学会季刊》（*Rhetoric Society Quarterly*）、《古代修辞》（*Ancient Narrative*）、《形象与修辞》（*Image & Narrative*）、《叙事理论期刊》（*Journal of Narrative Theory*）、《叙事探索》（*Narrative Inquiry*）与《风格》（*Style*）等国际期刊涌现出来。同时叙事研究共同体与专业协会也日趋增多，包括欧洲叙事学网络（European Narratology Network，ENN）、国际叙事研究学会（International Society for the Study of Narrative，ISSN）、东伦敦大学叙事学研究中心（Center for Narrative Research at the University of East London，CNR）、北欧叙事研究网络（Nordic Network of Narrative Studies，NNNS）和澳大利亚的叙事网络（Narrative Network in Australia）等。整体上，相关研究中围绕叙事转向的理论争议有三大焦点。

其一，关注话语传递与建构中的听众感知。当代叙事研究流派尽管侧重点不同，但是都强调语言不仅是政治沟通的工具，也是框定听众感知的载体。肯尼斯·伯克在《动机修辞学》中认为，听众认同是所有说服力的核心，"只有当听众能够通过言语、手势、音调、形象、态度、想法等方式与修辞者交流时，才能被说服"。[②] 在最基本的"对话空间"中，叙述者至少需要考虑对方的期望；平等的对话最好是参与者都能轮流说话。听众一旦成为叙述故事的积极参与者，任何说话者都需要考虑如何最好地传达他们的信息，需要考虑听众关心哪些问题。更重要的是，听众头脑中的思想"节点"需要被话语激活。[③] 框定就是一种激活听众思想节点的聚焦过程，那些构成框定的文字和图像往往可以激发共鸣或反对的力量。[④] 一般框定越充分，听众的共鸣也就越大，就越有可能唤起共享的情感与感受。例如，小布什政府在"9·11"事件发生后，在

---

① Richard Rorty, *The Linguistic Turn: Essays in Philosophical Method with Two Retrospective Essays*, Chicago: University of Chicago Press, 1967, pp. 1 – 39；郭台辉：《语言的政治化与政治的语言化——政治学方法论的"语言学转向"问题》，《政治学研究》2019 年第 4 期。

② Kenneth Burke, *A Rhetoric of Motives*, Berkeley: University of California Press, 1969, p. 55.

③ Robert M. Entman, "Cascading Activation: Contesting the White House's Frame After 9/11", *Political Communication*, Vol. 20, No. 4, 2003, pp. 415–432.

④ David A. Snow and Robert D. Benford, "Ideology, Frame Resonance, and Participation Mobilization", *International Social Movement Research*, Vol. 1, No. 1, 1988, pp. 197–216.

公开演讲中反复使用"邪恶"和"战争"等字眼，这种反复强调就是一种框定手法，再加上媒体呈现的燃烧和倒塌的世贸大厦画面，共同为听众提供了一个高度共鸣的说服框定，让听众的意识形成常识性判断：恐怖袭击是不道德的。

其二，聚焦政治家的修辞策略。政治家除领导素质、谈判技巧等工作能力之外，还必须展示足够的修辞策略，通过诱导、劝说和说服支持者，或抹黑与打击竞争对手，实现政治目标。当修辞手段被灵活运用时，精明的政治家可以有效地动员社会资源，根据受众与情境的不同而调整修辞策略。政治修辞者的语言可能是明确的直接诉求，揭示真实想法和意图，也可能模棱两可，或者直接进行话语操纵、欺骗与隐瞒。[1] 在自由开放的政治环境中，政治家能否选择正确的修辞策略，甚至能否使用"正确"的词语，可能会决定其政治生涯的成败。[2] 关于美国总统奥巴马的政治演讲风格研究，曾经一度成为政治修辞研究的热点。研究者认为，奥巴马很好地继承了古希腊的修辞传统，将逻辑争论、情感共鸣与权威塑造完美结合起来，掀起了一阵修辞热。[3] 按照约翰·奥斯汀的"以言取效"标准，说服是一种社会影响，是言说者有意通过交流来影响他人思想状态的话语传递过程。成功的说服需要有针对性的修辞策略，以便打动受众。[4]

---

[1] Ofer Feldman, Ken Kinoshita and Peter Bull, "Failures in Leadership: How and Why Wishy-Washy Politicians Equivocate on Japanese Political Interviews", *Journal of Language and Politics*, Vol. 16, No. 2, 2017, pp. 285–312.

[2] Ofer Feldman and Sonja Zmerli, "Introduction: Liberal Democracies and the Study of Political Communicators", in Ofer Feldman and Sonja Zmerli eds. , *The Psychology of Political Communicators: How Politicians, Culture, and the Media Construct and Shape Public Discourse*, New York: Routledge, 2019, pp. 2–4.

[3] Kevin Coe and Michael Reitzes, "Obama on the Stump: Features and Determinants of a Rhetorical Approach", *Presidential Studies Quarterly*, Vol. 40, No. 3, 2010, pp. 391–413; Judy Isaksen, "Obama's Rhetorical Shift: Insights for Communication Studies", *Communication Studies*, Vol. 62, No. 3, 2011, pp. 456–471; Dennis Grube, "The Rhetorical Framing of Policy Intervention", *Australian Journal of Political Science*, Vol. 45, No. 4, 2010, pp. 559–578; Richard Toye, "The Rhetorical Premiership: A New Perspective on Prime Ministerial Power since 1945", *Parliamentary History*, Vol. 30, No. 2, 2011, pp. 175–192.

[4] 参加［英］J. L. 奥斯汀：《如何以言行事——1955 年哈佛大学威廉·詹姆斯讲座》，杨玉成、赵京超译，商务印书馆 2012 年版。

其三，创新经典的修辞模式。古希腊时代的修辞研究重点是修辞者说了什么（肢体语言、情感、语法）以及如何表达自己。[①] 亚里士多德指出有说服力的叙事必须综合理性因素与非理性遵循三大修辞原则：逻辑论证、可信度与情感感染。[②] 现代修辞学分析在此基础上关注话语说服的权力基础，主张将权力置于话语框定中来理解其规制性与主观性。[③] 詹姆斯·金纳维在《话语理论》中将逻辑论证、可信度与情感感染三原则联系在一起，形成了一个修辞情境的通用模型，提出了叙事者、受众和价值的三角关系。[④] 宾夕法尼亚州立大学学者黛布拉·哈维则在《注视亚里士多德的眼睛：走向修辞视野的理论》一文中指出，修辞学的视点在于短暂的语言爆发、生动的隐喻与视觉转化。[⑤] 修辞者往往将充满活力的图像展现在听众眼前，甚至可以通过用过去或未来的图像转移听众的想象。[⑥] 在新媒体时代，话语修辞有了更广泛的影响渠道，但从经典文本与政治演讲到非正式会谈、虚拟文本和数字传播，修辞部署的本质并没有变化。[⑦] 有学者考察了美国前总统奥巴马 2013 年的就职演说，认为其有效传递信息、唤起民众激情的修辞策略依然符合亚里士多德提出的修辞三原则。当代政治家需要善用修辞的隐藏含义，将道德观念与正义修辞置于说服链条的核心。[⑧]

[①] Maria Zaleska, *Rhetoric and Politics: Central/Eastern European Perspectives*, Newcastle, UK：Cambridge Scholars Publishing, 2012, p. 21.

[②] Martha C. Nussbaum, "Aristotle on Emotions and Rational Persuasion", in Amelie Oskenberg Rorty ed., *Essays on Aristotle's Rhetoric*, Berkeley：University of California Press, 1996, pp. 98–110.

[③] Michel Foucault, *Power/Knowledge: Selected Interviews and Other Writings 1972-1977*, C. Gordon ed., London：Harvester Wheatsheaf, 1980, p. 6.

[④] 转引自 M. Jimmie Killingsworth, "Rhetorical Appeals：A Revision", *Rhetoric Review*, Vol. 24, No. 3, 2005, pp. 249-263。

[⑤] Debra Hawhee, "Looking into Aristotle's Eyes：Toward a Theory of Rhetorical Vision", *Advances in the History of Rhetoric*, Vol. 14, No. 2, 2011, pp. 139-165.

[⑥] Stephen M. Kosslyn and William L. Thompson, "When Is Early Visual Cortex Activated during Visual Mental Imagery?" *Psychological Bulletin*, Vol. 129, No. 5, 2003, pp. 723-746.

[⑦] James P. Zappen, "Digital Rhetoric：Toward an Integrated Theory", *Technical Communication Quarterly*, Vol. 14, No. 3, 2005, pp. 319-325.

[⑧] Naeem Iqbal, "The Rhetoric of Obama：An Analysis of Rhetoric and Genre Characteristics of President Barack Obama's 2013 Inaugural Address", 2013, https：//gupea. ub. gu. se/ bitstream/2077/33899/1/ gupea_ 2077_ 33899_ 1. pdf.

第四节　国际政治中的叙事研究

始于 20 世纪 80 年代中后期的"第三次大辩论"突出了语言在国际关系中的建构作用，建构主义、后结构主义与反思主义围绕话语如何框定主观认知、解构客观权力、塑造身份认同，以及操控对抗等问题，展开了一系列讨论。① 国际关系不是沉默的互动空间，只要国家之间存在基本的互动就离不开叙事武器。近年来随着大国战略竞争升级，国际关系学者越来越意识到国际话语、外交叙事与战略叙事的重要性。与传统的话语权分析不同，战略叙事致力于平衡理性主义与建构主义分析路径，综合借鉴语言学、社会学、政治心理学与传播学知识，为理解大国战略竞争提供新的分析框架。从理论光谱上分析，理性主义者认为话语是服务于利益的工具，行动者以后果性逻辑的方式来追求利益最大化。而后结构主义则关注本体性身份的来源，行动者以适当性逻辑来确定身份认同或角色义务。回顾文献，整体上学术界对战略叙事的分析存在多种理论范式，如理性主义分析、沟通行动理论、反思主义与后结构主义（参见表 1-1），这些理论范式需要进一步批判性整合。

① 国际叙事研究参见 James Der Derian，"The（S）pace of International Relations：Simulation，Surveilance，and Speed"，*International Studies Quarterly*，Vol. 34，No. 3，1990，p. 295；Richard Ashley and Rob B. J. Walker，"Introduction：Speaking the Language of Exile：Disident Thought in International Studies，"*International Studies Quarterly*，Vol. 34，No. 3，1990，pp. 494-500；Jennifer Miliken，"The Study of Discourse in International Relations：A Critique of Research and Methods"，*European Journal of International Relations*，Vol. 5，No. 2，1999，pp. 225-254；David Campbell，*Writing Security：United States Foreign Policy and the Politics of Identity*，Minneapolis，MN：University of Minnesota Press，1998；Lene Hansen，*Security as Practice：Discourse Analysis and the Bosnian War*，London：Routledge，2006；Charlotte Epstein，*The Power of Words in International Relations：Birth of An Anti-Whaling Discourse*，Cambridge，MA：MIT Press，2008；孙吉胜：《语言、意义与国际政治：伊拉克战争解析》，上海人民出版社 2009 年版；孙吉胜主编：《国际政治语言学：理论与实践》，世界知识出版社 2017 年版；孙吉胜、何伟：《国际政治话语的理解、意义生成与接受》，《国际政治研究》2018 年第 3 期；刘永涛：《语言与国际关系：拓展政治分析的新视角》，《世界经济与政治》2011 年第 7 期；傅强、袁正清：《隐喻与对外政策：中美关系的隐喻之战》，《外交评论》（外交学院学报）2017 年第 2 期；袁正清：《交往行为理论与国际政治研究——以德国国际关系研究视角为中心的一项考察》，《世界经济与政治》2006 年第 9 期。

表 1-1　战略叙事的理论光谱分析

	理性主义分析	沟通行动理论	反思主义	后结构主义
基本假定	行为体拥有既定偏好，在无政府结构中博弈互动	行动者具有既定身份，根据共享理解进行互动，偏好可以改变	行动者身份相互依赖，一方认同来自对另一方的反应	话语力量（权力-知识体系）在实践（语言-物质的）中彰显出来
●叙事生成	战略叙事表达已知的利益与偏好	战略叙事基于对认知分析及其规范理解	叙事是长期认同与传记的一部分；策略性地赋予新事物以意义	国际空间充满话语（法律的、经济的、历史的等）；用话语材料赋予事件以意义
●叙事投射	利用低成本信号传递或"廉价话语"操纵印象；媒体框定认知	投射关于世界是什么，以及应该是什么的真理性诉求	行动者在战略行动中坚持自身认同，并攻击他人身份认同的矛盾与焦虑性	领导者通过演讲与行动阐明叙事，将话语具体化
●叙事接受	听众将叙事视为信息，权衡利弊后表达态度立场	为达成争论妥协，听众会考虑叙事的内容、证据与形式	通过羞辱点名形成压力，对方因遭受身份质疑而产生认同反思	基础性的、稳定的话语界定了话语行动的可信度与规范性；话语会得到预期回应
政策启示	实施策略性欺骗与话语操作	协商性沟通促成合作，扩展公共讨论空间	建立道义基础，运用社会性话语杠杆达到目的	权力结构生产知识与话语，掌握权力是叙事的根本

资料来源：笔者自制。

首先，理性主义分析注重语言对利益分配的间接影响。托马斯·谢林认为话语起到了协调各方意见、弥合分歧的作用，但前提是话语必须具有"物质权力的背书"，利用强迫和威胁性话语在谈判中给对方制造压力以达到预期目标。[①] 新自由制度主义者指出，话语是信息的载体，能够在特定情境下发挥物质权力所不具备的功能，以非强制性方式改变行为体的决策方向。例如在发生利益纠纷时，话语施动者通过主动提供新的信息，鼓

---

① Thomas C. Schelling, *The Strategy of Conflict*, Cambridge, MA: Harvard University Press, 1960, p. 3.

励其他行为体重新计算成本和收益，实现在特定问题上的合作。[①] 软实力的核心机制"诱导"也强调话语的意义，话语作为"软实力工具"（Soft Power Toolkit）的重要组成部分，有助于强化文化吸引力、价值观吸引力、外交政策正当性、国家间关系亲和力、发展模式吸引力、对国际制度规范的塑造能力，以及对国际舆论的引导力。[②]

其次，沟通行动理论假设互动者处于"共同的生活世界"之中。哈贝马斯提出了交往的理性认知理论，他指出，叙事、话语与修辞都是一种交往行动，人与人之间的沟通交流是相互理解的基础。[③] 在共同的生活世界中，叙事者与听众之间存在一种共同的文化、合法的规范和共同制度，以及能够相互理解的社会身份。[④] 在这种视角看来，政治的本质不是竞争，而是协商一致。在理想的话语条件下，叙事者将不使用权力优势，而是试图说服对方，并且自己也乐于接受说服。当然，行动者的叙事要传递共识与意义，需要"以生活世界的共同体"为前提，共同体意识越强则叙事的效力就越大。[⑤] 内塔·克劳福德指出，叙事的目的并不是将人道主义干预对象化，而是将人道主义干预的观念社会化，如果没有广泛和持续的对话，真正的人道主义干预就会失败。[⑥] 陈拯也指出，规范演进是理念与话语竞争的产物，受到政治背景以及谈判动态的影响。[⑦] 当然，说辞策略的选择及其效

①　Robert O. Keohane, *After Hegemony: Cooperation and Discord in the World Political Economy*, Princeton：Princeton University Press, 2005, p. 245.

②　Joseph S. Nye, "Deterrence and Dissuasion in Cyberspace", *International Security*, Vol. 41, No. 3, 2016, pp. 44-47.

③　转引自袁正清《交往行为理论与国际政治研究——以德国国际关系研究视角为中心的一项考察》，《世界经济与政治》2006 年第 9 期。

④　Patricia Owens, "Hannah Arendt, Violence, and the Inescapable Fact of Humanity", in Anthony F. Lang, Jr. and John Williams eds., *Hannah Arendt and International Relations*, New York：Palgrave-MacMillan, 2005, p. 44; Hans Kogler, *The Power of Dialogue: Critical Hermeneutics after Gadamer and Foucault*, Paul Hendrickson trans., Cambridge, MA：MIT Press, 1996, p. 27; Patrick Jackson, *Civilizing the Enemy: German Reconstruction and the Invention of the West*, Ann Arbor：University of Michigan Press, 2006, p. 22.

⑤　Ronald R. Krebs and Patrick Thaddeus Jackson, "Twisting Tongues and Twisting Arms：The Power of Political Rhetoric", *European Journal of International Relations*, Vol. 13, No. 1, 2007, p. 42.

⑥　Neta Crawford, *Argument and Change in World Politics: Ethics, Decolonization, and Humanitarian Intervention*, Cambridge：Cambridge University Press, 2002, p. 426.

⑦　陈拯：《说辞政治与"保护的责任"的兴起》，《世界经济与政治》2018 年第 6 期。

果还受到受众构成、立场及关系结构的影响，具有很强的情境依赖性。[①]

再次，反思性话语是一种"伦理论证"的形式。作为构成性的意义系统，话语通过提供一个理想化的剧情脚本来帮助人们理解生活的复杂性，正是通过话语人们感知到生活的意义，并为未来行动提供指南。[②] 如丹·麦克亚当斯所言："每个人都试图通过将生活中的事件安排成故事，使分散的、混乱的经验形成一种连贯性经验。"[③] 反思性话语关注修辞与叙事实践的互动性、建构性和反思性。作为连贯的意义系统，话语一旦被创造出来，就会在社会中扩散。[④] 反思性话语通过攻击目标国家的身份认同，要求目标听众解释身份认同与行动实践和矛盾脱节之因。例如，那些关于改革殖民主义的伦理争论就利用了殖民者的尴尬和羞耻情感。在人道主义领域，非政府组织所使用的"羞辱"性话语压力，也是"道德说服"，让所谓捍卫自由民主价值的西方社会在面临他国违约时，有责任为捍卫这些价值而采取行动。

最后，后结构主义关注本体性安全。后结构主义者认为，话语是权力生产或合法化的基础，所有的权力本质上都是非法的，话语则用来掩盖这种不合法性。[⑤] 后结构主义者把权力置于语言的媒介中，这种权力指的是"主体的话语生产与行动的条件"。[⑥] 话语本身不能发声，但话语的实践者可以发声；话语也不能强迫人们去做违背意愿的事情，只有话语的使用者才具备这样的能力。[⑦] 如前所述，话语是构成性的，因此可以展示、塑造

[①] Frank Schimmelfennig, "The Community Trap: Liberal Norms, Rhetorical Actions and the Eastern Enlargement of the European Union", *International Organization*, Vol. 55, No. 1, 2001, pp. 47-80.

[②] Michael Murray, "Narrative Social Psychology", in Brendan Gough ed., *The Palgrave Handbook of Critical Social Psychology*, London: Palgrave Macmillan, 2017, pp. 185-200.

[③] Dan McAdams, *The Stories We Live By: Personal Myths and the Making of the Self*, New York: Guilford Press, 1993, p. 11.

[④] Derina Holtzhausen and Ansgar Zerfass, "Strategic Communication: Opportunities and Challenges of the Research Area", in Derina Holtzhausen and Ansgar Zerfass eds., *The Routledge Handbook of Strategic Communication*, New York: Routledge, 2015, pp. 6-7.

[⑤] Jenny Edkins, *Poststructuralism and International Relations: Bringing the Political Back in*, Boulder: Lynne Rienner, 1999, p. 59.

[⑥] Brent J. Steele, *Defacing Power: The Aesthetics of Insecurity in Global Politics*, Ann Arbor: The University of Michigan Press, 2010, p. 81.

[⑦] ［美］克劳斯·克里彭多夫：《为何将话语置于行动中研究?》，田海龙、张立庆译，《当代修辞学》2020 年第 5 期；Janice Bially Mattern, *Ordering International Politics: Identity, Crisis, and Representational Force*, New York: Routledge, 2005, p. 95。

和构建人们看待自己和世界的方式。修辞的过程实际上是一个主体间性（intersubjectivity）的过程，即通过修辞过程达到合法化共识。①

小 结

高超的演说技巧在雅典社会中是获取权力的必备武器，既可以构成政治成功的先决条件，也是自我防卫的工具。政治话语的修辞效力直接影响对听众的说服效果。古希腊哲学家亚里士多德提出修辞三原则，强调说服力是理性与非理性因素的综合。根本上，叙事要通过听众的信念体系发挥作用，对叙事接受造成影响，因此叙事生成、投射与接受的过程是复杂交织的。在大多数政治修辞中，听众需要对叙事者的言语真实性做出推断。在高度不确定性条件下，为了展示言语的可信度与说服力，叙事者需要扩大修辞说服力，讲出符合听众心理期望的故事。②

作为国际关系研究的重要学术议题，战略叙事塑造了外交互动的话语进程，对理解外交互动具有重要的理论与政策价值。一方面，可以为中国外交实践提供学理支撑。新时代"讲好中国故事"需要合理运用不同叙事策略传递战略意图。战略叙事不仅传递信息，更能表达行为体的情感、价值与期待。另一方面，可以揭示国际行动被嵌入的全球叙事框架。在全球化时代，战略叙事面临国家、超国家与次国家等多元听众，如何根据不同情境讲出不同故事，如何在话语建构与叙事竞争中促进全球秩序和谐发展，需要对战略叙事的逻辑基础进行深入剖析。

---

① 田海龙：《新修辞学的落地与批评话语分析的兴起》，《当代修辞学》2015 年第 4 期。
② Jonathan Gottschall, *The Storytelling Animal: How Stories Make Us Human*, New York：Houghton Mifflin Harcourt, 2012.

第二章 国际政治的
话语隐喻投射

在政治舞台上，叙事是增强身份认同、促进利益整合、赢得公众支持的话语武器。不论是国内政治还是国际博弈，沟通、冲突、合作与威慑，都需要叙事作为承载。在抽象复杂的政治领域，政治隐喻可以干预听众的思维与认知，吸引听众注意力。实际上，国际政治中外交叙事的隐喻表达提供了一种话语约束机制，对外交行动产生合法性道义约束。政治隐喻作为叙事工具，将源域的意义投射到目标域，其政治影响体现为四大功能，即聚焦与简化认知、意义填充、选择性框定推理与促进安全化进程。面对复杂的世界，叙事者通过隐喻可以过滤信息，形成信息简化机制。当然隐喻也是一把"双刃剑"，虽然可能产生预期说服效果，但也可能使叙事者产生自我约束。

第一节 话语的武器化与权力关联

话语从根本上说是互动的、富含信息的，以及充满说服性的。库特·布拉多克在《武器化的话语》一书中指出，"语言是上膛的手枪"（words are loaded pistols），其认为策略性话语表达可以成为实现关键目标的武器。[1]为了将故事与某种政治意图联系起来，叙事也需要适度概括。历史上最杰

---

① Kurt Braddock, *Weaponized Words: The Strategic Role of Persuasion in Violent Radicalization and Counter-Radicalization*, New York: Cambridge University Press, 2020, pp. 39-40.

出的演讲者，都是通过言语来塑造人们对政治世界的看法的。[1] 话语本身是交流的核心媒介，尽管有些话语本身是无成本的，但是外交话语的后果则是有代价的。长期以来，外交叙事的合法性约束被国际关系学者所忽略。理性主义者指出外交叙事是"廉价话语"（Cheap Talk），不具备可信度[2]，只需观其行，无须听其言。理性主义者不关心外交叙事，只认为昂贵信号是承诺运作的必要条件，所谓的"昂贵"则是投入足够的成本，让自己陷入其中而难以退出。[3] 但是政治心理学者反对按照成本界定叙事效力的做法，他们认为即便无成本的外交叙事也可以传递意图信号，改变对方信念从而塑造其行为。实际上，话语与权力、身份认同之间存在着紧密关联。

其一，权力通过叙事彰显。权力，不是某种拥有的东西，而是通过话语实践来行使影响的过程。政治权力本身可以被转化为话语，通过精细的修辞设计，战略叙事者会最大化包装其实质意图，将有利于自己的信息传递给听众。有学者对安全话语的"象征性力量"进行了分析。[4] 米歇尔·福柯认为，政治权力永远使用"一种无声的话语来重新确立支配性关系，并将其重新纳入制度、经济不平等、语言甚至个人的身体中"。[5] 他把话语与权力关系等同起来。语言即武器，罗纳德·克雷布斯等人基于"修辞强制"模型认为，压制对手的话语反驳空间，可以迫使对手的言行失去合法性支持。[6] 里查德·杰克逊也认为，行动者"通过宣传自己、诋毁竞争对手的叙事逻辑形成话语霸权"，一旦主导性话语成为公共辩论中的主导语言，有异议的声音则很难被听到。[7] 此外，金融沟通的文献分析表明，

[1] Doris Graber, *Verbal Behavior and Politics*, Urbana: University of Illinois Press, 1976, p. 6.

[2] Thomas Schelling, *Arms and Influence*, New Haven: Yale University Press, 1966, p. 150.

[3] Andrew Kydd, "Trust, Reassurance, and Cooperation", *International Organization*, Vol. 54, No. 2, 2000, p. 333.

[4] Michael C. Williams, *Culture and Security: Symbolic Power and the Politics of International Security*, London: Routledge, 2007, p. 33.

[5] Michel Foucault, "Society Must Be Defended", in Michel Foucault, *Lectures at the Collège de France*, *1975-76*, Mauro Bertani, Alessandro Fontana and François Ewald eds., David Macey trans., New York: Picador, 2003, p. 16.

[6] Ronald R. Krebs and Patrick Thaddeus Jackson, "Twisting Tongues and Twisting Arms: The Power of Political Rhetoric", *European Journal of International Relations*, Vol. 13, No. 1, 2007, pp. 35-66.

[7] Richard Jackson, *Writing the War on Terrorism: Language, Politics, and Counter-Terrorism*, Manchester: Manchester University Press, 2005, p. 19.

央行官员的话语修辞直接影响市场走势。从工作简报、官方报告，到演讲、采访、政策声明和召开记者招待会，这些沟通方式直接塑造市场投资者的决策预期。因为这些政策说明会向公众发出信号，表明其政策将在很长一段时间内保持在听众预期范围之内。例如，1995 年时任美联储主席格林斯潘的"新经济"演讲及他在 1996 年的"非理性繁荣"等著名演讲，对全球市场产生了广泛影响，成为美联储权力运作的话语工具。

其二，叙事与身份相互连通。后结构主义者指出，事实依赖于主观意义的理解，而话语则赋予事件以意义。日常生活中每个人的身份都植根于生活矩阵的不同关系之中，那些引人注目的转折点会重新定位故事的意义，并引发身份转变。赫伯特·布鲁默在《象征性互动：透视与方法》一书中突出了共享意义的重要性以及它对叙事的影响。他强调指出，社会行动者使用故事来构建主观意义；故事是象征性的结构，塑造身份与情感。[1] 身份被定义为"一个连贯而充满活力的生命神话"。[2] 战略叙事涉及"谁的故事将取胜"的政治竞争。[3] 战略竞争者通过各种形式凝聚共同的符号、图像、象征价值，将当前的挑战、过去的失败和未来的胜利编织成一个连贯的故事，设计出鲜明角色和情节线索。叙事让听众产生"我和他/她一样"的理解。在现实关系中，叙事情节不仅定义了"我们是谁""他们是谁""我与他的关系"等认同问题，同时也框定了行为体行动的方式和导向。[4] 加斯·乔维特与维多利亚·奥唐奈认为，叙事的说服力来自听众的需求，激发听众的欲望和想象力可以塑造其信念、态度和价值观。为了说服听众，叙事者必须将叙事与听众相信的东西联系起来，这一联系过程称为"锚定"（anchor）。[5]

---

[1] 参见 Herbert Blumer, *Symbolic Interactionism: Perspective and Method*, Englewood Cliffs, NJ: Prentice Hall, 1969。

[2] Dan P. McAdams, "Can Personality Change? Levels of Stability and Change across the Life Span", in T. F. Heatherton and J. L. Weinberger eds., *Can Personality Change?* Washington: American Psychological Association, 1994, p. 306.

[3] Andrew Geddes, "Britain, France, and EU Anti-Discrimination Policy: The Emergence of an EU Policy Paradigm", *West European Politics*, Vol. 27, No. 2, 2004, pp. 334-353.

[4] 贺刚：《叙述结构、角色扮演与暴力进程的演变——丹麦与瑞典漫画危机的比较研究》，《欧洲研究》2017 年第 6 期。

[5] Garth S. Jowett and Victoria O'Donnell, *Propaganda and Persuasion*, London and Newbury Park: Sage, 1992, pp. 22-23.

其三，叙事激发主观需求，产生情感反应。语言既承载着人们的感知和认知，也建构与激发人们的情感。情感在人类认知中发挥着重要作用。情感是指个体对刺激物所赋予的积极或消极的价值，这种积极与消极的价值分配先于理性认知。例如，一个关于无辜儿童死亡或大屠杀的恐怖故事可以激发听众的情感本性，这是统计数据和其他形式的论证所不能做到的。再如，向大众介绍武力干预的统计研究数字，证明干预将带来灾难性后果，不如讲述一个因外国干预而支离破碎的当地家庭的故事更有情感冲击力。叙事之所以会产生这种情感反应，是因为故事将听众与情节中的价值或需求绑定在一起。[1] 概言之，叙事是身份、情感和实践的黏合剂。

第二节　隐喻内涵及其认知功能

在抽象复杂的政治领域，隐喻可以简化复杂性，使抽象问题变得容易理解。[2] "隐喻" 是对话语的创造性运用，亚里士多德将隐喻定义为 "给事物一个属于其他事物的名称"，这涉及了隐喻中的意义转移与 "跨域映射"。[3] 作为一种认知手段，隐喻渗透在政治语言中，影响着人们的思维方式。通常为了理解抽象的目标域，隐喻者会借用更熟悉和具体的源域来降低理解难度。实际上，政治生活中充满了各式各样的隐喻表达，譬如将祖国比作 "母亲"、将抗疫视为 "战争"、将重大突破称为 "里程碑"，或者使用 "螺旋上升/下降"、"灯塔"、"界标" 与 "试金石" 等隐喻描述政治进程。通过将抽象的概念与熟悉的事物联系起来，政治隐喻可以更为高效、简洁地传递信息，同时可以更好地触发情感共鸣。基于对现实横断面的选择性显示，隐喻框定突出局部信息、聚焦听众注意力，是理解政治竞争的重要话语工具。

---

① Robert C. Rowland and Robert Strain, "Social Function, Polysemy and Narrative-Dramatic Form: A Case Study of Do the Right Thing", *Communication Quarterly*, Vol. 42, No. 3, 1994, pp. 213-228.

② Elena Semino, *Metaphor in Discourse*, Cambridge: Cambridge University Press, 2008, p. 90.

③ 转引自 Jonathan Charteris-Black, *Corpus Approaches to Critical Metaphor Analysis*, New York: Palgrave Macmillan Ltd. , 2004, p. 14。

一、政治隐喻的概念内涵

隐喻被看作一种"跨概念域的映射"，即源域到目标域的映射。① "隐喻"（metaphor）的词源为希腊文"metapherein"，意思是"转移"或"传送"，即将某物从一个地方带到另一个地方。② 语言学家乔治·莱考夫（George Lakoff）和马克·约翰逊（Mark Johnson）把隐喻定义为"两个具有相似性或者经验关联性概念之间的映射"。③ 隐喻又分为目标域与源域。目标域与相对抽象、复杂和不容易描述的概念相关，比如时间、感情等；而源域与具体、客观实在事物的描述有关，例如动作、身体现象等。从概念上看，"隐喻"的核心含义是源域向目标域的投射。而且隐喻的功能实现取决于修辞者与听众之间的合作，双方必须共享一些基本的知识或经验。④ 例如，当一位修辞者将政治成就称为"里程碑"时，知道"里程碑"字面含义的听众就能理解这个形象的隐喻，而如果听众并不了解"里程碑"的基本含义，那么就不知道该词在这种语境下代表多么重大的政治"进步"。再如，"让贫困成为历史"就是基于时间概念的隐喻：如果想象有一天贫困可能属于过去，那么我们可能会努力追求没有贫困的未来。此外，情感反应也是隐喻修辞的话语效力之一，它促使听者达到情感上的共鸣。⑤ 在安全领域，"国际大家庭"、"反恐战争"、"邪恶帝国"、"贸易战争"

---

① ［美］乔治·莱考夫：《隐喻的现代理论》，载盖拉茨主编：《认知语言学基础》，邵军航、杨波译，上海译文出版社 2012 年版，第 203~204 页。

② ［英］特伦斯·霍克斯：《论隐喻》，高丙中译，昆仑出版社 1992 年版，第 1 页；［古希腊］亚里士多德：《修辞术·亚历山大修辞学·论诗》，颜一、崔延强译，中国人民大学出版社 2003 年版，第 167 页。

③ ［美］乔治·莱考夫、马克·约翰逊：《我们赖以生存的隐喻》，何文忠译，浙江大学出版社 2015 年版，第 3~4 页。

④ Raymond W. Jr. Gibbs ed. , *The Cambridge Handbook of Metaphor and Thought*, Cambridge：Cambridge University Press, 2008; Zoltán Kövecses, *Metaphor: A Practical Introduction*, Oxford：Oxford University Press, 2010; Ellen Winner, *The Point of Words*, Cambridge, MA：Harvard University Press, 1988, p. 17.

⑤ John Wilson, *Politically Speaking: The Pragmatic Analysis of Political Language*, USA：B. Blackwell, 1990; Jack Lule, "War and Its Metaphors: News Language and the Prelude to War in Iraq", *Journalism Studies*, Vol. 5, No. 2, 2004, pp. 179–190.

与"安全容器"等隐喻就可以框定国际听众的想象与情感。[①]

　　一方面，政治隐喻可以干预听众的思维与认知，产生强大的政治传播效应。[②] 尼采用"隐喻的流动大军"来形容修辞话语的强大力量。[③] 在米歇尔·福柯的权力理论中，隐喻修辞就是权力展示的体现。通过隐喻，听众可以了解话语背后蕴含的价值观和意识形态。例如，"试金石"指的是可以用来检验有效性的任何物理或智力度量，它被隐喻为政治中的坚硬度测试。"时代浪潮"被隐喻为"席卷世界的潮水"，并可能"淹没"我们。[④] 另一方面，隐喻可以作为一种叙事标签，吸引听众注意力。隐喻是一种从其他角度看待事物的手段，它用另一个领域的概念指涉当前的概念，以"如果-联系"为基础。[⑤] 例如，"布拉格之春"与"阿拉伯之春"等叙事标签，将自由主义和民主化的运动隐喻为"春天"。"春天"作为源域，强调在经历了严寒的冬天之后大自然复苏生长和绽放。这个代表新生与繁荣的概念生动地描述了阿拉伯地区的政治变革趋势，以听众所熟悉的方式将这场抽象或遥远的政治运动呈现出来，而且暗示革命会像自然复苏一样不可阻挡。[⑥] 概言之，隐喻是一个棱镜或透镜，使听众能够更清楚地看到和理解周围的世界（参见图2-1）。一个恰当的隐喻框定就像摄影机中的相框一样，可以帮助听众快

① George Lakoff, "The Contemporary Theory of Metaphor", in Andrew Ortony ed., *Metaphor and Thought*, Cambridge: Cambridge University Press, 1993, p.210; George Lakoff, "Metaphor and War: The Metaphor System Used to Justify War in the Gulf", *Peace Research*, Vol.23, No.2/3, 1991, pp.25-32; Rainer Hulse and Alexander Spencer, "The Metaphor of Terror: Terrorism Studies and the Constructivist Turn", *Security Dialogue*, Vol.39, No.6, 2008, pp.571-592.

② Gerard J. Steen, W. Gudrun Reijnierse and Christian Burgers, "When Do Natural Language Metaphors Influence Reasoning? A Follow-up Study to Thibodeau and Boroditsky", *PLoS One*, Vol.9, No.12, 2014, p.113536; Jeffery Scott Mio, "Metaphor and Politics", *Metaphor and Symbol*, Vol.12, No.2, 1997, pp.113-133.

③ 转引自 Megan Foley, "Peitho and Bia: The Force of Language", *Symploke*, Vol.20, No.1-2, 2012, pp.174-175。

④ Steven Pinker, *The Language Instinct: How the Mind Creates Languages*, New York, NY: Harper Perennial Modern Classics, 1994, p.1.

⑤ George Lakoff and Mark Johnson, *Metaphors We Live By*, Chicago: The University of Chicago Press, 1980.

⑥ Nicole Möller, "Cognitive Metaphor and the 'Arab Spring'", in Frank Polzenhagen and Stefanie Vogelbacher eds., *Cognitive Explorations into Metaphor and Metonymy*, Bern and New York: Peter Lang GmbH, 2014, pp.133-144.

速认知与聚焦。① 与之相关的另一个概念是"转喻"（metonymy），两者区分的关键在于指称对象涉及两个领域还是一个领域。② 我们可以把"隐喻"看作涉及两个领域之间的映射，而"转喻"是涉及单一领域内的映射或认识对应。③

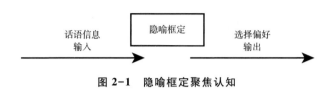

图 2-1　隐喻框定聚焦认知

资料来源：笔者自制。

二、政治隐喻的认知功能

从古希腊时期到古罗马时代，文本语言被认为是展示真理或事实的语言；而具象语言实质上是对事实的"花式"表达，如闪闪发光的优雅饰品，为普通语言披上了美丽外衣。部分古希腊哲学家认为，隐喻是根据类比的原则所做的隐性比较（implicit comparison），是对文字语言的"装饰性补充"。然而在柏拉图眼中，隐喻属于花言巧语，至多只是修饰性语言，他主张在科学陈述中不宜使用隐喻。④ 20 世纪 70 年代以来，隐喻重新被学者重视，将其视为思维创造的重要话语载体。整体而言，隐喻的政治影响体现为四种功能，即聚焦与简化认知、意义填充、选择性框定推理和促进安全化进程。

首先，隐喻聚焦与简化认知。隐喻作为修辞学的重要方法，是一种省

① Todd Gitlin, *The Whole World Is Watching: Mass Media in the Making and Unmaking of the New Left*, Berkeley: University of California Press, 1980, p. 11.

② Kenneth Burke, *A Grammar of Motives*, Berkeley, CA: University of California Press, 1969, p. 506.

③ Zoltán Kövecses, "Metaphor and Metonymy in the Conceptual System", in Frank Polzenhagen and Stefanie Vogelbacher eds., *Cognitive Explorations into Metaphor and Metonymy*, New York: Peter Lang GmbH, 2014, p. 30.

④ Aristotle, *On Rhetoric: A Theory of Civil Discourse*, George A. Kennedy translated, New York: Oxford UP, 1991; Max Black, "More about Metaphor", in Andrew Ortony, ed., *Metaphor and Thought*, Cambridge: Cambridge UP, 1993, pp. 19-41.

略式的比喻，将重心聚焦在源域与目标域的相似性方面，重新赋予事物新的理解角度。① 尤其是隐喻建构了类比思维，没有这种思维便无法对抽象的事物进行推理。乔治·莱考夫等人指出，"隐喻的本质是用一种事物来理解和体验另一种事物"。② 一方面，人们倾向于用具体的、生动的形式来理解抽象的、复杂的现象；另一方面，人们这样做是下意识的，受到语言的引导。由此，隐喻是社会现实的建构工具，人们借助熟悉的参照物，使抽象世界变得更加生动形象。③ 历史上，许多重大的政治进程都与隐喻密切相关。例如，冷战初期乔治·凯南在其著名的"长电报"中称共产主义是"寄生虫"，呼吁提高对苏联威胁的警惕；而美国总统艾森豪威尔在解释美国干预东南亚事务的必要性时使用了"倒下的多米诺骨牌"隐喻。通过将源域"寄生虫"和"多米诺骨牌"的生动形象投射到目标域"共产主义"和"印度支那地缘政治形势"上，能够在听众脑海中建立起丰富而具体的认知图像。④ 基于此，政治学语境中的隐喻可以被用于说服目的，它聚焦与简化认知，使理解抽象问题变得更加容易。⑤

其次，隐喻可以作为意义填充手段。从语法角度看，与"身份"（identity）关系相对应的构词表达为"是-连接"（is-connections），与"隐喻"相对应的构词表达是"若-连接"（as if-connections）。身份建构过程总是隐含或阐释着一些"他者"，隐喻修辞将意义串联起来，成为一种身份认知的地图。⑥ 战争的含义对一般民众而言是抽象而遥远的，如果通过隐喻载体表达，战争的政治意义就可以被传递出来。例如，可以从积

① A. W. Coats, "Economic Rhetoric: The Social and Historical Context", in Arjo Klamer, Donald N. McCloskey and Robert M. Solow eds., *The Consequences of Economic Rhetoric*, New York: Cambridge University Press 1988, pp. 64-75.

② George Lakoff and Mark Johnson, *Metaphors We Live by*, Chicago: University of Chicago Press, 1980, p. 5.

③ ［德］赖纳·许尔森：《论隐喻建构社会现实的功能——以欧盟扩大为例》，王志强译，《国际观察》2008年第3期；林民旺：《隐喻与国际关系理论的构建》，《国际论坛》2007年第2期；Fred Chernoff, *Theory and Metatheory in International Relations: Concepts and Contending Accounts*, London: Palgrave Macmillan, 2007, p. 36.

④ Philip Eubanks, *A War of Words in the Discourse of Trade: The Rhetorical Constitution of Metaphor*, Carbondale and Edwardsville: Southern Illinois University Press, 2000, pp. 15-19.

⑤ Jonathan Charteris-Black, *Politicians and Rhetoric: The Persuasive Power of Metaphor*, New York: Palgrave Macmillan, 2011, p. 29.

⑥ Anna De Fina, Deborah Schiffrin and Michael Bamberg eds., *Discourse and Identity*, Cambridge, UK: Cambridge University Press, 2006.

极维度将战争隐喻为"冲锋""解放""保卫家园""光明""重生"等，也可以从消极维度将战争隐喻为"黑夜""疯狂""毒药""疾病""死亡"等。再如，马丁·路德·金（Martin Luther King, Jr.）的反战演讲《超越越南》（"Beyond Vietnam"）就将战争隐喻为国家灵魂的"弊病"。他呼吁道，"如果美国的灵魂被彻底毒死，尸检的一部分原因则必定与越南相关"。[①] 他批评美国入侵越南，是"把仇恨的毒药注射到越南人的血管里，是一条通往精神死亡的道路"。[②] 这样的隐喻使人联想到美国对越南带来的深切灾难。马丁·路德·金立足黑暗与光明、疾病与健康、死亡与生命、疯狂与理智、敌人与兄弟，以及犯罪与赎罪的二元式隐喻，清楚地向听众讲述美国越南战争的代价，呼吁"为弥补在越南的罪恶和错误，应该主动停止这场悲惨的战争"。[③] 这种道德性隐喻使国家形象拟人化，将话语聚焦在美国发动越战的合法性问题上。而如果不能治愈美国"病态的灵魂"，这场"噩梦般"的冲突将使战争制度永久化，对美国民主产生深远的负面影响。[④]

再次，隐喻有选择性框定推理功能。每个隐喻都在强化事务的某些属性而忽略其他属性，从而选择性地框定地公众推理重点。根据经典的框定理论（framing theory），人们对风险的偏好取决于选择方案的框定范围。对政治隐喻者而言，隐喻效果取决于它们的描述方式。[⑤] 迈克尔·埃拉德（Michael Erard）指出，"反恐战争"这样的隐喻巧妙地"编码"出一种认知框定，在这个框定中，隐藏的恐怖组织成为被征服的目标，激发听众对必然胜利的幻想。[⑥] 冷战时期苏联领导人戈尔巴乔夫曾用俄语的

---

① Adam Fairclough, "Martin Luther King Jr. and the War in Vietnam", *Phylon*, Vol. 45, No. 1, 1984, p. 38.

② Martin L. King, Jr., "Beyond Vietnam", *American Rhetoric: Online Speech Bank*, 1967, https://www.americanrhetoric.com/speeches/mlkatimetobreaksilence.htm; Martin L. King, Jr., *The Autobiography of Martin Luther King, Jr.*, C. Carson ed., New York: Warner Books, 1998.

③ Adam Fairclough, "Martin Luther King Jr. and the War in Vietnam", *Phylon*, Vol. 45, No. 1, 1984, p. 38.

④ Robert L. Ivie, "Argument from Similitude in Martin Luther King, Jr.'s Deliberative Dissent from War", *Argumentation*, Vol. 34, No. 1, 2020, pp. 311-323.

⑤ Amos Tversky and Daniel Kahneman, "The Framing of Decisions and the Psychology of Choice", *Science*, Vol. 4481, No. 211, 1981, pp. 453-458.

⑥ Michael Erard, "Frame Wars", *Texas Observer*, Alternet, November 18, 2004, www.alternet.org/election04/20537/.

"дом"，即"房子"的概念来表达对欧洲政治一体化的理解，这里"дом"传达的是由多个独立房间组成的公寓楼的概念，是对欧共体结构的隐喻。而德国政治家的话语则倾向于参照地基、屋顶、内墙等概念，将欧洲"房屋"的隐喻元素具体化。与之不同，法国领导人的话语风格则更倾向于将房屋隐喻纳入更抽象的"建筑"概念之中。① 不同国家对"欧洲之家"这一隐喻的表达存在着差异，这表明隐喻并不是带着固定的意义进行传递的，而是受语言习惯与认知推理的选择性差异约束。②

　　最后，隐喻话语促进安全化进程。根据哥本哈根学派的安全化框定，安全不是一个客观条件，而是一个通过话语叙事建构威胁感知的过程。③ 大多数研究都认为，隐喻激活的框定影响了解释，并能影响人们的安全化威胁界定。当对手被隐喻为"野兽"时，听众就会不自觉主张捕获和控制"野兽"；当用"病毒"隐喻犯罪时，听众也认为应该及时诊断和治疗"病毒"。与之相关的是，被激活的框定的隐喻通过一些创造性的话语标签，可以将对方污名化。例如，美国前总统唐纳德·特朗普的竞选口号"夺回控制权"和"让美国再次伟大"，暗示着美国曾经是"伟大的"，但现在已经不是了。"夺回"和"再次"的话语框定了这些特定的民族历史地位，这种"含蓄"的隐藏逻辑，以怀旧的方式勾勒出一种情境，成为有影响力的政治口号。特朗普还创造了诸如"骗子希拉里"（Crooked Hillary）、"腐败女王"（The Queen of Corruption）和"瞌睡乔"（Sleepy Joe）等外号来攻击他的对手。不论这种言辞是否与事实相符，特朗普的隐喻与贴标签式的话语框定，会产生让人过目不忘的效果，久而久之就潜移默化地使人们产生对被污名化对象的道德质疑。

---

① Jonathan Charteris-Black, *Corpus Approaches to Critical Metaphor Analysis*, New York: Palgrave Macmillan Ltd., 2004, pp. 52-54.

② Andreas Musolff, "Metaphors and Trains of Thought: Spotting Journey Imagery in British and German Political Discourse", in Sue Wright, Linda Hanrais and Jolyon Howorth eds., *Language, Politics and Society*, Clevedon: Multilingual Matters, 1998, pp. 100-109.

③ Barry Buzan, Ole Wæver and Jaap de Wilde, *Security: A New Framework for Analysis*, Boulder, CO: Lynne Rienner Publishers, 1998, p. 204.

第三节 政治隐喻下的情感塑造

隐喻通过影响认知与情感来改变听众的主观信念，当抽象的问题通过形象化的隐喻来解释时，对政治受众来说更有价值。因为通过形象化隐喻可以将这些问题直观地、有形地、易理解地展示出来。[①] 例如，"铁幕降临欧洲"（丘吉尔所言）、"变革之风"（麦克米伦所言）或"血流成河"（鲍威尔所言），这些表达是非常有创意的隐喻，至今仍然成为冷战、非殖民化和移民争论中时常被引用的修辞模版。与类比和比喻相似，隐喻利用意象的生动性，通过比较可以帮助听众提高情感共鸣能力与认知能力。[②]

一、隐喻的情感性联想功能

政治话语的表达依靠显见和默契的政治隐喻，政治家可以利用隐喻的修辞力量来塑造舆论，设定或证明政策的合法性，以支撑行动。"如果克林顿是泰坦尼克号，那么沉没就会是冰山"这一诙谐的反事实陈述，运用了"泰坦尼克号"撞到冰山沉没的隐喻，将危机情境投射到了政治和社会假设之中。[③] 也有研究指出，毛泽东关于"三个世界理论"的隐喻，极大提升了中国的国际地位，中国国家实力没有变，但是道义合法性却显著提升，被认为是第三世界的领袖。[④]

一方面，隐喻的形象化表达更容易"占领"对方心灵。例如中国睦邻外交将东南亚与中国描述为一个"大家庭"、"走亲戚"与"一家亲"，

---

① Jeffery Scott Mio, "Metaphor and Politics", *Metaphor and Symbol*, Vol. 12, No. 2, 1997, p. 130.

② David Zarefsky, *Public Speaking: Strategies for Success*, Boston: Allyn and Bacon, 2002, p. 276.

③ Mark Turner and Gilles Fauconnier, "Metaphor, Metonymy, and Binding", in Antonio Barcelona ed., *Metaphor and Metonymy at the Crossroads: A Cognitive Perspective*, Berlin and New York: De Gruyter, 2000, p. 135.

④ Zoltán Kövecses, *Extended Conceptual Metaphor Theory*, Cambridge: Cambridge University Press, 2020, p. 10.

可以塑造出一种"家庭"友爱的氛围，传递出中国的善意。最关键的是，隐喻可以调动听众的意义期待。例如，当中国将双边合作称为"里程碑"时，听众从这个隐喻中就有了对双边关系"进步"的期待。在"铁幕演说"中，丘吉尔有意识地创造了一个情感隐喻。他利用《圣经》中关于上帝通过划分语言来划分人的神话，强调了英国人民和美国人民共同的基督教信仰与英语文化，塑造出英美特殊关系的叙事。他通过使用"伙伴""兄弟"隐喻，将英美关系视为民主世界稳定的基石，由此强化"跨大西洋团结"的话语叙事。另外，丘吉尔将联合国隐喻为"和平的殿堂"，说服民主国家携手共同参与全球合作。这种广泛运用的拟人手法，将国家形容为"一个脆弱的病人"，将战争和暴政描述为"无情的掠夺者"，人格化隐喻带来了情感上的具体感受，提升了行动合法性。①

　　另一方面，精心设计隐喻可以推进政治合作。在主权国家世界中，促进合作不仅需要谈判技巧，也需要修辞与说服技巧。例如欧洲联盟合作常常被主流舆论隐喻为"大家庭"或政治婚姻。在这种大家庭的隐喻映射中①民族国家是一个生命体；②在政治上合作或联盟的两个国家就像是恋爱或结婚的个体，它们自愿组建大家庭；③国家合作的成果是该家庭的孩子。1997年欧盟通过了使用欧元货币的最后决定，围绕新货币的辩论也充满着家庭隐喻。例如，将欧元描述为一个新生的"婴儿"，那么就潜在地将欧元区国家作为其缔造者（或父母）；将欧元化进程描述为一场"婚礼"，那么成员国原来的货币（例如法郎）就是未来欧元的未婚夫或未婚妻。由此，欧元的引入要么被看作一场婚礼，要么被看作欧盟"父母"的"婴儿"的诞生。正是在这样的隐喻修辞中，欧盟政治的协调性展现出来。尽管有评论指出"当英国的欧洲货币联盟德洛尔计划的替代方案——'硬欧元'首次呈现在其未来的"父母"面前时，它是一个不讨人喜欢的早产儿"；"在欧洲经济和货币联盟经历漫长的酝酿后，本周突然间，德国和法国这对焦虑的父母正在等待着一个柔软的欧元婴儿降生"。② 此外

① Jan Sebera and Wei-lun Lu, "Metaphor as a（De-）Legitimizing Strategy in Leadership Discourse: The Language of Crisis in Winston Churchill's Cold War Speeches", in Jana Pelclová and Wei-lun Lu eds., *Persuasion in Public Discourse Cognitive and Functional Perspectives*, Amsterdam and Philadelphia: John Benjamins Publishing Company, 2018, pp. 65-78.
② Andreas Musolff, *Metaphor and Political Discourse: Analogical Reasoning in Debates about Europe*, New York: Palgrave Macmillan, 2004, p. 21.

早在 1992 年秋撒切尔夫人在辞去英国首相职务时便使用了"欧洲火车"的隐喻，"火车已经离开站台，如果开错了方向，乘客就不会上去"。① 这里体现了英国对"欧洲分裂成慢车道和快车道"的担忧，在一辆奔驰的"列车"（欧洲联盟）上"乘客"（欧洲国家）需要相互协调，确定最终的目的地。

二、隐喻的认知启发效应

隐喻既可以作为过滤器，筛选出大部分可用信息，只留下与隐喻相一致的核心思想，也可以作为收纳箱将不同的信息折叠整合为更容易处理的信息。② 当面对复杂的世界时，人脑知觉会产生一套简化机制。为了应对信息过载，行动者会过滤掉大部分数据，只看那些看起来重要并且与当前的思维方式一致的东西。心理学家丹尼尔·卡尼尔曼等人认为，"启发法"（heuristics）是一种日常心理"捷径"，可以快速确定核心线索，同时忽略外围信息。③ 启发式思维追求速度，节约认知资源，但这样做是以准确性为代价的。④ 隐喻的认知聚焦功能，会在复杂环境下帮助听众节约认知资源，形成启发式认知捷径。当丘吉尔表达"铁幕降落到整个欧洲"的隐喻时，他就勾画出苏联与西方的敌对序幕。当隐喻取代事物原本的词语时，语言就通过移植方式在听众脑海中上发挥了作用。"横跨欧洲的铁幕"很有画面感，犹如剧院里的幕布降临，欧洲将被分裂开来。同样，当英国前首相哈罗德·麦克米伦（Harold Macmillan）谈及"在整个大陆上吹来变革之风"时，这表示变革是不可避免的，犹如大自然之风不能

---

① Margaret Thatcher, *The Downing Street Years*, London: Harper Collins, 1993, p. 10.

② Jeffery S. Mio, "Metaphor, Politics, and Persuasion", in Jeffery Scott Mio et al. eds., *Metaphor: Implications and Applications*, Mahwah NJ: Lawrence Earlbaum, 1996, p. 130.

③ Daniel Kahneman and Amos Tversky, "On the Psychology of Prediction", *Psychological Review*, Vol. 80, No. 4, 1973, pp. 237-351; Paul Slovic, Melissa L. Finucane, Ellen Peters and Donald G. MacGregor, "The Affect Heuristic", *European Journal of Operational Research*, Vol. 177, No. 3, 2007, pp. 1333-1352; George F. Loewenstein, Elke U. Weber, Christopher K. Hsee and Ned Welch, "Risk as Feelings", *Psychological Bulletin*, Vol. 127, No. 2, 2001, pp. 267-286.

④ John Mercer, "Rationality and Psychology in International Politics", *International Organization*, Vol. 59, No. 1, 2005, p. 87.

阻挡。①

　　隐喻对于人类的思想和交流至关重要，它提供了一种嫁接概念的思维方式，将抽象的事物（例如"不可移动性"、"正义"或"胜利"）与具体情境下的熟悉词语联系起来。② 隐喻的跨领域的映射需要借助听众所熟悉的、共享的文化知识。其中一些涉及典型角色关系和民间常识（如父子关系、夫妻关系、火车乘客关系）、道德和实践规范和价值观（父母的权威、婚姻的忠诚、火车按时间表离站）。③ 莱考夫分析了美国政治思维所依据的世界观，在他看来，"家庭"隐喻处于美国政治概念体系的中心，这个概念体系提供了一个参照系，使民众能够根据其对家庭的熟悉来推理国家形态，将国家理解成一个家庭，政府是父母，公民是孩子。④ 民族国家隐喻存在两个不同的叙事的版本，即严厉的父系隐喻模式和慈爱的母系隐喻模式，都涉及父母对子女的权威及其惩罚与照顾关系。两种隐喻版本诱导出不同的道德信仰体系，进而产生"保守"和"自由"的世界观。此外，新兴大国也注重通过象征性隐喻传递意图与形象信号，向国际社会传递启发式认知图像。例如，2016 年中国首次承办二十国集团峰会时，中国利用主场外交积极对外宣传，开篇在展示"杭州"名字的同时，出现了一只蝴蝶，这构建出一个隐喻：蝴蝶的美丽、多变、翩翩起舞，象征着杭州这座城市的浪漫情调、创新精神和未来希望。再如，在上海举办的中国国际进口博览会的场馆——国家会展中心（上海）的"四叶草"造型也具有隐喻含义，各国国旗围绕着"四叶草"旋转，暗示"四叶草"是联结世界的中心。⑤ 这种表达有助于展示中国的新面貌和对全球合作与和平的期许。

① 转引自 Jonathan Charteris-Black，*Politicians and Rhetoric: The Persuasive Power of Metaphor*，New York：Palgrave Macmillan，2011，p. 5。

② Jeffery S. Mio，"Metaphor and Politics"，*Metaphor and Symbol*，Vol. 12，No. 2，1997，p. 130.

③ George Lakoff，"The Contemporary Theory of Metaphor"，in Andrew Ortony ed.，*Metaphor and Thought*，Cambridge：Cambridge University Press，1993，pp. 202-251.

④ George Lakoff，*Moral Politics: What Conservatives Know That Liberals Don't*，Chicago and London：University of Chicago Press，1996，pp. 154-155.

⑤ Yue Guan and Charles Forceville，"Making Cross-Cultural Meaning in Five Chinese Promotion Clips：Metonymies and Metaphors"，*Intercultural Pragmatics*，Vol. 17，No. 2，2020，pp. 123-149.

三、政治隐喻的话语竞争投射

政治话语中的隐喻竞争异常激烈，毫不夸张地说，那些受到最广泛认可的隐喻，往往决定了政治竞争的结果。① 例如在越南冲突期间，美国在东南亚的军事行动的支持者，也就是被喻为"鹰派"（hawks）的势力，经常以"多米诺骨牌理论"来证明继续军事努力的合理性；而反对采取军事行动的行为体则被喻为"鸽派"（doves）势力，他们把越南冲突称为"泥潭"（quagmire），呼吁美国应尽快从中解脱出来。"鸽子"在圣经中的形象是嘴里叼着一片橄榄叶回到诺亚方舟，而这象征着洪水退却，安全重现。"鹰"是捕食动物，被用来隐喻那些强硬而偏好武力的政客。政治行为者和国际关系学者往往将不同国家隐喻成不同动物，例如俄罗斯被称为"北极熊"、美国被称为"双头鹰"、印度被描述为"亚洲象"，中国则被视为"熊猫或龙"，这些隐喻传达出不同的政治含义。而有些边缘国家例如伊拉克、利比亚和苏丹曾被西方国家称为"流氓国家"。② 另一个深刻塑造美国外交政策的隐喻是"多米诺骨牌"理论。该隐喻最先由德怀特·艾森豪威尔（Dwight Eisenhower）总统提出，他用倒塌的多米诺骨牌隐喻了美国外交政策：如果越南输了，或者老挝和越南输了，"多米诺骨牌"就会倒下。即便那些不支持该隐喻的反对派，也相信这种逻辑是合理的。无论是共和党人还是民主党人，在处理苏联对西方安全的威胁时都深深受到"多米诺骨牌"理论的影响。换言之，竞争性环境下的政治决策者将受到隐喻惯性的制约。③

在竞争性话语环境中，既有悲观的"黑暗式"隐喻，也有乐观的

---

① Seth Thompson, "Politics without Metaphors Is Like a Fish without Water", in Jeffery Scott Mio and Albert N. Katz eds., *Metaphor: Implications and Applications*, Mahwah, NJ: Lawrence Earlbaum, 1996, p. 187.

② Tim Niblock, *"Pariah States" and Sanctions in the Middle East: Iraq, Libya, Sudan*, Boulder, CO: Lynne Rienner, 2001, p. 8.

③ Robert L. Ivie, "Cold War Motives and the Rhetorical Metaphor: A Framework of Criticism", in Martin J. Medhurst, Robert L. Ivie, Philip Wander and Robert L. Scott eds., *Cold War Rhetoric: Strategy, Metaphor, and Ideology*, East Lansing: Michigan State University Press, 1997, p. 72.

"光明式"隐喻。① 例如，当修辞者提到一艘船时，听众的脑海中通常会自动激活有关船舶的话语：大海、航程、舵手、灯塔等（参见表2-1）。习近平主席2018年在亚太经合组织（APEC）会议主旨演讲中，将"船舶"架构作为演讲中的重要隐喻。"船舶"隐喻是整篇演讲的叙事核心，分别构成了"大船"架构、"引擎"架构和"航程"架构的基础。"船舶"架构的深层叙事话语体现中华文化中"亲仁善邻""美美与共""协和万邦"的道德观念，彰显出中国的责任与担当，表达了中国愿与世界普惠共赢的真挚情感。

表 2-1　国际话语中的隐喻示例

		源域	映射	目标域
乐观情感	正向隐喻	航船	↗	人类命运共同体
		船桨、舵盘		世界经济、全球治理
		引擎		亚太经济、全球合作
		新旧动能		科技创新与产业革命
悲观情感	负向隐喻	病毒、毒瘤	↘	政治腐败、恐怖主义
		战争		全球传染病、贫困
		陷阱		治理赤字、大国关系

资料来源：笔者自制。

当然，隐喻可能是一把"双刃剑"，对使用隐喻的修辞者既有帮助也有限制。因为虽然隐喻可能产生预期的修辞效果，但也可能诱导使用隐喻的修辞者自我约束。例如"向毒品宣战"叙事会导致执法力度增强，甚至表示可能使用军队来拦截毒品运输，逮捕和惩罚毒贩。这个隐喻还可以凝聚公众的支持与期待。然而，"毒品"永远不可能被迫签署无条件投降书，并服从投降条件。但这种隐喻也可能产生戏剧性

---

① Michael Osborn, "Archetypal Metaphor in Rhetoric: The Light-Dark Family", *Quarterly Journal of Speech*, Vol. 53, No. 2, 1967, pp. 115-126; Michael Osborn, "Rhetorical Depiction", in Herbert W. Simons and Aram A. Aghazarian eds., *Form*, *Genre*, *and the Study of Political Discourse*, Columbia, SC: University of South Carolina Press, 1986, pp. 79-107.

的结果，却使人们对"战争成果"产生期望，聚焦社会大众的注意力。[1]

第四节　历史类比下的国际隐喻

国际空间是集合叙事竞争的重要舞台，也不可避免充满了经典的政治隐喻。二战后美国总统富兰克林·罗斯福曾设想，战后国际社会将由"四位国际警察"来维持秩序，即美国、英国、苏联和中国"四巨头"。自从罗斯福提出国家以警察身份维护国际秩序的想法以来，"世界警察"的隐喻往往成为大国地位和角色的象征。冷战结束后美国独大，世界警察的隐喻开始变体为"美国牛仔"叙事和"国际警长"叙事。这些隐喻唤起了人们对好莱坞西部片的记忆，警长让人感觉往往是孤独、强硬和务实的执法者。如果美国这一"警长"不能为处于危险中的国家提供保护，那么世界对美国的需求与期望也就会降低。此外，国际政治的抽象术语和逻辑也经常通过隐喻来表达。例如，"无政府状态"、"系统"、"结构"、"均势"、"系统效应"、"层次分析"与"胡萝卜加大棒"等隐喻都拉近了理论与现实的距离。[2]

一、国际政治理论中的隐喻表达

国际政治教材经常将世界隐喻为"台球桌"，而将国家想象为"弹子球"，这些图像有助于帮助读者形象地理解抽象的国际结构概念。[3] 结构现实主义也借鉴经济学的"无形之手"隐喻，认为国际行动者盲目无序的互动实际上会导致国际结构的涌现，这是一种强大的外生支配力，约束

① Thomas R. Burkholder and David Henry, "Criticism of Metaphor", in Jim A. Kuypers ed., *Rhetorical Criticism: Perspectives in Action*, New York: Lexington Books, 2009, pp. 102–104.

② Richard Little, *The Balance of Power in International Relations: Metaphors, Myths and Models*, Cambridge, UK: Cambridge University Press, 2007, p. 30.

③ Walter C. Opello, Jr. and Stephen J. Rosow, *The Nation-State and Global Order: A Historical Introduction to Contemporary Politics*, Boulder, CO: Lynne Rienner, 1999, p. 226.

着所有行动者的选择。而且，自由主义学者也常常使用"网络"或"蜘蛛网"模型来描述国际社会的互动与相互依赖，将多元行为者之间的关系隐喻为"鸟巢式的网络嵌套"。还有学者将国际体系隐喻为"大森林"，其中充满被喻为"树木"的同质国家。① 更令人印象深刻的是，小约瑟夫·奈等人将复杂相互依赖的世界隐喻成"三维棋盘"，国家、超国家与次国家的行为体在不同棋盘层面相互作用。② 而阿查亚则使用"多元剧场"的隐喻，揭示出霸权权力的有限性与国际关系的多元性现实，不同剧场中会有不同的主角与叙事，霸权并不能主导所有的剧场演出。这些隐喻十分形象地刻画出了国际关系的多面性。③

其一，"无政府状态"是国际关系最重要的叙事。霍布斯最早对原始的"自然状态"进行了形象化隐喻，他将其假想为一种竞争螺旋支配下的敌意和暴力空间。④ 隐喻性的"自然状态"是对"无政府状态"事实的具体化，容易让听众将其与自己亲身体验结合起来。在无政府结构的经典论述中，肯尼斯·沃尔兹认为结构需要关注"排序原则、功能区分和能力分布"三要素。对于排序原则，沃尔兹通过"自由市场"和"科层制权威"隐喻区分了无政府状态与等级制度。而杰克·唐纳利对沃尔兹的结构隐喻进行扩展，主张将国家属性进行"纵向"和"横向"区分，提出"垂直分化"概念，认为国家之间也存在等级位置差异。⑤ 垂直分化是一种"相对位置或地位"，被隐喻为一个阶梯式的上下空间。与之对应的是，"水平分化"的政治空间用"分割"或"区隔"隐喻，将无政府状态隐喻为一个空容器，不同的互动模式会向其中注入不同的内容，"无政府状态是国家造就的"。⑥ 更进一步，科林·怀特（Colin Wight）提出社

---

① John W. Burton, *World Society*, Cambridge, UK：Cambridge University Press, 1972, pp. 35–45.

② 参见［美］小约瑟夫·奈、［加］戴维·韦尔奇：《理解全球冲突与合作：理论与历史》（第十版），张小明译，上海人民出版社2018年版。

③ Amitav Acharya, *The End of American World Order*, New York：Polity, 2014, pp. 3–10.

④ Paul A. Chilton, *Security Metaphors: Cold War Discourse from Containment to Common House*, New York：Peter Lang, 1996, pp. 16–19.

⑤ Jack Donnelly, "Rethinking Political Structures：From 'Ordering Principles' to 'Vertical Differentiation'—And Beyond", *International Theory*, Vol. 1, No. 1, 2009, p. 51.

⑥ Alexander Wendt, "Anarchy Is What States Make of It：The Social Construction of Power Politics", *International Organization*, Vol. 46, No. 2, 1992, pp. 391–425；Alexander Wendt, *Social Theory of International Politics*, Cambridge, UK：Cambridge University Press, 1999, pp. 40–60.

会关系的"链接"和"嵌套"结构隐喻，暗示了国际结构的变动性。① 因而无政府状态的隐喻版本也是多元的。

其二，在外交实践中，隐喻话语成为展示意图与塑造信念的重要方式。当一个词或短语被一遍又一遍重复时，听众相应的神经回路也会被反复激活，最终成为大脑中根深蒂固的印象。在分析冷战修辞时，埃德温·布莱克指出美国激进的右翼分子往往使用类似于"共产主义癌症"的负面隐喻，这种极端隐喻差点把世界带到了核战争的边缘。被重复强调的"共产主义癌症"隐喻，映射出一个病入膏肓的腐败政体，这个政体的溃烂随处可见，已入绝境。② 与之关联，冷战各方通过选择各种非文明化的词语，将对方描述为非理性、强制性和攻击性的可怕国家。例如，美国政客大多把苏联人说成是"北极熊"、"豺狼"和"危险的掠食者"，或者把他们说成是"原始人"、"野蛮人"、"没有头脑的机器"、"疯子"、"狂热分子"和"上帝的敌人"。③ 最典型的例子是，美国共和党参议员约瑟夫·麦卡锡誓言要揭开共产主义的黑暗面纱，他呼吁要挖出那些隐藏在黑暗里的共产主义阴谋和间谍活动。煽动性的言辞将对手的意识形态视为"病毒"威胁与"猎物"。④

二、历史类比与隐喻模版

美国小布什总统的"反恐战争"为理解"9·11"事件和美国的战略叙事提供了一个隐喻模板，这不仅将"反恐"隐喻为"战争"，而且为武力干预阿富汗和伊拉克提供了合法性说辞。以米歇尔·福柯的话语权力视角来看，小布什的"反恐战争"叙事是一种权力表演形式，背离了事实

---

① Colin Wight, *Agents, Structures and International Relations: Politics as Ontology*, Cambridge, UK: Cambridge University Press, 2006, p. 175.

② Edwin Black, "The Second Persona", *Quarterly Journal of Speech*, Vol. 56, No. 2, 1970, pp. 109–119.

③ Eugene E. White, "Rhetoric as Historical Configuration", in Eugene E. White ed., *Rhetoric in Transition: Studies in the Nature and Uses of Rhetoric*, University Park, PA.: Pennsylvania State University Press, 1980, pp. 7–20.

④ Robert L. Ivie, "Diffusing Cold War Demagoguery: Murrow vs. McCarthy on 'See It Now'", Paper Delivered at the Seventy-Third Annual Meeting of the Speech Communication Association, Boston, November 7, 1987.

真相。① 小布什总统在"9·11"事件后发表的三次公开演讲——9月11日晚上对全民的电视讲话、9月12日在白宫会见国家安全小组后对新闻界发表的声明，以及在9月14日全国祈祷和纪念日的讲话，均使用了大量隐喻。例如，"狩猎"隐喻，将恐怖主义"敌人"描述为需要被"猎杀"或"猎食"的"动物"，表明了美国"追捕恐怖分子"的决心。小布什政府的政治隐喻将"9·11"事件描述为敌人的宣战，因此对其唯一合乎逻辑的回应就是发动反击。

反恐战争的跨域映射以多种方式进行，首先美国政府将"反恐战争"中的"9·11"袭击隐喻为二战中的"珍珠港"袭击。正如小布什总统所言："在过去的136年里，美国军队曾一直在外国领土上打仗，除了1941年的一个星期天。一个平静的早晨，战争打到了美国领土上。"② 通过与第二次世界大战比较，这两件事之间的性质差异被淡化了。隐喻的话语聚焦往往突出相似性。向美国民众暗示"9·11"事件类似又一场"珍珠港"袭击。实际上，"珍珠港"袭击是被一个民族国家的军队轰炸，而"9·11"事件是由与非国家恐怖组织有关联的个人实施的，这一差异经过隐喻叙事而被掩盖。隐喻突出强调的是两者都是发生在美国本土上的"突然袭击"，是对美国国家安全的严重挑战。

通过隐喻比较，反对者被定位为意识形态的敌人。小布什宣称，"在每一代人中，世界都产生了人类自由的敌人。他们攻击了美国，因为我们是自由的家园和捍卫者"。"基地组织是所有恐怖意识形态的继承人，通过牺牲人类的生命来服务于他们的激进观点，他们会沿着法西斯主义、纳粹主义和极权主义的道路一直走到尽头，我们要将其埋葬到无名的坟墓里。"③ 这里，小布什的战略叙事将恐怖分子和法西斯主义者、极权主义者联系在一起，将"反恐战争"上升到意识形态，甚至文明冲突的高度上。从某种程度上讲，美国将反恐隐喻为"新冷战"，是强调了与激进主义的思想斗争。在小布什的演讲中，"反恐战

---

① 转引自 Adam Hodges, *The "War on Terror" Narrative: Discourse and Intertextuality in the Construction and Contestation of Sociopolitical Reality*, New York: Oxford University Press, 2011, pp.19-30。

② George W. Bush, "Remarks on Pearl Harbor Day at the USS Enterprise Naval Station", Norfolk, VA, 2001, December 7.

③ George W. Bush, "Remarks at the National Day of Prayer and Remembrance at the National Cathedral", Washington, D. C., 2001, September 14.

争”不再是一场传统的热战，而是“意识形态斗争”，充满非黑即白的所谓道义性。①

三、美国“十字军东征”隐喻

通过他者“威胁”修辞和“十字军东征”隐喻，小布什的反恐战争修辞强调昨日“他者”与今天“他者”的联系，这种联系被整合进一个连贯的宏大战略叙事之中。② 引人注目的“十字军东征”隐喻强化了历史想象与政治修辞的穿透力。2001 年 9 月 16 日，当小布什把他对恐怖主义的承诺描述为一场“十字军东征”时，反恐战争的意义前所未有地改变了。③ 这种“十字军东征”的隐喻似乎是塞缪尔·亨廷顿“文明冲突”的再现。亨廷顿指出新世界冲突的根源不会主要是意识形态上的，也不会是经济上的，而是文明间的“断层线”战争。④

“十字军东征”隐喻所赋予的含义塑造了一种认知框定，在恐怖主义和反恐怖暴力的合法化中发挥作用。⑤ 带有“十字军东征”特征的暴力对抗意味着，反恐战争是一场①彻底的冲突，在时间和空间上无限延伸；②涉及人类生存与文明存续各个方面；③无论付出什么代价——包括国内社会的痛苦和对敌人的残酷——都是正当的；④斗争的本质是以精神承诺而不是实际目标来定义的。正如小布什本人所说，“要么支持我们，要么反对我们”。⑥ 两极分化的修辞将批评者视为敌人，迫使行动

---

① George W. Bush, "Prime Time Address to the Nation from the White House", Washington, D. C., 2001, September 11.

② Ruth Wodak, Rudolf de Cillia, Martin Reisigl and Karin Liebhart, *The Discursive Construction of National Identity* (*Second Edition*), Angelika Hirsch et al. trans., Edinburgh UK: Edinburgh University Press Ltd., 2009, pp. 16–21.

③ Lars Lundsten and Matteo Stocchetti, "The War against Iraq in Transnational Broadcasting", in Stig A. Nohrstedt and Rune Ottosen eds., *Global War-Local Views: Media Images of the Iraq War*, Göteborg: Nordicom, 2005, pp. 25–46.

④ Samuel P. Huntington, "The Clash of Civilizations", *Foreign Affairs*, Vol. 72, No. 3, 1993, pp. 22–28.

⑤ George W. Bush, "Address to a Joint Session of Congress and American People", September 20, 2001, http://www. whitehouse. gov/news/releases/2001/09/20010920-8. html.

⑥ George W. Bush, "Remarks by the President at Meeting of Homeland Security Advisory Council, The Indian Treaty Room", 2002, June 12, http://www. whitehouse. gov/news/releases/2002/06/20020612-3. html.

者划出朋友或敌人的界限，也容易激发出政治恐惧情感。① "十字军东征"隐喻有效地维持了对恐怖主义毫无争议的暴力合法性，这种合法性认知源于隐喻的启发式简化功能，即 "要么我们同行，要么与我们作对" "他们是坏的，我们是好的"。这一隐喻激发了一种敌意循环，在这个循环中受害者的身份是相互构成与自我复制的。这些叙述削弱了温和派精英的话语权，让政治对立更加紧张与尖锐。

"十字军东征" 隐喻的质疑者反对把伊拉克战争和反恐斗争混为一谈。批评人士经常使用越南战争的类比，认为美国政府在伊拉克陷入了一个 "泥潭"，类似于美国卷入越战，这是美国集体记忆中的痛苦时刻。② 马萨诸塞州参议员爱德华·肯尼迪 （Edward Kennedy） 宣称伊拉克战争是 "乔治·W. 布什的越战"，在这里 "越战" 隐喻将不断扩大的反恐战争理解成一种混乱、悲惨和不必要的冲突。③ 在 2004 年 4 月 13 日的记者招待会上，小布什总统直截了当地说： "我认为越战隐喻是错误的。"④ 他强调，越南战争不是一场被视为 "泥潭" 的干涉战争，而是关于在意识形态斗争中坚定不移地展示决心的历史教训。正如 9 月 11 日的恐怖袭击那样，恐怖分子在世界另一边的安全庇护所里竟然可以给美国的城市带来如此巨大的死亡和破坏。为了美利坚合众国的安全，我们必须在海外击败他们，这样我们就不需要在美利坚合众国的本土来面对他们。⑤ "越战" 隐喻展示的联想式说服力在于 "如果你想保护美国的安全，就应该支持入侵阿富汗与伊拉克"。比之更进一步的是， "十字军东征" 隐喻传递的是更深层次的道德修辞与信仰： "作为民主的灯塔，我们要改造极端主义思想。"⑥

---

① Matteo Stocchetti, "The Politics of Fear: A Critical Inquiry into the Role of Violence in 21st Century Politics", in Adam Hodges and Chad Nilep eds., *Discourse*, *War and Terrorism*, Amsterdam and Philadelphia: John Benjamins Publishing Company, 2007, pp. 233–236.

② Chuck Raasch, "Escalating Violence Makes Iraq/Vietnam Comparison Inevitable", *USA Today*, April 9, 2004.

③ Joby Warrick, "Banned Weapons Remain Unseen", *Washington Post*, March 27, 2003; Howard Schneider, "Chairmen Urge Bush to Follow Recommendations", *Washington Post*, December 7 2006.

④ Chuck Raasch, "Escalating Violence Makes Iraq/Vietnam Comparison Inevitable", *USA Today*, April 9, 2004.

⑤ Adam Hodges, *The "War on Terror" Narrative: Discourse and Intertextuality in the Construction and Contestation of Sociopolitical Reality*, New York: Oxford University Press, 2011, pp. 133–140.

⑥ Robert Brandom, *Making It Explicit: Reasoning, Representing, and Discursive Commitment*, Cambridge, M. A.: Harvard University Press, 1994, p. 244.

小　结

　　政治实践中的隐喻话语是修辞者框定与塑造听众主观认知与情感注意力的语言互动过程。为了最大限度地利用隐喻，政治家往往会将嵌入文化价值体系中的历史神话、典故文本或历史事件，与当下的政治现实对照。根据源域与目标域的相似性，隐喻提供了一种启发式认知，聚焦与简化认知、填充意义、框定情感，并且促进安全化进程，成为重要的政治武器。① 特别是作为情感凝聚工具，隐喻构建了精心制作的认同性叙事。例如那些卷入长期冲突的行动者往往被恐惧、愤怒、羞辱、骄傲、希望和仇恨等情感所支配，这些情感会强化叙事竞争。因为每一方都认为，为了维护自身叙事的合法性，必须让另一方的说法失去合法性。② 而隐喻话语则有助于框定彼此身份与情感定位，并且提供了"认知捷径"，以连贯的方式将不熟悉的威胁安全化。③ 在不确定情况下，政治隐喻基于源域与目标域的相似性解释，构建了生动性联想，可以有力地塑造政治行动者的想象力。

---

① Sonja K. Foss and Cindy L. Griffin, "Beyond Persuasion: A Proposal for an Invitational Rhetoric", *Communication Monographs*, Vol. 62, No. 1, 1995, p. 3; Michael Calvin McGee, "A Materialist's Conception of Rhetoric", in Barbara A. Biesecker and John Louis Lucaites eds., *Rhetoric, Materiality and Politics*, New York: Peter Lang, 2010, pp. 17-42; Celeste M. Condit, "Race and Genetics from a Modal Materialist Perspective", *Quarterly Journal of Speech*, Vol. 94, No. 4, 2008, pp. 383-406.

② Hebert C. Kelman, "The Interdependence of Israeli and Palestinian National Identities: The Role of the Other in Existential Conflict", *Journal of Social Issues*, Vol. 55, No. 3, 1999, pp. 581-600.

③ Robert Jervis, *Perceptions and Misperceptions in International Politics*, Princeton: Princeton University Press, 1976, p. 220.

第三章　战略叙事机制：
说服、框定与记忆

战略叙事是说服力的工具，而有说服力的叙事会关注听众需求，如果叙事主张与听众的经验或期望脱节，则可能让听众质疑其可信度。[①] 优秀的叙事者会注重通过增加听众对故事人物的认同感，软化可能存在的劝说的阻力。引人入胜的叙事结构往往会降低可能的抵抗程度。如果一个故事的展开带有某种程度的悬念——并不总是很清楚交代主人公接下来的遭遇，或情节发展扑朔迷离，那么就可以将听众带入紧凑的节奏中，避免先入为主的心理抵抗。

在高度不确定性和复杂性条件下，为了展示言语的可信度与说服力，叙事者需要进行语言聚焦与框定，锚定听众的注意力；互动中的符号框架、历史习俗与典礼仪式等，强化了历史记忆的稳固性。基于亚里士多德修辞三原则，话语分析的叙事转向凸显说服、框定、记忆三大机制。本章围绕政治话语的多维度修辞功能，讨论政治话语的修辞逻辑，剖析话语说服、认知框定与历史记忆对叙事强化的具体逻辑，以及修辞强制与再框定表达对叙事削弱的逻辑机制。作为社会建构的产物，重新书写叙事剧本需要打开话语叙事螺旋，把握话语机会结构，将说服、框定与记忆三机制结合起来。

---

① Steve Smith, "Belief Systems and the Study of International Relations", in Richard Little and Steve Smith eds., *Belief Systems and International Relations*, Oxford: Basil Blackwell, 1988, p. 11.

第一节　战略叙事的说服机制

一、说服力与信息加工

说服是转变态度的过程。大多数时候，人们依赖于从记忆中提取决策参考。"印象驱动"的决策模型依赖于启发式过程，通过这个过程，个体保持与过去事件相关联的情感记忆。[①] 根据信息接收者对信息的加工模式差异，可以区分两种不同的说服路线：一是说服的中心路线，是指信息接收者采取缜密认真的思考，并对接收到的信息给予反思与质疑，个体会对信息进行深入细致的理性加工；二是说服的边缘路线，是指信息接收者不假思索地关注与信息内容无关的线索，对重复信息形成一种自然接受的惯性。[②] 行动者往往在认知资源的分配上是有策略的，决策的时间压力、认知负荷、信息充足度、议题重要性都会决定行动者在认知时是选取逻辑推理、精细费时的"中心认知路线"，还是寻求快速简单、直觉感知的"边缘认知路线"。中心路线对应的是理性思维，边缘路线对应的是启发式认知，后者构成日常生活的常态。

一方面，人们在面临时间压力时，更有可能选择启发式认知方式。因为当认知者不得不快速做出决定时，启发式认知可以帮助节约时间。尽管启发式决策可能不太准确，但其可能是在有限时间内做出至少接近于适当判断的最好选择。认知负荷是指，如果认知者需要同时对多个事件进行认知，大脑忙着考虑很多事项，就不可能投入很多精力给社会感知。当决策者的认知负荷过重时，更可能采取启发式方法，减轻深入思考的认知负担，在不必过多思考的基础上给出接近正确的快速答案。另

---

① Nicholas A. Valentino and Yioryos Nardis, "Political Communication: Form and Consequence of the Information Environment", in Leonie Huddy, David O. Sears and Jack S. Levy eds., *The Oxford Handbook of Political Psychology*, Oxford and New York: Oxford University Press, 2013, pp. 570-572.

② 参见 Richard E. Petty and John T. Cacioppo, *Communication and Persuasion: Central and Peripheral Routes to Attitude Change*, New York: Springer-Verlag, 1986。

一方面，面对重要的议题，启发式认知法可以提供大概率估计，但是这种认知往往不够深思熟虑。如果需要决策的事项对认知者非常重要，那么认知者就不可能草率采取启发式认知，而是会更加深入地进行有逻辑的分析。此外，信息获得水平也会影响听众认知。当拥有足够充分的信息时，人们可以进行详尽而复杂的认知，这个过程可以考虑信息的特征（归因理论所强调的信息共识性、连贯性和特异性），这样的认知会比较准确。但是当信息有限或信息不对称时，认知者没有足够信息来进行逻辑推理，这种情况下更可能是通过启发式捷径来给出接近正确的认知。①由此，修辞说服力与听众信息加工特点有密切关联，好的修辞需要能换位思考，把握叙事与修辞说服的逻辑。换言之，为提升说服效力，叙事者需要精心设计说服策略。

二、叙事说服三原则

古希腊哲学家亚里士多德认为，叙事是否有说服力不仅取决于它是否证明了主张的正确性，而且还取决于论证者的可信素质、听众的情感状态以及论证的背景。② 如表 3-1 所示，有说服力的修辞必须具备逻辑论证、可信度和情感感染三原则。③ 因而说服力是理性因素与非理性因素的综合。

首先，逻辑论证。对于亚里士多德来说，逻辑是政治论证的重要支撑，它需要使用特殊的智力过程，如抽象和推理。④ 换言之，理性的逻辑论证通过在结论和理由之间建立逻辑联系，来支撑一个特定的修辞。例如，"应该禁止销售枪支"的说法，可以在"枪支的滥用每年造成大量死亡"的前提下对其进行辩护，或者可以以"用于杀人的武器在道德上是令人厌恶的"为由对其进行辩护。第一种是归纳推理的形式，是外部经验世界的案例总结，如果经验证据发生了变化（如死亡人数

---

① ［英］理查德·克里斯普、里安农·特纳：《社会心理学精要》，赵雷德、高明化译，北京大学出版社 2008 年版，第 53 页。

② Larry Arnhart, *Aristotle on Political Reasoning*, DeKalb, IL: Northern Illinois University Press, 1981, p. 34.

③ Aristotle, *The Art of Rhetoric*, Hugh Lawson-Tancred (trans.), London: Penguin, 1991, pp. 139-171.

④ Aristotle, *The Art of Rhetoric*, Hugh Lawson-Tancred (trans.), London: Penguin, 1991, p. 75.

急剧减少），修辞结论就失去合法性；第二种是演绎推理的形式，即通过一般原则得出具体的结论（无论我们在哪里，所有旨在杀人的武器在道德上都是错误的）。概言之，逻辑基于叙事者对理性、统计数据和事实的合理使用，也包括使用演绎和归纳逻辑，充分论证的叙事更容易获得听众认可。①

其次，可信度，即说话者使话语可信的品格或权威。② 特定修辞者的权威性与听众如何评估论点密切相关。当听众判断叙事者的品格值得信任时，其修辞论据就容易被认为是权威的。③ 一般情况下，专家更容易能让听众感受到说话者的权威，另外能够证明自己有良好声誉的人，也更能吸引听众。可信度道德是提醒人们，当听众认为说话者是一个有价值的、真实的人物时，则不论其论证内容如何，其论点都会显得可信。简而言之，听众所投射的这种信任，意味着不必检查每一句话的有效性，而是对其真实性报以信心，认为无论说什么都值得认真去听。因此，听众心目中的良好印象也将使论点显得可信。

最后，情感感染，即修辞者要塑造听众的感情而不仅仅是思想。④ 尽管有时会与逻辑论证存在一定矛盾，但感染力可以通过声情并茂的演示、神态、声调变化传递情感，营造一种烘托论点的语境氛围。尽管情感化的演说技巧被部分学者批评为一种操纵性的表演，会分散听众的注意力，但实际上感染力是建立共同情感联系的方式，有助于促进听众判断力的提升。越来越多的神经科学研究发现，情感不是理性的刹车阀，而是一种必要的、永远存在的兴奋剂。⑤ 在《修辞的艺术》一书中，亚里士多德强调慎重决断绝不可能仅仅是一个理性的问题，欲望与智慧、情感与理性不可分割。⑥ 由此，为了有效地进行修辞推理，听众需要处于一定的情感感染

---

① Christopher W. Tindale, *Acts of Arguing: A Rhetorical Model of Argument*, Albany, NY: SUNY Press, 1999, pp. 3–13; Triadafilos Triadafilopoulos, "Politics, Speech, and the Art of Persuasion: Toward an Aristotelian Conception of the Public Sphere", *Journal of Politics*, Vol. 61, No. 3, 1999, pp. 745–749.

② 参见 Robert Cockcroft and Susan Cockcroft, *Persuading People: An Introduction to Rhetoric* (2nd edition), Basingstoke: Palgrave, 2005。

③ Ruth Amossy, "The Argumentative Dimension of Discourse", in Frans H. van Eemeren and Peter Houtlosser eds, *Practices of Argumentation*, Amsterdam: John Benjamins, 2005, 87–98.

④ Aristotle, *The Art of Rhetoric*, Hugh Lawson-Tancred (trans.), London: Penguin, 1991, pp. 139–171.

⑤ Antonio Damasio, *Descartes' Error: Emotion, Reason and the Human Brain*, London: Vintage, 1994.

⑥ Aristotle, *The Art of Rhetoric*, Hugh Lawson-Tancred (trans.), London: Penguin, 1991, pp. 141, 432.

之中，情感可能会促使听众更好地理解论点的逻辑。运用得当的幽默可以让听众更深刻地反思问题；演讲者的愤怒则会鼓励听众明确是非曲直；演讲者的用词也会附加"语气"元素，增加共鸣。[1] 例如，急促的语气可能意味着焦虑，并让听众感到担忧；而节奏柔和的讲话则表示信心，给听众以安全的感觉。[2]

表 3-1　亚里士多德的修辞三原则

维度	含义	方式
逻辑论证	展示论证逻辑的修辞	演绎与归纳、推理论证、经验证据与统计资料
可信度	展示叙事者的权威或可信品质的修辞	明示与默示叙事者的经历、经验、能力与品格
情感感染	激发听众情感的修辞	传递情感、认同与共享的情感触动

资料来源：Aristotle，*The Art of Rhetoric*，Hugh Lawson-Tancred（trans.），London：Penguin，1991，pp. 74-75。

　　基于亚里士多德的"可信度"、"情感感染"和"逻辑论证"三原则，詹姆斯·金纳维进一步提出修辞情境的通用模型。他认为叙事者、听众和价值立场构成一个三角关系：叙事者是一个复杂的行动者，可以有选择地建构与当下情境相等的修辞框架；听众的立场"你"在反复互动中与叙事者的"我"合并，形成"我们"；[3] 价值立场则引导受众进入与叙事者共同感兴趣的端口，引导听众认知。宾夕法尼亚州立大学学者黛布拉·哈维则在《注视亚里士多德的眼睛：走向修辞视野的理论》一文中指出，修辞学通过生动的隐喻与视觉转化激发听众的想象，[4] 修辞者通过图像影响听众形成信念并做出决策。[5]

① George E. Marcus，*The Sentimental Citizen: Emotion in Democratic Politics*，Pennsylvania：Pennsylvania University Press，2002，p. 6.

② James Martin，*Politics and Rhetoric: A Critical Introduction*，New York：Routledge，2014，pp. 58-65.

③ M. Jimmie Killingsworth，"Rhetorical Appeals：A Revision"，*Rhetoric Review*，Vol. 24，No. 3，2005，pp. 249-263.

④ Debra Hawhee，"Looking into Aristotle's Eyes：Toward a Theory of Rhetorical Vision"，*Advances in the History of Rhetoric*，Vol. 14，No. 2，2011，pp. 139-165.

⑤ Stephen M. Kosslyn and William L. Thompson，"When Is Early Visual Cortex Activated during Visual Mental Imagery？"*Psychological Bulletin*，Vol. 129，No. 5，2003，pp. 723-746.

三、启发式认知捷径

有心理学家指出，听众都是"认知吝啬鬼"（cognitive misers），其会简化认知程序：按照既定的心理地图和习惯来理解世界，很少在做出回应之前对所有相关事实进行全面审查。[①] 而叙事者在决定如何构建故事时却会先进行战略思考，因此叙事者与听众之间存在注意力不对称。叙事者提前做了很多准备，而听众有时是临时参加进来的。由此，面对叙事说服听众有时秉持的是多元启发的认知捷径，即依靠直接印象来判断叙事说服的可信度。[②]

知觉是人们根据自己对世界的现有理解而构造的图像。[③] 面对复杂的世界，人脑知觉存在一套简化机制。为了应对信息过载，行动者会过滤掉大部分数据，只关注那些看起来重要并且与既有思维方式一致的东西。这使得行动者在一个不完整的图景中认知世界、扭曲获得新信息以便使之符合当前的信念。[④] 因此，为了迅速行动而非陷入深思，行动者更喜欢的是简单明了的东西，而不是复杂信息。认知简化可以从三个维度理解。①处理能力：时间、记忆、注意力和计算速度的限制意味着大脑只能处理与特定情况相关的一小部分信息。②认知节约：认知极限迫使决策者使用认知捷径经验法则、心智模型或框定，以将所获信息之间的复杂性和混乱性降低到可控程度。③认知偏差：人们倾向于淡化异质的信息，以确认现有的信念、期望和价值观前后一致。因而也就通常欢迎确定信息，同时忽略或拒绝不确定的信号。[⑤]

心理学分析表明，人类具有两种认知思维：一种是快速的、直觉的、无意识的，另一种是较慢的、分析性的、意识层面上的。心理学家丹尼尔·卡

① Paul M. Sniderman, Richard A. Brody and Phillip E. Tetlock, *Reasoning and Choice：Explorations in Political Psychology*, New York：Cambridge University Press, 1991, p. 67.

② Sonya Dal Cin, Mark P. Zanna and Geoffrey T. Fong, "Narrative Persuasion and Overcoming Resistance", in Eric S. Knowles and Jay A. Linn eds., *Resistance and Persuasion*, Mahwah, New Jersey：Lawrence Erlbaum Associates, 2004, pp. 181-184.

③ [美] 托马斯·吉洛维奇、达彻尔·凯尔特纳、理查德·尼斯比特：《吉洛维奇社会心理学》，周晓虹、秦晨等译，中国人民大学出版社 2009 年版，前言第 9 页。

④ Buster Benson, "Cognitive Bias Cheat Sheet：Because Thinking Is Hard", Better Humans, September 1, 2016, https：//betterhumans. coach. me/cognitive-bias-cheat-sheet-55a472476b18#. xtdf23qsh.

⑤ Nicolai J. Foss and Libby Webber, "Moving Opportunism to the Back Seat：Bounded Rationality, Costly Conflict, and Hierarchical Forms", *Academy of Management Review*, Vol. 41, No. 1, 2016, pp. 61-79.

尼尔曼认为，认知的两种系统（系统 1 和系统 2）往往同时但不对称地运作。[1] 系统 1 指的是无意识的、不自主的和自动的思维过程，日常生活中行动者绝大多数的认知是由系统 1 处理的。系统 2 的认知系统是深入的理性推理与思考，相对处于低活跃模式中，以节省能量。[2] "双模式"决策系统意味着面对危机情境，行动者存在两种推理系统，系统 1（反应迅速、自动，主要由情感驱动）与系统 2（反应较慢、慎重的理性认知）之间切换与平衡的问题。[3] 随着复杂性的增加，决策者能在不同的决策系统中移动，综合使用两种系统。[4] 事实上，日常生活的大部分决策都是直觉式的、非深思熟虑的决策。当时间压力变得尖锐，理性认知的（系统 2）资源可能会被耗尽，系统 1 也会通过决策启发找到决策线索。

"启发法或启发式思维"是一种可用但不精确的日常心理认知"捷径"，因为这样做是以降低认知准确性为代价的。[5] 那么什么情况下，启发式思维是必要的、可接受的，甚至是比深思熟虑的信息处理更好的选择？往往在某些信息稀缺、信息冗余和时间压力大的环境中，启发式思维在不收集更多信息的情况下能够做出较好决策。[6] 阿莫斯·特沃斯基与丹尼尔·卡尼尔曼开创性地确定了三种启发式方法：可得性启发法、代表性启发法和锚定与调整启发法。[7] "可得性启发法"分析意味着人们通过头脑中的类似事件来判断某些事件的发生频率或可能性。当然这不是绝对可

① Daniel Kahneman, *Thinking Fast and Slow*, New York: Farrar, Straus and Giroux, 2011, pp. 109-255; James N. Druckman and Arthur Lupia, "Preference Formation", *Annual Review of Political Science*, Vol. 3, 2000, pp. 1-24.

② Kristina C. Miller, "The Limitations of Heuristics for Political Elites", *Political Psychology*, Vol. 30, No. 6, 2009, pp. 863-894.

③ Stven A. Sloman, "Two Systems of Reasoning", in Thomas Gilovich, Dale Griffin and Daniel Kahneman eds., *Heuristics and Biases: The Psychology of Intuitive Judgment*, New York: Cambridge University Press, 2002, pp. 379-396.

④ Stephen Benedict Dyson and Paul 't Hart, "Crisis Management", in Leonie Huddy, David O. Sears and Jack S. Levy eds., *The Oxford Handbook of Political Psychology*, Oxford and New York: Oxford University Press, 2013, pp. 413-414.

⑤ John Mercer, "Rationality and Psychology in International Politics", *International Organization*, Vol. 59, No. 1, 2005, p. 87.

⑥ Gerd Gigerenzer, Peter M. Todd and ABC Research Group, *Simple Heuristics That Make Us Smart*, New York: Oxford University Press, 1999, p. 13.

⑦ Amos Tversky and Daniel Kahneman, "Judgment under Uncertainty: Heuristics and Biases", *Science*, Vol. 185, No. 4157, 1982, pp. 1124-1130.

靠的判断方法，有时某件事情好记与其发生概率没有必然关联。"代表性启发法"是指人们通过判断同类事物相似度来进行分类，主观认知倾向于曲解或忽视客观事实以使其符合自己既有的认知模式。"锚定与调整启发法"是指在认知不确定背景下人们通常利用某个参考点或锚来降低模糊性，先前判断会在后续检验中不断被证实或证伪，行动者据此动态调整判断或决策。

　　危机中的决策者会以类似情况为参考，或习惯性地使用过去的"教训"类比当前情境。类比推理的决策者往往依赖"可得性启发法"，即从最容易回忆起的事件中进行类比。例如，国际政治中的"慕尼黑类比"暗示决策者要坚定地回击任何侵略，以避免绥靖政策的更昂贵代价。在越南战争和"9·11"事件后的美国外交政策中，基于"可得性启发法"的类比往往比理性决策更有影响力。① 就像隐喻一样，这些类比提供了"认知捷径"，有助于简化复杂的世界，以连贯的方式组织和简化不熟悉的信息。② 尤其是在不确定的情况下，类比者试图向过去学习，用过去的认知模式来合理化他们当下的选择。基于历史类比的叙事会努力找出当下与过去之间的相似性，并将这种相似性解释为一种规律。类比的联想推理，在框定认知过程中特别有用。达尔文·梅福德认为，类比推理在初始认知中具有独特影响，它有助于塑造决策者最初的预期定位。③

第二节　战略叙事的框定机制

　　叙事者的修辞策略直接影响对听众的说服效果。修辞并不是叙事者的

① Jeffrey Record, "Retiring Hitler and Appeasement from the National Security Debate", *Parameters*, Vol. 38, No. 2, 2008, pp. 91-101.

② Robert Jervis, *Perceptions and Misperceptions in International Politics*, Princeton: Princeton University Press, 1976, p. 220.

③ Dwain Mefford, "Analogical Reasoning and the Definition of the Situation: Back to Snyder for Concepts and Forward to Artificial Intelligence for Method", in Charles F. Hermann, Charles W. Kegley, Jr. and James N. Rosenau eds., *New Directions in the Study of Foreign Policy*, London: HarperCollins Academic, 1987, pp. 221-244.

单方面表演，而是修辞共同体的互动性共建。修辞说服要唤起受众的欲望和想象力，在与被说服者已经相信的东西联系起来的大多数政治争论中，受众需要对叙事者言语的真实性做出推断。在高度不确定性和复杂性条件下，为了展示言语的可信度与说服力，叙事者往往采用扩大修辞说服力的策略。具体体现在叙事说服"锚定"与"框定"而成的叙事认知参考点上。

一、语言聚焦与"锚定"效应

"锚定"（anchoring），即用既有观念捆绑新的信念。当修辞传递的新信息唤起人们已经知道或至少是熟悉的事物时，这种信息就会变得有说服力。[①] 锚定致力于将陌生的观念固定下来，将其置于熟悉的语境中。[②] 所谓的"锚"，是指用来停船的铁制器具，抛在水底可以使船停稳。在修辞学中，"锚"是修辞者用来引发受众接受或认同修辞者的观点的一类事物或概念，包括数值锚、物质锚、情感锚、价值锚等。为了使受众更容易接受其观点或行为，修辞者使用锚定来减少不确定的威胁认知。[③] 锚定现象表明，修辞者与受众之间存在他们彼此都相信或认同的共同点。[④]

从功能上看，"锚"可以为劝说定下基调或规定劝说方向。例如，劝说某人买药品，将之锚定于"健康或死亡"；劝说某人购买品牌汽车，则将之锚定于"尊严与风度"；等等。锚定涉及两个事物，一个是修辞者认为受众会认同或赞同的事物或信念，另一个是修辞者试图诱使受众接受或实施的行为或观点。锚定可以用"认知一致性理论"（cognitive congruity theory）来理解信念：修辞者将两个事物带入受众的认知视野之中，受众往往倾向于关注与原有信念一致的积极信息，否则就会出现认知上的不协调，这种不协调驱使认知主体调整或改变当前认知趋向从而获得认识上的一致性。

---

① David Welch, *Propaganda: Power and Persuasion*, London: The British Library Board, 2013, pp. 5-9.

② Theodore R. Sarbin ed., *Narrative Psychology: The Storied Nature of Human Conduct*, Westport, CT: Praeger Publishers, 1986, p. 9.

③ Garth S. Jowett and Victoria O'Donnell, *Propaganda and Persuasion* (*2nd ed.*), Newbury Park, CA: Sage Publications, 1992, pp. 22-23.

④ 邓志勇：《修辞运作的"锚现象"与修辞学的重要特征》，《当代修辞学》2017 年第 2 期。

二、话语"框定"效应

"框定"（Framing）像一盏"探照灯"，引导人们关注叙事者认为重要的问题，修辞者对某一问题的框定越多，听众对该问题的关注度就越高。① 例如，主流新闻的绝大多数叙事其实都具有选择性，过滤掉了部分真相与事实。② 过度框定的媒体并没有揭示全部真相，有时甚至会充当政治修辞的"拉拉队"。肯尼思·佩恩甚至断言，当代媒体是"无可争议的战争导师"，它帮助政府赢得国内和国际舆论，是框定战争的关键。③

"框定"概念首次出现是在 20 世纪 70 年代，强调一种剪裁信息的机制，至今其运用领域扩展到人类学④、行为经济学⑤、社会学⑥、政治沟通⑦、社会运动研究、⑧ 跨国倡导网络分析⑨、国际关系研究⑩与行为决策过程⑪的话语聚焦中。框定是一个棱镜或透镜，使听众能够更清楚地透视与理解周围的世界。一个恰当的框定就像摄影中的相框一样，框定可以帮

---

① Bernard E. Cohen, *The Press and Foreign Policy*, Princeton, NJ.: Princeton University Press, 1963, p. 13.

② James R. Andrews and David Zarefsky, *Contemporary American Voices: Significant Speeches in American History, 1945-Present*, New York: Longman, 1992, pp. 78-81.

③ Kenneth Payne, "The Media as an Instrument of War", *Parameters*, Spring 2005, pp. 81-93.

④ Robert D. Benford and David A. Snow, "Framing Processes and Social Movements: An Overview and Assessment", *Annual Review of Sociology*, Vol. 26, 2000, pp. 611-639.

⑤ Amos Tversky and Daniel Kahneman, "The Framing of Decisions and the Psychology of Choice", *Science*, Vol. 211, No. 4481, 1981, pp. 453-458.

⑥ Erving Goffman, *Frame Analysis: An Essay on the Organization of Experience*, London: Harper and Row, 1974, p. 6.

⑦ Robert Entman, "Framing: Toward Clarification of a Fractured Paradigm", *Journal of Communication*, Vol. 43, No. 4, 1993, pp. 51-58.

⑧ Robert D. Benford and David A. Snow, "Framing Processes and Social Movements: An Overview and Assessment", *Annual Review of Sociology*, Vol. 26, 2000, pp. 611-639.

⑨ 参见 Margaret Keck and Kathryn Sikkink, *Activisits beyond Borders*, Ithica, NY: Cornell University Press, 1998。

⑩ Steven Bernstein, "International Institutions and the Framing of Domestic Policies: The Kyoto Protocol and Canada's Response to Climate Change", *Policy Sciences*, Vol. 35, No. 2, p. 203; Jeffrey Berejekian, "The Gains Debate: Framing State Choice", *American Political Science Review*, Vol. 91, No. 4, 1997, pp. 789-805.

⑪ Amos Tversky and Daniel Kahnman, "Rational Choice and the Framing of Decisions", *Journal of Business*, Vol. 59, No. 4, 1986, pp. 251-278.

助听众的认知快速聚焦。作为一个选择性的现实横断面，框定的主要功能在于突出局部信息，使听众注意力聚焦，从而实现说服效果。[1] 总体上，框定是从琐事中筛选信息的过滤工具，以及增强说服力的工具。

首先，框定是一种聚焦和信息筛选的机制。欧文·戈夫曼将框定解释为"相互预设的图式"。[2] 通过其设定的框定，行动者可以简化与固化自己的世界观，促进对自己和他人的了解。[3] 罗伯特·恩特曼强调，框定与认知图式紧密相关，图式是"发生在人类头脑中的相互预设过程，而框定就是建立图式的过程。这样看来，框定就具备了几个基本功能：定义议题讨论的边界或条件；确定事件发生的原因；确定认知或提出主观反思"。[4] 一旦一个作为情境模型的框定被激活，行动者就会跟随这个框定的叙事逻辑而行动。换言之，框定是"认知和解释的结构"，就是选择感知到的某些信息，并使它们更加突出，以支持对特定问题的解释。[5] 综上，框定是一种信息聚集机制，可以使听众的注意力集中并聚焦起来。

其次，框定分析是澄清价值的一种方式。政治话语可以"构建"或"阐释"出不同的框定或维度。威廉·加姆森断言，"框定是使焦点事件有意义并建构观念的过程"。[6] 除了工具性价值，框定也具有规范性价值。在建构叙事的过程中，认知框定也不可避免地被个人和集体情感左右。[7] 一般焦点事件的社会情感框定过程有两个阶段。第一阶段，焦点事件造成愤怒、悲伤、焦虑与恐惧等消极情感或快乐、期待、安全与

① 参见 Todd Gitlin, *The Whole World Is Watching: Mass Media in the Making and Unmaking of the New Left*, Berkeley：University of California Press, 1980。

② Erving Goffman, *Frame Analysis: An Essay on the Organization of Experience*, New York：Harper Colophon, 1974, p. 21.

③ Gaye Tuchman, *Making News: A Study in the Construction of Reality*, New York：Free Press, 1978, p. 180.

④ Robert M. Entman, *Projections of Power: Framing News, Public Opinion, and U. S. Foreign Policy*, London：University of Chicago Press, 2004, p. 7.

⑤ Robert M. Entman, "Framing: Toward Clarification of a Fractured Paradigm", *Journal of Communication*, Vol. 43, No. 4, 1993, p. 52.

⑥ William A. Gamson, "News as Framing: Comments on Graber", *American Behavioral Scientist*, Vol. 33, No. 2, 1989, p. 157.

⑦ Ted Brader, "The Political Brain: The Role of Emotion in Deciding the Fate of the Nation by Drew Westen", *Review of Policy Research*, Vol. 25, No. 4, 2008, pp. 623-627.

满足等积极情感，这些情感影响社会认知。弥散的情感在促进团结、激发共同意志的同时，也提升了特定问题在政治议程中的优先序，支配着政治家的注意力分配。[①] 第二阶段，叙事行动者通过将情感修辞融入特定话语框定，为焦点事件赋予情感色彩。叙事话语本身可以传递情感，政治家也试图依靠情感感染来动员社会、凝聚人心，从而增加自身的合法性。[②]

最后，在政治语境中框定促进安全化进程。话语修辞激活的框定会影响听众对威胁的理解。大多数研究都认为，隐喻激活的框定影响了解释，并能影响人们在世界上的思维和行为方式。有些创造性的话语标签也会产生叙事框定的效果。如"夺回控制权"和"让美国再次伟大"都暗示着美国曾经是"伟大的"，但现在已经不是了。"夺回"和"再次"的话语框定了美国的历史地位，这种"含蓄"的隐藏逻辑，以怀旧的方式勾勒出一种共享情感与政治期望，成为有影响力的政治口号。对普通听众来说，现实无所得知，但是特朗普这些话语框定可以对竞争对手的可信度产生冲击。

三、认知参考点与意义框定

一般框定越充分，听众的共鸣也就越强，就越有可能唤起共享的情感与感受。例如，小布什总统在"9·11"事件发生后，在公开演讲中反复使用"邪恶"和"战争"等字眼，这种重复强调就是一种框定手法，再加上媒体呈现的燃烧和倒塌的世贸大厦画面，共同为听众提供了一个高度共鸣的说服框定，给听众的意识中留下常识性判断：恐怖分子是不道德的。当然，激活机制所触发的情感共鸣因人而异。例如一份展示本·拉登照片的海报可以引发一名恐怖分子的情感共鸣，却也可能重新激活美国人支持"反恐"或谴责恐怖主义的负面情感，因为画面让他们想起了嵌入在脑海中

---

① 参见 Bryan D. Jones and Frank R. Baumgartner, *The Politics of Attention: How Government Prioritizes Problems*, Chicago: University of Chicago Press, 2005; Stuart Neil Soroka, *Negativity in Democratic Politics: Causes and Consequences*, New York: Cambridge University Press, 2014.

② 侯光辉等：《框定、情感与归责：焦点事件在政治话语中的意义建构》，《公共管理学报》2019 年第 3 期；乔同舟：《被政治化的情感：政治传播中的情感话语》，《理论与现代化》2016 年第 6 期。

的画面：燃烧的世贸中心、牺牲的消防英雄与无数支离破碎的家庭等。此外"重新框定"（Reframing）是一个强大的认知工具，可以帮助人们获得颠覆既有认知模式平衡、产生新的观念。[1]

框定在环境评估中起着认知"锚"的作用，主题框定作为一个焦点镜头，使听众对决策环境的具体要素/领域（例如，国家安全、经济、政治或外交等方面）保持敏感。某些框定可能会使听众的看法出现偏差，误认为某种行动更有利或更不利。[2] 当听众认知的注意力在不同事物上的权重分配不均衡时，就产生了"框定效应"（framing effects）。[3] 前景理论认为依据决策参考点，决策者会形成不同的认知框定，这些框定通过将决策者注意力引向损失前景或收益前景，塑造其决策选项。[4] 换言之，个体往往会围绕某个决策参考点从收益和损失角度来思考问题。当框定结构为收益前景时，个体会规避风险；而框定结构为损失前景时，个体会寻求风险。[5] 如此，行动者的预期变化是由框定导向的。由于人们对待收益和损失的方式不同，参考点和框定呈现方式对决策来说比结果的客观得失概率

[1]　Lee G. Bolman and Terrence E. Deal, *Reframing Organizations: Artistry, Choice, and Leadership (Sixth Edition)*, Hoboken, NJ: John Wiley & Sons, 2017, pp. 21-22.

[2]　Paul D. Hoyt and Jean A. Garrison, "Political Manipulation within the Small Group: Foreign Policy Advisers in the Carter Administration", in Paul 't Hart, Eric K. Stern and Bengt Sundelius eds., *Beyond Groupthink: Political Group Dynamics and Foreign Policy-Making*, Ann Arbor, MI: University of Michigan Press, 1997, pp. 249-274; Steven B. Redd and Nehemia Geva, "Structural Framing in Advisory Group Settings: Implications for Information Processing and Foreign Policy Choice", Paper presented at the Hong Kong International Studies Association Conference, July 26-28, 2001; Zeev Maoz, "Framing the National Interest: The Manipulation of Foreign Policy Decisions in Group Settings", *World Politics*, Vol. 43, No. 1, 1990, pp. 77-110; Alex Mintz ed., *Integrating Cognitive and Rational Theories of Foreign Policy Decision Making*, St. Martin's/Palgrave, New York, 2002.

[3]　Thomas E. Nelson, Zoe M. Oxley and Rosalee A. Clawson, "Toward a Psychology of Framing Effects", *Political Behavior*, Vol. 19, No. 3, 1997, pp. 221-246; Dennis Chong and James N. Druckman, "Framing Theory", *Annual Review of Political Science*, Vol. 10, 2007, pp. 103-126; Dennis Chong and James N. Druckman, "A Theory of Framing and Opinion Formation in Competitive Elite Environments", *Journal of Communication*, Vol. 57, No. 1, 2007, pp. 99-118.

[4]　参见 Daniel Kahneman and Amos Tversky, *Choices, Values, and Frames*, Cambridge: Cambridge University Press, 2000。

[5]　Daniel Kahnman and Amos Tversky, "Prospect Theory: An Analysis of Decision under Risk", *Econometrica*, Vol. 47, No. 2, 1979, pp. 263-291.

更重要。[1]

收益-损失框定可以操纵决策者的选择范围，也能塑造听众的叙事认知。收益框定强调的是执行选择方案所带来的积极前景（例如，如果你接种了疫苗，患癌的概率会降低80%），而损失框定则强调的是不接受或不执行的消极结果（例如，除非你接种疫苗，否则患癌的概率会增加20%）。尽管这两种框定表述的内容完全相同，但通过对结果赋予不同数值，就会对选择有一种暗示或引导。尤其是当选择的不确定性或风险因素较高时，损失框定比收益框定更能影响行动者决策。如果在风险决策框定中（risky-choice framing）给出不同导向则会产生不同的选择倾向：在积极的前景条件下，行动者"有1/3的机会拯救所有的生命，2/3的机会不拯救任何生命"，那么大多数决策者会选择规避损失，获得拯救1/3的既定结果；而在消极的前景条件下，如将人们的注意力引导到"1/3的概率没有人死亡，2/3的概率全部死亡"，那么行动者会为2/3的概率做出冒险决策。[2] 因此，如何确定框定方向和参考点对决策过程至关重要。[3] 当然前景理论面临的一项挑战在于，在受控的实验室环境中，参与者面临的是两种非此即彼的替代选择，其中一种选择被框定为收益，另一种被框定为损失。[4] 然而，现实世界中决策者大多时候并非在两个选项之间进行选择，由此认知参考点与意义框定更加复杂。

---

① Moshe Levy and Haim Levy, "Prospect Theory: Much Ado about Nothing?" *Management Science*, Vol. 48, No. 10, 2002, pp. 1334–1349.

② Todd Mcelroy and John J. Seta, "Framing Effects: An Analytic-Holistic Perspective", *Journal of Experimental Social Psychology*, Vol. 39, No. 6, 2003, pp. 610–617.

③ William A. Boettcher, "Context, Methods, Numbers, and Words: Prospect Theory in International Relations", *The Journal of Conflict Resolution*, Vol. 39, No. 3, 1995, pp. 561–583; Jack S. Levy, "Prospect Theory, Rational Choice, and International Relations", *International Studies Quarterly*, Vol. 41, No. 1, 1997, pp. 87–112.

④ Daniel Kahnman and Amos Tversky, "Prospect Theory: An Analysis of Decision under Risk", *Econometrica*, Vol. 47, No. 2, 1979, p. 286; Rose McDermott, *Risk-Taking in International Politics*, Ann Arbor: University of Michigan Press, 1998, p. 41; Robert Jervis, "The Implications of Prospect Theory for Human Nature and Values", *Political Psychology*, Vol. 25, No. 2, 2004, pp. 163–176.

第三节　战略叙事的记忆机制

在生活世界里，每一个行动者都嵌入于一张归属之网（a web of belonging）。作为修辞艺术的一部分，记忆构成一种重要的认知背景。米尔顿·洛奇等人提出了"印象驱动"模型理论。[1] 该模型依赖于启发式认知过程，个体保持与过去事件相关联的情感记忆，这些记忆累积起来，有消极的，也有积极的，形成一个相关联的总体印象。当然，听众不可能同时把所有可能的信息储存在记忆里，他们不均衡地关注叙事者的某些表现，而这些记忆会影响其对话语叙事的关注重点与解读结论。记忆是对过去的表达，是对过去的主观解释进行转换和再现。[2] 通过语言联系，记忆不仅渗透到讲述方式之中，而且塑造事件情节的意义。[3] 当过去的事件当下被重新描述时，它就成为叙事的一部分。[4]

一、话语叙事的记忆关联

历史上的棘手冲突通常会给有关各方造成严重的集体创伤，历史叙事则塑造着各方的合法性。例如，在巴勒斯坦与以色列、印度与巴基斯坦或北爱尔兰与爱尔兰的集体记忆中，愤怒与仇视情感在集体叙事中起着重要的作用。从类型上看，基本存在两种叙事记忆。第一种是内部叙事，向群体内听众展示竞争对手的消极属性与自己的积极属性；官方记忆作为正式的记忆叙事，表现为官方出版物、国家博物馆展览、教育系统教科书等。

① Milton Lodge, Marco Steenbergen and Brau Shawn, "The Responsive Voter: Campaign Information and the Dynamics of Candidate Evaluation", *American Political Science Review*, Vol. 89, No. 2, 1995, pp. 309–326.

② 参见 Mariana Achugar, *What We Remember the Construction of Memory in Military Discourse*, Amsterdam and Philadelphia: John Benjamins Publishing Company, 2008。

③ 参见 Elliot Mishler, *Storyline: Craftartists' Narratives of Identity*, Cambridge, MA: Harvard University Press, 1999。

④ Daniel Bar-Tal, Neta Oren and Rafi Nets-Zehngut, "Socio-Psychological Analysis of Conflict-Supporting Narratives: A General Framework", *Journal of Peace Research*, Vol. 51, No. 5, 2014, pp. 662–675.

此外，直接经历者的记忆通过回忆录和口述历史来展示。[①] 第二种是塑造外部角色，即向外群体（国际社会）积极地展示自身的牺牲、勇气与高尚品质。通过报纸文章、纪念馆、纪念碑、电影和建筑等方式保存过去的记忆。记忆对话语叙事的影响体现在两大方面。

一方面，叙事是记忆的存储器。当我们分享一个故事时，就保存和传递了一种记忆，以避免此故事被遗忘。[②] 分享一个故事就是表达、建构或寻找身份认同的过程，包括传递愤怒、痛苦、骄傲、希望、怀旧、恐惧、焦虑、羞耻、内疚、幸福和爱的情感与经历。故事打开了情感、政治和象征性生活的宝贵窗口，并让人们"接触到更深层的现实"。[③] 从长远来看，行动者的自我记忆将被档案、媒体记录或纪念碑等集体记忆所代表。但是关于历史战争或大屠杀的历史记忆则会存在很多争议叙事和多种记忆版本。在学校教育、大众媒体、书籍、文学作品、戏剧表演以及演讲等叙事形式中，记忆作为激发大众情感的"导火索"，把嵌入在大众脑海中的自我回忆与集体情感关联起来。[④] 例如，大屠杀在一个社会的集体记忆中往往占据稳固位置。关于大屠杀的物质和象征性叙事（如博物馆、纪念碑、回忆录、电影、绘画、雕塑、小说、诗歌、戏剧），为当下的人们提供了一个理解过去事件的叙事模板。[⑤] 有学者分析了大屠杀幸存者的生活史叙事，研究发现幸存者并没有遗忘生命中这段极其痛苦的经历，但在日常生活中会将其"冻结"在记忆潜意识中不去触碰。这些支离破碎的叙事，会带来本体性的不安全感。当听众希望将他们的苦难经历融入一个连贯的故

---

① James Liu and Denis Hilton, "How the Past Weighs on the Present: Social Representations of History and Their Role in Identity Politics", *British Journal of Social Psychology*, Vol. 44, No. 4, 2005, pp. 537 – 556.

② David Boje, "The Storytelling Organization: A Study of Story Performance in an Office Supply Firm", *Administrative Science Quarterly*, Vol. 36, No. 1, 1991, p. 126.

③ Anna Linda Musacchio Adorisio, *Storytelling in Organizations: From Theory to Empirical Research*, London: Palgrave Macmillan, 2009, pp. 30 – 36.

④ Titus Ensink and Christoph Sauer, "A Discourse Analytic Approach to the Commemorative Speeches about the Warsaw Uprising", in Titus Ensink and Christoph Sauer eds., *The Art of Commemoration: Fifty Years after the Warsaw Uprising*, Amsterdam and Philadelphia: John Benjamins Publishing Company, 2003, pp. 28 – 32.

⑤ Deborah Schiffrin, *In Other Words: Variation in Reference and Narrative*, Cambridge, UK: Cambridge University Press, 2006, pp. 206 – 208.

事叙事之中时，这种情感预期会改变其赋予故事的意义。①

　　另一方面，记忆的情感由叙事激活。记忆是由"认知图式"或情感节点组成的联想网络。② 当一个节点受到关注时，它会激活网络内存中的其他相关节点，这个过程被称为历史记忆的"扩散激活"。③ 叙事是一个情感介入的场所，可以作为叙事工具来描述"记忆中的故事"。④ 尤其是，博物馆是国家记忆的"黏合剂和催化剂"，通过对民族故事的讲述塑造和重塑民众记忆。例如，有学者认为在大英博物馆等空间的来自遥远地方的文物，展示了大英帝国的全球辉煌史。这些博物馆显然是修辞的，具有说服教育民众的政治目的。所有的博物馆都试图使用语言作为一种象征性的手段，来诱导观众对符号的意义重新进行理解。⑤ 伊丽莎白·魏瑟认为博物馆可以编织在现代社会中，情感与理性、大众与学术、说服力与审美，创造一个集体观念的容器。⑥ 在现代社会中许多国家博物馆将原住民或少数民族的历史纳入其中，试图将历史冲突融入国家发展的总体叙事之中。游客在展厅里从古代走到现在，观看和阅读国家记忆的叙事轨迹，在不知不觉中博物馆就成为情感共鸣的记忆场所。博物馆中所陈列的物品是历史叙事的锚，又使叙事赋予了这些物品意义，以缝合当下和未来的身份，展现了强大的修辞导向。

二、记忆叙事的自我呈现

　　修辞学关注记忆叙事的自我呈现。记忆被认为是有活力的，或者说记

① Brian Schiff and Chaim Noy, "Making It Personal: Shared Meanings in the Narratives of Holocaust Survivors", in Anna De Fina, Deborah Schiffrin and Michael Bamberg eds., *Discourse and Identity*, Cambridge and New York: Cambridge University Press, 2006, pp. 398-423.

② John R. Anderson, *The Architecture of Cognition*, Cambridge, MA: Harvard University Press, 1983, p. 8.

③ Allan M. Collins and Elizabeth F. Loftus, "A Spreading-Activation Theory of Semantic Processing", *Psychological Review*, Vol. 82, No. 6, 1975, pp. 407-428.

④ Walter Fisher, *Human Communication as Narration: Toward a Philosophy of Reason, Value, and Action*, Columbia: University of South Carolina Press, 1989, p. 63.

⑤ 参见 Marie-Laure Ryan, Kenneth Foote and Maoz Azaryahu, *Narrating Space/Spatializing Narrative: Where Narrative Theory and Geography Meet*, Columbus: Ohio State University Press, 2016。

⑥ M. Elizabeth Weiser, *Museum Rhetoric: Building Civic Identity in National Spaces*, University Park: The Pennsylvania State University Press, 2017, p. 38.

忆具有自我生命力。社会既是由记忆构成的，又在日常的互动、仪式和交流中构成了这些记忆。[1] 大多数经历创伤性事件的国家都会有记忆追寻，会通过纪念碑、书籍、博物馆等形式塑造新的民族认同。[2] 记忆将过去发生的事件印象引至当下情境。至于过去的叙事是否具有说服力，取决于这些叙事中所嵌入的历史观念在时间和空间上的转化。耶琳娜·苏波蒂奇指出，在全社会面临巨大的危机和多重国家安全威胁时，国家叙事将被选择性地激活，以通过提供连续性、熟悉感和平静感来维护本体性安全感。[3] 耶鲁大学教授罗伯特·希勒（Robert J. Shiller）强调，叙事是赋予政治行动以意义的基本认知框定，它们不仅仅是解释的工具，而且被嵌入到日常生活的各种实践进程之中。[4]

第一，记忆不断反复框定叙事。符号是人们所居住的意义系统或文化的基本材料。符号是精神能量的隐喻表达，礼仪、精心策划的广告宣传都充满了象征意义。例如，有许多人崇敬美国国旗，也有许多人焚烧美国国旗。这面旗帜对这两个群体都具有象征意义，但原因不同。它既代表一个群体的爱国主义，也体现另一个群体对帝国主义的反抗。符号承载着强大的智力和情感信息，它们有时会被嵌入神话中。"正是通过神话，人们才得以获得对未来的强大憧憬，并实现这些愿景。"[5] 这些无形的东西会塑造我们的思想、情感和行动，激发集体意识。面对不确定性和模糊性，符号可以帮助人们解决困惑，找到方向，并锚定希望和信念。例如，在战争纪念仪式上，纪念演讲与艺术表演都被嵌入到一个宏大的历史叙事结构之中。通过一些仪式活动，如敬献花圈和音乐表演，或者展示标志造型与象征性姿态，可以帮听众在头脑中组织他们对历史的记忆，并使之在重复的仪式中沉淀下来，形成叙事框定、脚本、场景或图式。

---

[1] 参见 Kendall R. Phillips ed., *Framing Public Memory*, Tuscaloosa: The University of Alabama Press, 2004; Jeffrey K. Olick and Joyce Robbins, "Social Memory Studies: From 'Collective Memory' to the Historical Sociology of Mnemonic Practices", *Annual Review of Sociology*, Vol. 24, 1998, pp. 105–140。

[2] Amos Kiewe, "Framing Memory through Eulogy: Ronald Reagan's Long Good-bye", in Kendall R. Phillips ed., *Framing Public Memory*, Tuscaloosa: The University of Alabama Press, 2004, p. 248.

[3] Jelena Subotić, "Narrative, Ontological Security, and Foreign Policy Change", *Foreign Policy Analysis*, Vol. 12, No. 4, 2016, pp. 610–627.

[4] 参见［美］罗伯特·希勒《叙事经济学》，陆殷莉译，中信出版社 2020 年版。

[5] 参见 Azarm Ghareman, *Soul of World, Soul of Word*, San Luis Obispo, CA: Self-published, 2003。

第二，记忆编织新的故事。故事提供的不仅仅是娱乐或道德教育，还给人以安慰、指引和希望。故事创造了价值观，使精神永存。战略叙事通常会确立参与者的身份（我们是谁），以及一个理想的目标（我们想要实现什么）。历史记忆通过教育、宣传、领导人讲话与博物馆艺术展示来塑造官方叙事。[①] 借鉴神话是使战略叙事更有说服力的一种方法，因为它们反映了作为一个民族的"我们是谁"的直觉。此外，每一次战略叙事援引特定新故事，都会随着时间的推移而强化，直至它成为一个社会事实。[②] 重新编排与重复叙事使神话模板具有很强惯性，这就是为什么与这些神话"共鸣"的战略叙事被认为更有说服力。

第三，记忆沉淀历史习俗与仪式。习俗的力量作为一种象征性的行为，通常有一个明确的目的与意义。[③] 仪式将一个人或一个团体与某种神秘的东西联系在一起，这是文字或话语所很难捕捉的。[④] 记忆中的习俗与仪式让新成员加入进来，帮助维持生活的意义。仪式把人们锚定在一个意义中心，同时直面生活中永恒的不可预测性。此外，宏大仪式与典礼让记忆更具情节性。习俗通常会与一些仪式交织在一起，并在关键时期或特殊场合举行。例如，2001 年以来在美国街头每年 9 月 11 日举行的纪念活动，是产生集体情感的仪式性活动，被社会学家称为情感共同体。[⑤] 悲伤的情感仍然每年弥漫在纽约袭击受害者的家属之间，他们在世贸中心一个长长的斜坡上，哭泣着，拥抱着彼此。

三、"自我－他者"叙事框定

叙事构建了精心制作的世界故事，提供有关"我们"是谁、"我们"

---

① Laurie Brand, *Official Stories Politics and National Narratives in Egypt and Algeria*, Stanford, California：Stanford University Press, 2014, pp. 10-16.

② Jelena Subotić, "Stories States Tell: Identity, Narrative, and Human Rights in the Balkans", *Slavic Review*, Vol. 72, No. 2, 2013, pp. 306-326.

③ Sally Falk Moore and Barbara Meyerhoff, *Secular Ritual*, Assen, Netherlands：Van Gorcum, 1977, p. 5.

④ Robert Fulghum, *From Beginning to End: The Rituals of Our Lives*, New York：Villard Books, 1995, p. 96.

⑤ Mabel Berezin, "Secure States：Towards a Political Sociology of Emotion", in Jack Barbalet ed., *Emotions and Sociology*, Oxford：Blackwell Publishing, 2002, pp. 44-45.

来自何处以及"我们的"集体目标的故事，这些叙事在促进身份认同的同时限制实践的合法性。① 特别是那些卷入长期冲突的行动者往往被恐惧、愤怒、羞辱、骄傲、希望和仇恨等情感所支配，这些情感会强化叙事冲突。因为每一方都认为，为了维护自身叙事的合法性，必须让另一方的叙事失去合法性。② 而且一旦对立社会的心理情绪固化，就会引发一种社会僵局与冲突倾向。③ 换言之，记忆或遗忘经过主观选择与修剪，投射到身份政治的叙事之中。④ 在故事世界中，叙事者基于自身立场设定故事情节，呈现出"自我"和"他者"对立的叙事框定。⑤

在竞争激烈的情境下，叙事者在讲述自己的英雄故事时，就会贬低对手并将其妖魔化。长期忽视和拒绝对方的友善倡议，则会导致冲突叙事最终自我实现。⑥ 对过去的集体记忆也会影响到当下的谈判的风格。⑦ 国家构建"叙事"，并赋予其意义，对内动员民众，对外争取国际支持。尤其是面临巨大压力的时候，特别需要自传体叙事来提供心理安慰和焦虑缓解。当外部事件不能被归入本体论安全叙事中时，就可能产生创伤或身份危机。在危机面前，熟悉的叙事可以带来安全感。⑧ 丹尼尔·巴塔尔提出的"棘手冲突的社会心理

① Jelena Subotić, "Narrative, Ontological Security, and Foreign Policy Change", *Foreign Policy Analysis*, Vol. 12, No. 4, 2016, p. 612; Molly Patterson and Kristen Monroe, "Narrative in Political Science", *Annual Review of Political Science*, Vol. 1, 1998, p. 316.

② Hebert C. Kelman, "The Interdependence of Israeli and Palestinian National Identities: The Role of the Other in Existential Conflict", *Journal of Social Issues*, Vol. 55, No. 3, 1999, pp. 581-600.

③ Arie W. Kruglanski, *The Psychology of Closed-Mindedness*, New York: Psychology Press, 2004, p. 6; Arie W. Kruglanski and D. M. Webster, "Motivated Closing of the Mind: 'Seizing' and 'Freezing'", *Psychological Review*, Vol. 103, No. 2, 1996, pp. 263-283.

④ 参见 Miroslav Volf, *The End of Memory: Remembering Rightly in a Violent World*, Grand Rapids, MI: W. B. Eerdmans, 2006。

⑤ Deborah Schiffrin, *In Other Words: Variation in Reference and Narrative*, Cambridge, UK: Cambridge University Press, 2006, p. 208.

⑥ Keren Sharvit, "Sociopsychological Foundations of the Israeli-Palestinian Conflict: Applying Daniel Bar-Tal's Theorizing", in Keren Sharvit and Eran Halperin eds., *A Social Psychology Perspective on the Israeli-Palestinian Conflict: Celebrating the Legacy of Daniel Bar-Tal, Vol II.*, New York: Springer, 2016, pp. 1-10.

⑦ 参见 Tamara C. Wittes, *How Israelis and Palestinians Negotiate: A Cross-Cultural Analysis of the Oslo Peace Process*, Washington, D. C.: United States Institute of Peace Press, 2005。

⑧ Alexandria J. Innes and Brent J. Steele, "Memory, Trauma and Ontological Security", in Erica Resende and Dovile Budryte eds., *Memory and Trauma in International Relations: Theories, Cases, and Debates*, London: Routledge, 2014, p. 17.

学"关注话语修辞对社会心理适应与集体记忆的影响。[1] 集体记忆是由社会信念组成的，这些社会信念构成的叙事描述了冲突的起源、发展、扩散以及消亡。在建构意义上，集体记忆并不是过去事件的客观或中立的表达，相反它是有选择的、有偏见的，是为社会需求服务的。那些卷入棘手冲突的社会群体往往会发展出为自己辩护的叙事方式，将冲突爆发和持续归咎于敌对群体，并将其非法化，而以积极的方式将自己描绘成冲突的唯一受害者。[2]

第四节 叙事黏性的生成与强化

话语既然是建构性产物，那么其就具有一定的自我强化惯性。一种主导性叙事也必定是具有说服力的叙事，呈现出较强的话语惯性特点。大多数叙事的变化是很缓慢的，一旦话语叙事黏性形成，则具有较强的自我强化能力。例如重大危机中所谓的"慕尼黑记忆"和"越南教训"，至今也在深刻塑造决策者对政策形势的看法。而且，根据话语惯性的自我强化机制，可以构建出叙事强化的螺旋机制，即行动者、话语、议题领域和制度之间存在着一种正向反馈机制。话语叙事一旦开启就有自我维持的动力，当叙事者具有强烈的能动性时，就可以将叙事制度化，依靠路径依赖的力量让制度化叙事螺旋上升。在叙事制度化的过程中会有不同的行动者与新思想加入进来，与既有叙事相互作用。叙事话语制度化则容易限制叙事范围，排除不同观点信息。换言之，叙事黏性意味着有些叙事框架可以自我复制，限制行动者获取新的话语模板，排斥其他叙事。为什么某些身份或议题的叙事"更具黏性"？一个可能的答案是听众对某种版本叙事的情感投入更多。[3]

---

① 参见 Daniel Bar-Tal, *Intractable Conflicts: Sociopsychological Foundations and Dynamics*, Cambridge, UK: Cambridge University Press, 2013。

② Sami Adwan and Daniel Bar-Tal, "Shared History Project: A PRIME Example of Peace-Building under Fire", *International Journal of Politics, Culture, and Society*, Vol. 17, No. 3, 2004, pp. 513-521.

③ Oliver Turner and Nicola Nymalm, "Morality and Progress: IR Narratives on International Revisionism and the Status Quo", *Cambridge Review of International Affairs*, Vol. 32, No. 4, 2019, pp. 407-428; Jelena Subotic, "Narrative, Ontological Security, and Foreign Policy Change", *Foreign Policy Analysis*, Vol. 12, No. 1, 2016, pp. 610-627; Linus Hagström and Karl Gustafsson, "Narrative Power: How Storytelling Shapes East Asian International Politics", *Cambridge Review of International Affairs*, Vol. 32, No. 4, 2019, pp. 387-406.

一、叙事黏性的生成

历史上美苏冷战叙事呈现出较强的话语惯性特点，双方激烈的言辞竞争仿佛让敌意战略话语呈现螺旋上升态势。这里需要解释的问题是：为何这些战略叙事具有极强的连贯性，或者在什么情况下这些战略叙事存在变动的可能。这关涉"叙事黏性"（narrative stickiness）差异，所谓黏性即一种战略话语被听众接受和认可的时间持续性。从发生机制上看，叙事"黏性"受三个层面因素的影响。

首先，历史惯性或路径依赖促成"叙事黏性"。历史记忆具有一定的沉淀性和稳固性，特定叙事模板（narrative templates）提供了在时间变迁中的叙述话语路线图。叙事模板一方面可以积极有效地明确集体身份，但另一方面也可以助长对峙与思想封闭。历史叙事包括有关过去事件中特定时间、地点和行动者的具体信息。例如，1941年6月22日德国入侵苏联以及1937年7月7日日本发动全面侵华战争的卢沟桥事变。叙事模板可用于生成多个特定故事情节，发挥集体记忆的基础代码功能。珍妮弗·林德探讨了历史记忆与叙事黏性的关系。她问道："在多大程度上，叙事具有'黏性'，从而使对手之间的合作更加困难？"[1] 她指出听众对叙事的情感投入越多，则黏性越高。[2] 叙事通过路径依赖而具有"锁定效应"和"正强化效应"。对于历史制度主义者来说，关键时刻是结构变化无法解释的时期，但对于话语制度主义者而言，这些时刻却是通过思想过程和话语所建构的，有助于洞悉历史结构的转变与重构的过程。[3] 尽管叙事可能

---

[1]　Jennifer Lind, "Narratives and International Reconciliation", *Journal of Global Security Studies*, Vol. 5, No. 2, 2020, pp. 233–234.

[2]　Oliver Turner and Nicola Nymalm, "Morality and Progress: IR Narratives on International Revisionism and the Status Quo", *Cambridge Review of International Affairs*, Vol. 32, No. 4, 2019, pp. 407–428; Jelena Subotic, "Narrative, Ontological Security, and Foreign Policy Change", *Foreign Policy Analysis*, Vol. 12, 2016, pp. 610–627; Linus Hagström and Karl Gustafsson, "Narrative Power: How Storytelling Shapes East Asian International Politics", *Cambridge Review of International Affairs*, Vol. 32, No. 4, 2019, pp. 387–406.

[3]　Paul Pierson, "Increasing Returns, Path Dependence, and the Study of Politics", *American Political Science Review*, Vol. 94, No. 2, 2000, pp. 251–268.

会改变，但叙事也具有惰性，保守的叙事者可能会习惯性地阻止叙事变革。① 例如，敌对关系的长期存在，本身会抵制叙事变化，以证明之前敌意叙事的合理性。②

其次，消极偏差强化"叙事黏性"。心理学分析表明负面叙事在脑海中"黏住"的可能性要高于正面叙事。换言之，消极框定在塑造人们的判断方面比积极框定更有力量，也可能比积极框定更"黏稠"。③ 因为它们有更强的动力停留在印象中，并抵制随后遇到的新的叙事。当人们心中有一个特别黏稠的框定时，就会在心理上给某一问题贴上标签，这使得改变叙事变得困难。因此，从消极记忆转变为积极记忆的门槛较高。这可以理解为，重构叙事的效果取决于先遇到的是什么框定，那些先入为主的积极框定比较容易在后来遇挫时转向消极框定，但那些先入为主的消极框定在未来转向积极框定会比较困难，人们的思维倾向于"停留"在最初的消极框定中。例如，从"失去的生命数量"的负面框定中转换到"拯救的生命数量"的积极框定相对更难。④ 与消极偏差有关，叙事也存在注意力与印象形成的不对称性。人们倾向于对消极刺激给予更多注意力和记忆，这是人类长期进化的结果，为避免灾难再次上演，群体会对消极记忆印象深刻（例如"吃一堑长一智""居安思危"等说法）。⑤ 建构主义者

① David A. Lake, "Two Cheers for Bargaining Theory: Assessing Rationalist Explanations of the Iraq War", *International Security*, Vol. 35, No. 3, 2010/11, p. 9.

② Jack Snyder, "The Gorbachev Revolution: A Waning of Soviet Expansionism?" in Frederick J. Fleron, Jr., Eric P. Hoffman and Robbin F. Laird eds., *Soviet Foreign Policy 1917–1991: Classic and Contemporary Issues*, New York: Routledge, 2017, p. 745.

③ 参见［美］丹尼尔·卡尼曼、保罗·斯洛维奇、阿莫斯·特沃斯基编：《不确定状况下的判断：启发式和偏差》，方文等译，中国人民大学出版社 2008 年版。

④ Aliso Ledgerwood et al., "Changing Minds: Persuasion in Negotiation and Conflict Resolution", in Peter T. Coleman, Morton Deutsch and Eric C. Marcus eds., *The Handbook of Conflict Resolution: Theory and Practice*, San Francisco, CA: Jossey-Bass, 2014, pp. 429–439.

⑤ Susan T. Fiske, "Attention and Weight in Person Perception: The Impact of Negative and Extreme Behavior", *Journal of Personality and Social Psychology*, Vol. 38, No. 6, 1980, pp. 889–906; Guido Peeters and Janusz Czapinski, "Positive-Negative Asymmetry in Evaluations: The Distinction between Affective and Informational Negativity Effects", *European Review of Social Psychology*, Vol. 1, No. 1, 1990, pp. 33–60; Maria Lewicka, Janusz Czapinski and Guido Peeters, "Positive-Negative Asymmetry or 'When the Heart Needs Reason'", *European Journal of Social Psychology*, Vol. 22, No. 5, 1992, pp. 425–434; Dirk Wentura, Klaus Rothermund and Peter Bak, "Automatic Vigilance: The Attention-Grabbing Power of Approach and Avoidance-Related Social Information", *Journal of Personality and Social Psychology*, Vol. 78, No. 6, 2000, pp. 1024–1037.

认为，敌意叙事会影响人们对周围世界的解释，它可能导致领导人夸大对手的威胁，并可能低估来自第三国的挑战。① 或者，即便领导人认识到了新的威胁，敌对叙事也可能会掩盖其与对手的共同利益和潜在合作选项，形成认知偏差。② 正如珍妮丝·斯坦所言，人们有一种强烈的倾向，即基于他们现有的信念，看到他们期望看到的东西。这种对一致性的认知偏见损害了对新信息的评估效果。③ 总之，过去的框定对当前认知的影响是不成比例的，而且成倍的积极框定才可抵消消极框定的心理惯性。

最后，话语叙事存在制度性路径依赖。话语可以嵌入在制度网络之中，制度本质上可以理解为不同目标和理念的话语联盟。④ 日常层面的话语或叙事可能很容易发生变化。那些被制度化的话语将更加稳定，具有惯性的话语权往往是制度性的。话语惯性意味着，主导性叙事的故事情节或要素被不断复制。例如，冷战结束 30 多年来西方对苏联政权的描述没有太多变化。如果违背主流话语叙事则是"冒天下之大不韪"，触及所谓的政治正确的底线。但是从反思主义角度看，没有任何话语是理所当然的，再牢固的话语惯性也会在时间冲刷下淡化、变异甚至翻转。历史上，重大政治危机往往伴随着主流叙事的大反转，以前合法的叙事在革命或变革后就变成非法；以前代表先进性的话语在变革后就可能代表着落后。当然主导性话语的翻转是不容易的，这些话语会受到既得利益集团的积极捍卫。随着主导性话语不断被强化和嵌入，话语背后的规范也就在社会实践中根深蒂固，从而上升为一种意识形态。因此，"话语惯性"的概念似乎意味着话语一旦形成就具备一种外生性，不会因受到部分反叙事力量的抵制而轻易变化。

① David L. Rousseau, *Identifying Threats and Threatening Identities*, Stanford, CA: Stanford University Press, 2006, p. 21.

② Robert Jervis, *Perception and Misperception in International Politics*, Princeton, NJ: Princeton University Press, 1976, pp. 30 – 50; Robert Jervis, "Understanding Beliefs", *Political Psychology*, Vol. 27, No. 15, 2006, pp. 641-663.

③ Janice Gross Stein, "Threat Perception in International Relations", in Leonie Huddy, David O. Sears and Jack S. Levy eds., *The Oxford Handbook of Political Psychology* (*2nd edition*), Oxford: Oxford University Press, 2013, pp. 364-394.

④ Vivien A. Schmidt, "Give Peace a Chance: Reconciling Four (Not Three) New Institutionalisms", Paper Prepared for Presentation for the Annual Meetings of the American Political Science Association, Philadelphia, August 31-September 3, 2006.

实际上，话语既然是建构性产物，则具备变化的多种可能。即便大多数叙事的变化可能是缓慢的、长期的，但有些叙事可能会突然地、戏剧性地发生。当前关于大国关系的主流讨论编织了"大国兴衰的现实主义故事"。[①] 悲观的现实主义叙事认为，权力转移不可避免带来冲突甚至战争。[②] 事实上，在大国关系叙事中，存在多元的叙事剧本。大国叙事是否可以变化，取决于实践互动本身的动态进程。

二、制度性话语的惯性

根据话语惯性的自我强加机制，行动者、话语、议题领域和制度之间存在着一个互动螺旋，可以构建出话语−制度螺旋。话语叙事一旦开启就有自我维持的动力，当叙事者具有强烈的能动性时，就可以将叙事制度化，依靠路径依赖的力量让制度化叙事呈现出螺旋上升的态势。换言之，强势制度话语会在螺旋式发展中自我强化，限制新的行动者获取话语的能力，排斥其他叙事。这种惯性可能发生在政治互动的各个领域，尤其是那些传统上由强势利益集团主导的政策领域，很可能会受到话语惯性的影响。但是当出现危机时，制度化叙事就会面临冲击，叙事螺旋式上升面临考验，新思想和批判性话语就会与之竞争。为了维持话语平衡，叙事者会通过将部分新思想纳入叙事螺旋中以放大话语范围。在这里，螺旋内部存在一个类似于制度路径依赖的过程，它在日常时期会限制新的话语进入，但在危机时期则会自动调整，吸纳部分新话语体系，由此话语−制度螺旋经历收缩−扩张的多次循环（参见图3−1）。

与叙事螺旋类似的是，安全化逻辑指出威胁性话语本身也具有自我强化的特点。政治家为了使某个并不突出的话题安全化，就需要调动叙事力量，让威胁性话语传递出紧迫与明显的威胁以引起听众注意。如果某一议

---

① Linus Hagstrom and Karl Gustafsson, "Narrative Power: How Storytelling Shapes East Asian International Politics", *Cambridge Review of International Affairs*, Vol. 32, No. 4, 2019, pp. 387−406.

② David Shambaugh, "U. S. -China Rivalry in Southeast Asia: Power Shift or Competitive Coexistence?" *International Security*, Vol. 42, No. 4, 2018, pp. 85−127; Graham Allison, *Destined for War: Can America and China Escape Thucydides's Trap?* New York: Houghton Mifflin Harcourt, 2017; John J. Mearsheimer, "Can China Rise Peacefully?" *The National Interest*, 2014, https://nationalinterest.org/commentary/can-china-rise-peacefully-10204.

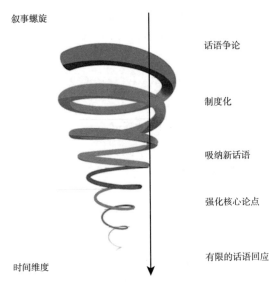

图 3-1　叙事黏性与话语螺旋

资料来源：修改自 Jessica M. Williams, "Discourse Inertia and The Governance of Transboundary Rivers in Asia", *Earth System Governance*, Vol. 3, No. 3, 2020, p. 4。

题的话语惯性正受到挑战，而维持既有叙事方式可能会加剧冲突，那么叙事模式的整体稳定性会降低。因此需要打破这些话语惯性，打开话语体制的螺旋，从而更新治理议程。越来越多的危机可能为变革打开机会之窗，让习以为常的话语成为被讨论的话题。另外，在危机应对中讲故事可以增加危机应对的说服力。危机传播中故事讲述的效果会因危机应对策略选择而发生变化。当叙事者的危机应对行动与危机话语一致时，理性框定是有效的，而两者不一致时情感框定则是有效的。[①] 例如，组织的愿景声明可以作为一种吸引人的故事策略，使组织人性化，帮助其获得信任，并在危机期间减轻责任感。当用讲故事的方式来传达组织危机管理的行动以及解决方案时，公众可能会对危机管理更加感同身受。故事会产生理想的说服效果，讲故事的本质是以精心设计和充满情感的话语形式，试图从危机中转移公众注意力和安抚公众。

① Hyunmin Lee and Mi Rosie Jahng, "The Role of Storytelling in Crisis Communication: A Test of Crisis Severity, Crisis Responsibility and Organizational Trust", *Journalism & Mass Communication Quarterly*, Vol. 97, No. 4, 2020, pp. 981–1002.

三、战略叙事的结构翻转

内外部重大的危机冲击会为决策者提供一个变革主导性叙事的机会窗口。1941 年 12 月 "珍珠港" 事件、2001 年 "9·11" 恐怖袭击事件，都为战略叙事的历史性转变提供了机会窗口。面对这种重大冲击，决策者需要新的叙事来解释当下的变化，以致变革叙事内容成了一种社会期待。这些转折点催生了国家安全的主导性叙事，扩展了政治领导人的叙事空间。主导性叙事的黏性，不仅取决于结构性开放程度与制度基础，而且还取决于这些权威演讲者是否抓住了情境机会并采用了符合社会大众期望的讲故事方式。当然，领导人也可能会误以为政治结构受到高度限制，即使可能会受到好评也会避免翻转叙事，并选择保持现状。由此，错失良机。如果领导人选择保持沉默，没能抓住战略叙事的主动权，竞争者则会尝试填补叙事真空。①

一般而言，主导性叙事发生变异、停滞或退化的情况较为复杂，大致表现为：使用频率稳定或降低、类型稳定或减少甚至消失、形式固化。例如，社会流行语固化与退化主要表现为以下两种方式：第一种，流行语所反映的社会事件、现象、客体等逐渐淡出人们的视野，或者成为生活中司空见惯的事物，不再具有新鲜度；第二种，一种创新的语言表达形式随着使用时间的延长，带给使用者的新鲜感会逐渐降低，它们或进入传统的话语系统，或消失，最终退出流行语群体。叙事竞争的结果是，弱势方加速退化，趋于淘汰；强势方则独占传播权。② 这里存在一个根本性问题：为何有些叙事比其他叙事方式更容易流行。对此，罗纳德·克雷布斯系统地从国家安全角度提出了叙事支配理论（a theory of narrative dominance），并基于此区分战略叙事的变化类型。③

第一，主导性叙事中的约束：修辞强制。尽管大多数战略叙事都面临竞争压力，但只有那些符合主流叙事约束的话语才是可持续的。"9·11"

① Ronald R. Krebs, *Narrative and the Making of US National Security*, Cambridge, UK：Cambridge University Press, 2015, pp. 66-70.

② 王迈：《流行语演进路径中的阻尼退化现象》，《当代修辞学》2015 年第 5 期。

③ 参见 Ronald R. Krebs, *Narrative and the Making of US National Security*, Cambridge, UK：Cambridge University Press, 2015。

事件后反恐战争的主导性叙事为美国发动阿富汗战争与伊拉克战争提供了合法性叙事支撑。在此背景下，国家安全的政策都以其名义被合法化，尽管国内存在不少异议，但很少有人质疑反恐战争本身，最多是争论如何发动战争。[①] 当主导性叙事相对稳定时，就会产生"修辞强制"，那些企图违背主流叙事的做法将承受较大代价，甚至被剥夺发言的机会。当弱者利用主导性叙事压倒强者时，这种修辞强制的效果则最为明显。[②] "9·11"事件后的主导性反恐叙事约束着关于美国入侵伊拉克合法性的争论范围，在强大舆论约束下，美国反对党也难以提出反对战争的论点。

第二，主导性叙事的转换：抓住机会。当主导性叙事的合法性基础不稳定时，新的故事框架更有可能出现。大多数人期待叙事的稳定性，人们对秩序的本质并不关心，只关心秩序的存在。由此渴望回到有秩序的叙事结构之中。[③] 在叙事危机时期，如果演讲者有策略地重构叙事，框定听众的关注度，就可能让边缘叙事成长为主导性叙事，为主导叙事和主流舆论提供新的逻辑。而在叙事秩序过渡阶段，听众也会在多元局面下对新奇的观念持开放态度，这就为叙事转化提供了机会。[④] 当叙事情境不稳定时，则可以将其重新附着在旧的叙事基础上，或者直接建立新的叙事逻辑。[⑤] 这个转变可能是一个漫长的过程，这一时期没有任何一种叙事方式占据主导地位。

第三，竞争性叙事的式微：错失良机。不稳定的叙事情境提供了一个叙事翻转的机会，但竞争者可能并不总是能抓住这个机会。他们可能没有做好替代性叙事的准备，贻误转移公众注意力的时机，或者可能因为误读了叙事

---

① Ronald R. Krebs, *Narrative and the Making of US National Security*, Cambridge, UK: Cambridge University Press, 2015, pp. 42-48.

② Frank Schimmelfenig, "The Community Trap: Liberal Norms, Rhetorical Action, and the Eastern Enlargement of the European Union", *International Organization*, Vol. 55, No. 1, 2001, pp. 47-80; Janice Bially Mattern, *Ordering International Politics: Identity, Crisis, and Representational Force*, New York: Routledge, 2005, pp. 5-7; Ronald R. Krebs and Patrick T. Jackson, "Twisting Tongues and Twisting Arms: The Power of Political Rhetoric", *European Journal of International Relations*, Vol. 13, No. 1, 2007, pp. 35-66.

③ Kenneth Burke, *A Rhetoric of Motives*, Berkeley, CA: University of California Press, 1969, pp. 187-197.

④ Arie W. Kruglanski, *The Psychology of Closed Mindedness*, New York: Psychology Press, 2004, pp. 14-17.

⑤ Yun Lee Too, "Epideictic Genre", in Thomas O. Sloane ed., *Encyclopedia of Rhetoric*, Oxford: Oxford University Press, 2001, p. 252.

情境而采用不恰当的修辞方式。随着时间的推移，政治家们把握叙事时机的技艺可能会有所提高，但学习机会有限。当出现不稳定的叙事情境时，若竞争者沉默不语，或不恰当地表达自己，就会错失推进叙事转化的机会。①

第四，主导性叙事的内部竞争：对立的叙事。在相对稳定的叙事情境中，主导性叙事内部也可能分化裂变。例如，权威叙事者可能会公开反思主导性叙事方式，指出支配性叙事的不足与局限。此外主流内部的辩论与自我修正努力有助于完善主流叙事。例如，在20世纪50年代中期由于冷战叙事的力量不断上升，麦卡锡主义的挑战者寥寥无几，但部分精英的话语引导与舆论反思则缓慢促进这种敌对性叙事的重塑。政治精英对叙事运作的局部调整，实际上可能有助于更好聚焦话语重心，建立一个全面的主导叙事。

小　结

政治叙事的可信度离不开修辞表达技艺的施展，20世纪80年代中期以来的政治修辞的叙事"转向"关注了政治话语的说服力问题。基于亚里士多德修辞三原则，话语分析的叙事转向凸显了说服诱导、认知框定、记忆沉淀三大机制。当然，清晰地分析战略叙事的因果链条并非易事，而且也不存在完美的叙事模式。因价值立场、意识形态、注意力分配与利益重心差异，战略叙事也不一定能引发所有听众的心理共鸣。再者，叙事本身是中性的，叙事后果既可能是积极的也可能是消极的。有些致力于产生积极效果的叙事可能最终事与愿违，产生意想不到的"自我束缚"效应。例如，部分西方国家对西方文明优越性的宣扬，会建构出反叙事的力量。根本上，叙事要通过听众的信念体系发挥作用，因此叙事生成、投射与接受的过程是复杂交织的。政治修辞技艺作为社会建构过程，凸显了政治话语的武器化。在政治互动进程中有效构建叙事剧本，需要把握修辞规律，将说服、框定与记忆三种机制结合起来。

---

① Jacob Torfing, "Discourse Theory: Achievements, Arguments, and Challenges", in David Howarth and Jacob Torfing eds. , *Discourse Theory in European Politics: Identity, Policy, and Governance*, Houndmills, Basingstoke: Palgrave Macmillan, 2005, pp. 1-31.

第四章　政治叙事中的
情感捆绑逻辑

在政治修辞语境中，极端言辞可以诱发听众的情感波动，进而为广泛的政治动员奠定基础。但是极端话语的修辞煽动，可能会产生巨大的政治破坏力，其中最典型的是西方政治涌现的民粹主义思潮。例如，美国政治在特朗普总统执政前后出现了政治话语极端化的显著现象，其中民粹主义话语中的"自我"和"他者"修辞具有很强的欺骗性与操纵性，进一步加深了美国国内政治分裂。尤其是，特朗普深刻塑造了美国的政治情感基调，其愤怒言辞和恐惧诱导给了焦虑的民众强有力的政治刺激。特朗普的情感捆绑策略过分强化情感，有时甚至铤而走险，其充满"愤怒、不满与失落"情感的政治话语某种程度上鼓励了民粹运动。[①] 这种民粹主义话语的叙事投射具有极大争议，强化了极右翼政客对舆论话语的操纵。基于此，分析政治话语的情感变化，有助于揭示政治竞争的话语捆绑机制。

第一节　理解政治叙事的情感基础

情感化叙事会对听众的主观信念产生什么影响？耶鲁大学教授罗伯特·希勒强调，叙事是赋予政治行动以意义的基本认知框定，它们不仅仅

---

① Lucile Eznack, "Crises as Signals of Strength: The Significance of Affect in Close Allies' Relationships", *Security Studies*, Vol. 20, No. 2, 2011, pp. 238-265.

是解释的工具，也是情感实践的一部分。① 叙事的社会建构特性意味着，情感可以被话语激活或抑制。② 早在古希腊时期，亚里士多德就指出情感对政治互动的战略意义，情感表达不仅可以提升政治话语的说服力，而且能够补充物质实力的差距。③ 近现代心理学研究发现，情感不是理性的刹车阀，而是一种必要的政治兴奋剂。④ 由此，为了有效地进行修辞推理，听众需要处于一定情感感染之中，情感可能会促使听众更好理解论点的逻辑。在叙事传递进程中，即便是理性的个体，其在密集的社会互动仪式中，也会产生情感升华与碰撞。这种从双方情感互动中涌现的心理结构，构成一个从正向自信、热情、感觉良好，到中间平淡，再到负向消沉、被动与冷漠的情感光谱。

一、政治话语的情感表达

古希腊时期，理性和情感就被视为人性的两个基本特质。⑤ 但是近代以来，社会科学却相对忽视情感研究，一方面不少研究者认为情感是神秘的或难以捉摸的；另一方面，随着科学知识的增长和对科学主义的依赖，情感被认为是现代化社会的阻碍力量，被置于相对边缘地带。然而将理性与感性分离的做法遭到质疑。越来越多的社会心理学家指出，情感并没有干扰推理，反而为大脑运作提供信息支撑。安东尼奥·达马西奥指出，情感不是非理性的反应，而是知觉和有意识的思考所必需的基础条件。诸如愤怒、恐惧、喜悦之类的基本情感通过神经通路连接大脑和身体，帮助过滤和评估所感知的各种不同信息。⑥ 乔治·马库斯则借鉴了安东尼奥·达

---

① 参见［美］罗伯特·希勒《叙事经济学》，陆殷莉译，中信出版社 2020 年版。

② Jelena Subotić, "Narrative, Ontological Security, and Foreign Policy Change", *Foreign Policy Analysis*, Vol. 12, No. 4, 2016, pp. 616-617.

③ Aristotle, *The Art of Rhetoric*, London: Penguin, 1991, pp. 139-171.

④ 参见 Antonio Damasio, *Descartes' Error: Emotion, Reason and the Human Brain*, London: Vintage, 1994。

⑤ Martha C. Nussbaum, *The Fragility of Goodness: Luck and Ethics in Greek Tragedy and Philosophy*, New York: Cambridge University Press, 1986, p. 6.

⑥ 参见 Antonio R. Damasio, *Descartes' Error: Emotion, Reason and the Human Brain*, London: Vintage, 1994; Antonio R. Damasio, *The Feeling of What Happens: Body, Emotion and the Making of Consciousness*, London: Vintage, 1999。

马西奥的"躯体标记"概念，勾勒出不同的神经系统运作或激发意识推理的叙事方式。[①] 在这个意义上，情感为叙事认知筛选了信息，引导听众将注意力集中在情感所关注的修辞上。话语与情感的关联体现在以下两个方面。

一方面，话语赋予情感以意义和内涵。[②] 话语不仅传递信息，也能表达行为体的信念、价值与期待。[③] 话语和情感并不是两个独立的实体，而是相互渗透，融为一体。可以用水电站大坝的比喻来说明这一过程：河流有强大的潜能，但只有在河流通过大坝后才能利用这种潜能。[④] 情感和话语之间的关系也是类似的。情感本身往往是内在流动的，但当它通过话语来表现时，就会对外部世界产生意义。讲故事是说服人们接受某些信念和态度的有力工具。故事不是在真空中讲述的，而是在特定情境中表演者通过叙事讲述使听众脱离中立的情感状态。那些有说服力的叙事往往会引起听众的情感反应，改变其认知系统[⑤]、情感状态[⑥]以及行为模式[⑦]。随着话语变化，听众能体验到情感的"多重的、流动的和有争议的意义"。[⑧] 例如当故事中偏爱的角色发生好事而讨厌的角色发生坏事时，听众就会自然产生喜悦情感。而当期望的结果事与愿违时，听众就会有失望情感。为了

---

① 参见 George E. Marcus, *The Sentimental Citizen: Emotion in Democratic Politics*, Philadelphia：Pennsylvania State University Press, 2002。

② Neta Crawford, "The Passion of World Politics：Propositions on Emotions and Emotional Relationships", *International Security*, Vol. 24, No. 4, 2000, p. 125.

③ 赵汀阳：《冲突、合作与和谐的博弈哲学》，《世界经济与政治》2007 年第 6 期。

④ Richard Boothby, *Death and Desire: Psychoanalytic Theory and Lacan's Return to Freud*, New York：Routledge, 1991, p. 62.

⑤ Melanie C. Green and Timothy C. Brock, "The Role of Transportation in the Persuasiveness of Public Narratives", *Journal of Personality and Social Psychology*, Vol. 79, No. 5, 2000, pp. 701−721；Deborah A. Prentice, Richard J. Gerrig, and Daniel S. Bailis, "What Readers Bring to the Processing of Fictional Texts", *Psychonomic Bulletin & Review*, Vol. 4, No. 3, 1997, pp. 416−420.

⑥ 参见 Patrick Colm Hogan, *The Mind and Its Stories: Narrative Universals and Human Emotion*, New York：Cambridge University Press, 2003。

⑦ Leslie J. Hinyard and Matthew W. Kreuter, "Using Narrative Communication as a Tool for Behavior Change：A Conceptual, Theoretical, and Empirical Overview", *Health Education & Behavior*, Vol. 34, No. 5, 2007, pp. 777−792；Michael F. Dahlstrom, "The Role of Causality in Information Acceptance in Narratives：An Example from Science Communication", *Communication Research*, Vol. 37, No. 6, 2010, pp. 857−875.

⑧ Lila Abu-Lughod and Catherine A. Lutz, "Introduction：Emotion, Discourse, and the Politics of Everyday Life", in Lila Abu-Lughod and Catherine A. Lutz eds., *Language and the Politics of Emotion*, Cambridge：Cambridge University Press, 1990, p. 11.

增加叙事的说服力，叙事者需要将听众的注意力从现实世界转移到故事世界之中，使其经历心理上的迁移。研究发现，政治人物经常通过情感化话语，使其权威合法化。① 例如，反恐战争在 2001 年 9 月 11 日之后被固化为"常识"。"反恐战争"叙事之所以具有合法性，因为它激发了美国公众的情感共鸣，成为集体情感共识的载体。美国领导人在反恐战争中精心设计情感性叙事来构建"国家利益"。例如，2001 年"9·11"事件发生后，乔治·W. 布什在美国国会联席会议上发表演讲，他坚定地宣誓了其著名的"反恐战争"诺言："我不会忘记我们国家承受的伤害，也不会忘记那些造成伤害的人。反恐是一种正义的需要。"② 通过短暂而富有情感的叙事表达，乔治·W. 布什的政治表演，引发了听众的情感共鸣。

另一方面，情感波动与说服力之间存在因果关联。③ 在说服叙事过程中，那些令人惊讶的情节转折，往往是叙事中最令人印象深刻的部分，也更容易被编码和记忆。④ 叙事的戏剧性转折所唤起的情感变化会深刻影响认知。例如，某系列影片因情节跌宕起伏而闻名，初次观看时观众特别容易被带入情节之中。总而言之，叙事变化可能会激发观众的情感感知，因为情感刺激往往与记忆联系在一起。情感流动可以理解为在接触叙事剧情后的情感转变过程，包括从消极到积极（例如，恐惧到信任），从积极到消极（例如，幸福到悲伤），甚至从一种消极或积极的情感状态转变为类似的另一种状态（例如，恐惧转为愤怒或骄傲转为幸福）。心理学研究指出人们往往会有选择性地接受自己愿意获得的信息，当人们习惯了或喜欢一种故事模式时，就可能会传播这个故事，无论叙事本身是悲剧还是喜剧。⑤ 叙事是事实、情感与记忆细节的混合体，这些细节构成了人们看待

---

① Wesley W. Widmaier, "Emotions before Paradigms: Elite Anxiety and Populist Resentment from the Asian to Subprime Crises", *Millennium: Journal of International Studies*, Vol. 39, No. 1, 2010, p. 131.

② George W. Bush, "Remarks at the National Day of Prayer and Remembrance at the National Cathedral", Washington, D. C., 2001, September 14.

③ Walter R. Fisher, "Narration as Human Communication Paradigm: The Case of Public Moral Argument", *Communication Monographs*, Vol. 51, No. 1, 1984, pp. 1–22.

④ Melanie C. Green and Timothy C. Brock, "In the Mind's Eye: Imagery and Transportation into Narrative Worlds", in Melanie C. Green, Jeffrey J. Strange and Timothy C. Brock eds., *Narrative Impact: Social and Cognitive Foundations*, Mahwah, NJ: Erlbaum, 2002, pp. 315–341.

⑤ Robert J. Shiller, *Narrative Economics: How Stories Go Viral and Drive Major Economic Events*, Princeton and Oxford: Princeton University Press, 2019, p. 64.

问题的初步印象。神经经济学家保罗·扎克（Paul J. Zak）通过实验研究发现，与"平淡"叙事相比，带有"戏剧性弧线"的叙事会增加听众血液中催产素和皮质醇的荷尔蒙水平。[①] 一些叙事会引起恐惧性的情感反应，例如，若新闻媒体铺天盖地将金融危机描述为风险失控、经济崩溃的可怕故事，就会引起社会公众的恐慌。恐慌性的新闻炒作让人们联想起试图逃避燃烧的剧院却又迷失方向的可怕场景。正因如此，当危机急剧上升时，所有政治家都会努力淡化危机的严重性与恐慌记忆，避免公众在恐惧情感驱动下做出非理性决策。当然特定叙事的传播也与听众的过往体验和印象有关，人们如果经历过经济大萧条或听说过这样的故事，那么当再次遇到这样的叙事时就会本能地接受，而不是去反思与质疑叙事的真实性。那些善于煽动大众情感的演讲者，经常会根据人们的经历和记忆来设计其叙事结构，以此引发共鸣。

二、情感类型与修辞效力

叙事具有唤起情感的能力，叙事框定可以建构出国际关系中同情、悲伤、愤怒、骄傲、怜悯和羞耻等情感反应。例如国家间的信任、恐惧与猜疑就是一种自我实现的情感体验，很大程度上影响决策者的主观认知。[②] 如果不承认在全球范围内叙事（包括语言叙述和图片叙事）所产生的同情力量，就不可能解释俄罗斯和中国对"9·11"事件后美国干预阿富汗的反应。[③] 特别是面临重大危机时的情感互动可能会让人印象深刻。例如，当"9·11"事件后，美国总统乔治·W. 布什与俄罗斯总统弗拉基米尔·普京会面时，彼此直视对方眼睛时仿佛"感受到了他的灵魂"。[④] 这

---

① 转引自 Jerome Bruner, "The Narrative Construction of Reality", *Critical Inquiry*, Vol. 18, No. 1, 1991, pp. 1–21。

② 参见 Deborah Welch Larson, "Trust and Missed Opportunities in International Relations", *Political Psychology*, Vol. 18, No. 3, 1997, p. 701；王日华：《中国传统的国家间信任思想及其启示》，《世界经济与政治》2011 年第 3 期。

③ 参见 Todd Hall and Andrew Ross, "Affective Politics After 9/11", *International Organization*, Vol. 69, No. 4, 2015, p. 857；Todd Hall, "Sympathetic States: Explaining the Russian and Chinese Responses to September 11", *Political Science Quarterly*, Vol. 127, No. 3, 2012, p. 371。

④ Todd Hall and Keren Yarhi-Milo, "The Personal Touch: Leaders' Impressions, Costly Signaling, and Assessments of Sincerity in International Affairs", *International Studies Quarterly*, Vol. 56, No. 3, 2012, pp. 560–573.

种面对面外交的现场情感传染，有助于建立可信度感知。[1] 外交叙事者经常利用听众的情感来增强说服力。那么叙事、情感和国际政治究竟是如何联系在一起的？在外交情感与话语说服力之间建立起因果联系的机制是"情感捆绑"机制，它增加了对政治行动呼吁的支持。在捆绑过程中，多个行为者和受众可以感受到自己的情感与他人关联起来了。[2]

　　现代情感研究存在两种主要方法，即"由外而内"研究法与"由内而外"研究法。[3]"由外而内"的方法是基于"外在"看到的东西推断出"内在"大脑发生的情感过程，例如观察被试者的面部表情、手势、语气或其口头报告推测其情感变化，但是这种观察不能对情感产生的过程进行精确描述。而在技术进步的推动下，"由内而外"的方法可以更好地观察和测量大脑活动。[4] 这两种研究方法均认为情感是复杂多样的，在情感家族内部多类别情感既可以联系在一起，也可以分割开来。离散情感理论（Discrete Emotion Theory）基于达尔文的生物进化论，将情感看作离散的相互独立的实体，基于个人对环境的不同评价，可以区分不同情感的差别：愤怒与悲伤、希望、快乐的不同情感会引发身体的不同变化。[5] 因此可以将热情的（enthusiastic）、慵懒的（lethargic）、孤僻的（withdrawn）和合群的（congenial）区分开来。[6] 维度情感理论（Dimensional Emotion

---

① Marcus Holmes, *Face-to-Face Diplomacy: Social Neuroscience and International Relations*, New York: Cambridge University Press, 2018, pp. 5-10.

② Rebecca Adler-Nissen, Katrine Emilie Andersen and Lene Hansen, "Images, Emotions, and International Politics: The Death of Alan Kurdi", *Review of International Studies*, Vol. 46, No. 1, 2020, pp. 75-95.

③ Ted Brader, George E. Marcus and Kristyn L. Miller, "Emotion and Public Opinion", in George C. Edwards III, Lawrence R. Jacobs and Robert Y. Shapiro eds., *Oxford Handbook of American Public Opinion and the Media*, Oxford: Oxford University Press, 2011, pp. 384-401.

④ Ralph Adolphs, Daniel Tranel, Hanna Damasio and Antonio R. Damasio, "Fear and the Human Amygdala", *Journal of Neuroscience*, Vol. 15, No. 9, 1995, pp. 5879-5891.

⑤ Kurt Braddock, *Weaponized Words: The Strategic Role of Persuasion in Violent Radicalization and Counter-Radicalization*, New York: Cambridge University Press, 2020, pp. 84-94.

⑥ James Price Dillard and Kiwon Seo, "Affect and Persuasion", in James Price Dillard and Lijiang Shen eds., *The SAGE Handbook of Persuasion: Developments in Theory and Practice*, Thousand Oaks, CA: Sage, 2013, p. 152; Carroll E. Izard, "Emotion Theory and Research: Highlights, Unanswered Questions, and Emerging Issues", *Annual Review of Psychology*, Vol. 60, 2009, pp. 1-25; James Price Dillard and Robin L. Nabi, "The Persuasive Influence of Emotion in Cancer Prevention and Detection Messages", *Journal of Communication*, Vol. 56, No. S. 1, 2006, S. 123-S. 139.

Theory）认为，可以按前因和后果的同质性将离散情感归类。例如对不确定性的情感描述可以归为一类，诸如信任、平静、不安、惴惴不安、紧张和恐惧等语义术语可以统一起来，以此"标记"不同程度的焦虑。[①] 下面将分别分析影响叙事说服力的主要情感类型（参见表4-1）。

表4-1　离散情感与维度情感

离散情感	愤怒	恐惧	厌恶	内疚	悲伤	嫉妒	幸福	希望	骄傲	其他
维度情感	暴怒、生气、鄙视、仇恨	焦虑、惊吓、不信任	厌烦、反感、恶心	羞耻、后悔	失望、烦恼、悲痛	羡慕	快乐、友爱、热情、满足、同情	紧张	欣慰	惊讶、冷漠、厌倦

资料来源：Kurt Braddock, *Weaponized Words: The Strategic Role of Persuasion in Violent Radicalization and Counter-Radicalization*, New York：Cambridge University Press, 2020, p. 180。

第一，愤怒与恐惧情感。愤怒是一种情感体验，在生理上愤怒会导致血压上升，这些生理反应是出于应对威胁或开展自我防御。[②] 是什么引发了愤怒？当人们受到威胁或发现故意的人为障碍时，愤怒就会出现。[③] 除了威胁和障碍外，外部因素包括他人的故意行为也会引发不公平的愤怒感知。[④] 愤怒可以聚焦行动者的思维焦点，让其更专注地考虑问题，并防止教训再次发生。尽管在某些情况下愤怒会导致破坏性行为，但它也能产生积极的结果。[⑤] 部分研究表明愤怒与说服有某种联系，即"愤怒呼吁"

[①] 参见 Edmund T. Rolls, *Emotion Explained*, New York：Oxford University Press, 2005。

[②] 参见 Richard S. Lazarus and Bernice N. Lazarus, *Passion and Reason: Making Sense of Our Emotions*, Oxford, UK：Oxford University Press, 1994；Christa Reiser, *Reflections on Anger: Women and Men in a Changing Society*, Westport, CT：Praeger, 1999。

[③] 从维度整合角度理解，愤怒和恐惧经常同时出现。此外，恐惧也是对威胁的一种反应，悲伤也是得不到奖励时的一种反应。

[④] Jon A. Krosnick and Kathleen M. Mcgraw, "Psychological Political Science Versus Political Psychology True to Its Name: A Plea for Balance", in Kristen Renwick Monroe eds., *Political Psychology*, Hillsdale, NJ：Lawrence Erlbaum, 2002, pp. 79-94.

[⑤] Gerald L. Clore et al., "Where Does Anger Dwell?" in Robert S. Wyer, Jr. and Thomas K. Srull eds., *Perspectives on Anger and Emotion*, Hillsdale, NJ：Lawrence Erlbaum, 1993, pp. 57-87.

（旨在引起受众愤怒的劝说性信息），能够唤起听众的认同感。① 当然，当愤怒超过了控制边界，则会破坏说服力。恐惧修辞则意味着如果某人不遵守建议，其利益就会受到威胁。恐惧修辞通常会警告目标受众可能遭受的伤害，从而使他们避免可能增加伤害风险的行为，或者主动选择那些降低伤害风险的行为。② 更简单而言，恐惧修辞应该引起听众的损失预期，有效的恐惧修辞应突出伤害的脆弱性与严重性。在政治叙事中，恐惧性话语只有激发出听众的情感记忆才会"奏效"。③ 例如，冷战后西方国家构建了俄罗斯是一个可怕军事大国的印象，这种"可怕的俄罗斯"印象与西方社会对苏联的恐惧记忆联系在一起。那些患有"恐俄症"者，就会对俄罗斯采取一种负面态度，也容易把涉及俄罗斯的国际问题归因于俄罗斯的挑衅。④研究和实践表明恐惧修辞是诱导目标听众改变行为的强有力工具之一。⑤

第二，厌恶与悲伤情感。尽管厌恶与愤怒、蔑视和仇恨的感觉很接近，但厌恶反应是一种独特的神经和生理过程，这种过程是为避免伤害和驱逐他者而演化出来的。当人们闻到腐烂或被污染的食物时，或者看到蟑螂或蛆虫时，就会下意识皱起鼻子，卷起上唇，甚至感到恶心。厌恶感促使个体远离有害或不洁的刺激，在道德领域表现为一种对不公正、不道德、不人性言行的反抗。在这种方式下，厌恶与恐惧相似，它能够影响个人的威胁感知，激励个人采取行动避免恶心结果。当然这两种情感也可以区分开来理解。首先，就生理效应而言，恐惧会导致心率和体温上升；而厌恶则会使这些测量值降低。⑥ 其次，恐惧与个体身心伤害的风险感知有

①　Kim Witte，"Fear Control and Danger Control: A Test of the Extended Parallel Process Model (EPPM)"，*Communication Monographs*，Vol. 61，No. 2，1994，pp. 113-134.

②　Howard Leventhal and Jean C. Watts，"Sources of Resistance to Fear-Arousing Communications on Smoking and Lung Cancer"，*Journal of Personality*，Vol. 34，1966，pp. 155-175.

③　Kenneth L. Higbee，"Fifteen Years of Fear Arousal: Research on Threat Appeals 1953-1968"，*Psychological Bulletin*，Vol. 72，No. 6，1969，pp. 426-444.

④　Valentina Feklyunina，"Constructing Russophobia"，in Raymond Taras ed.，*Russia's Identity in International Relations: Images*，*Perceptions*，*Misperceptions*，London: Routledge，2013，pp. 91-109.

⑤　Gyalt-Jorn Ygram Peters，Robert A. C. Ruiter and Gerjo Kok，"Threatening Communication: A Critical Re-Analysis and a Revised Meta-Analytic Test of Fear Appeal Theory"，*Health Psychology Review*，Vol. 7，No. 1，2013，S. 8-S. 31.

⑥　Paul Ekman，Robert W. Levenson and Wallace V. Friesen，"Automatic Nervous System Activity Distinguishes among Emotions"，*Science*，Vol. 221，No. 4616，1983，pp. 1208-1210.

关，话语表达为"不敢"；而厌恶主要与个体风险感知有关，话语表达为"不喜欢"。悲伤是一种因失去重要利益或未能实现重要目标而产生的消极情感。叙事文献主要关注信息引发的恐惧和愤怒之类的负面情感，但对悲伤的劝说作用关注不足。悲伤修辞通过描述悲伤遭遇劝说听众为受难者采取补救行为。①例如，人类遭遇重大灾害的悲伤画面在世界传播，就能够唤起世界各地民众的同理心，这种画面也就具有很强的说服力。②在有些情况下，悲伤是一种激励情感；但有些情况下悲伤会促进不作为，甚至导致反社会行为。

第三，幸福与希望情感。幸福是实现有价值目标的积极情感反应。③当人们遇到熟悉的事物、实现久违的目标以及告别长期的负面情感时，都能感受到幸福与满足。④由于幸福感体验与对未来的积极期望有关，它可以产生自信和开放的感觉，并促进对他人的信任感，这本身就可以诱发分享行为。关于幸福修辞的说服力研究表明，快乐的情感会简化信息处理，让被说服者更少关注信息细节。⑤还有观点认为，幽默引发的幸福感是有说服力的，因为它有效地分散了听众对负面情感的注意力。概言之，感受幸福的听众会更容易被说服，也更容易相信他人。⑥与之相关，希望的情感是对未来目标实现的乐观预估，但这种预估是不确定的。希望是一种高唤醒情感，能提高修辞说服力。当一个人感到有希望时，他往往会呈现出开放的心态，高度关注未来期望的结果。由此，希望也能激励听众相信修

---

① Hyo J. Kim and Glen T. Cameron, "Emotions Matter in Crisis: The Role in Anger and Sadness in the Publics' Response to Crisis News Framing and Corporate Crisis Response", *Communication Research*, Vol. 38, No. 6, 2011, pp. 826–855; Josef Nerb and Hans Spada, "Evaluation of Environmental Problems: A Coherence Model of Cognition and Emotion", *Cognition and Emotion*, Vol. 15, No. 4, 2011, pp. 521–551.

② Hang Lu, "The Effects of Emotional Appeals and Gain Versus Loss Framing in Communicating Sea Star Wasting Disease", *Science Communication*, Vol. 38, No. 2, 2016, pp. 143–169.

③ Carroll E. Izard, *Differential Emotions Theory*, New York: Springer, 1977, pp. 43–66.

④ 参见 Silvan S. Tomkins, *Affect, Imagery, Consciousness*, New York: Springer, 1962。

⑤ Alice M. Isen, "Positive Affect and Decision Making", in Michael Lewis and Jeanette M. Haviland eds., *Handbook of Emotions*, New York: Guilford Press, 1993, pp. 261–277; Diane M. Mackie and Leila T. Worth, "Feeling Good, but Not Thinking Straight: The Impact of Positive Mood on Persuasion", in Joseph P. Forgas ed., *Emotion & Social Judgments*, New York: Pergamon Press, 1991, pp. 201–220.

⑥ Dorothy Markiewicz, "Effects of Humor on Persuasion", *Sociometry*, Vol. 37, No. 3, 1974, pp. 407–422; Brian Sternthal and C. Samuel Craig, "Humor in Advertising", *Journal of Marketing*, Vol. 37, No. 4, 1973, pp. 12–18.

辞者的言辞，把握当下的机会，触发实现将来目标的积极性。换言之，叙事者可以利用希望期待，创造一种实现目标的机会感，增加对听众的说服力。

此外，骄傲也是一种积极情感，通过评估实现目标的付出与收获而产生的自我认可。[①] 研究表明，骄傲感的增强可以扩大个人对其努力的认可，从而推动其在未来追求更多的成就。在说服力上，煽动听众的骄傲记忆或群体自豪感，会让人产生"沐浴在想象的荣耀中"的感觉，能够提高说服效力。[②]有研究认为，骄傲者会主动与群体规范保持一致，注意在群体成员中保持自尊。[③] 骄傲叙事的激励作用也可以促使合作与团结。

当然，除了上述讨论的几种情感，还有其他情感也会影响修辞说服力，这些情感通常被认为是上述几类情感的变体，会引起类似的反应。基于心理学的长期研究，情感与话语说服力关联已经得到较充分验证。

第二节　国际话语互动中的情感修辞

情感是理解国际行为不可或缺的重要元素。在国际关系中，情感影响着决策者解读信息的方式。关于国际政治的情感研究指出，情感冲击"逻辑论证"，是很多政客说服并动员听众的惯用手段。政治叙事被情感修辞所"构建"与"阐释"。围绕焦点事件产生的情感修辞可以激发愤怒、悲伤、焦虑与恐惧等消极情感或快乐、期待、安全与满足等积极情感，进而塑造叙事者的社会认知。整体而言，政治叙事的情感特点体现在：一方面，情感是关系性的，不是个体属性而是一种社会共鸣；另一方

---

① Elyria Kemp, Pamela A. Kennett-Hensel and Jeremy Kees, "Pulling on the Heartstrings: Examining the Effects of Emotions and Gender in Persuasion Appeals", *Journal of Advertising*, Vol. 42, No. 1, 2013, pp. 69–79.

② Robert B. Cialdini et al., "Basking in Reflected Glory: Three (Football) Field Studies", *Journal of Personality and Social Psychology*, Vol. 34, No. 3, 1976, pp. 366–375.

③ Henri Tajfel and John Turner, "An Integrative Theory of Intergroup Conflict", in Michael A. Hogg and Dominic Abrams eds., *Intergroup Relations*, Philadelphia, PA: Psychology Press, 2001, pp. 71–90.

面，叙事具有唤起情感的特殊能力，政治家会利用情感修辞达到政治目的。恐惧叙事与敌意叙事将负面情感投射到他人身上，来维持排他性的自我认同。

一、政治叙事的情感特点

叙事框定能够进行修辞关联。话语赋予外交政策行为以意义。托马斯·霍利汉认为修辞关联可以激活和传播国家形象，展示外交政策的剧本。[①] 作为话语工具，修辞构建的叙事界定着身份边界与利益偏好。这些叙事"网络"在促进某些行动的同时限制了其他行动的合法性。[②] 在政治叙事中，修辞者往往基于自身立场设定故事情节，呈现出"自我"和"他者"对立的情感绑定。政治修辞所带来的情感转移会让听众对积极结果充满希望，而对消极结果产生恐惧。在一个民粹主义与民族主义情感高涨的时代，美国总统唐纳德·特朗普几乎主导了美国的政治情感基调，其愤怒言辞和恐惧诱导给了焦虑的民众强有力的政治刺激。特朗普总统在处理内外政治问题时，特别习惯将情感修辞作为达成政治目的的武器，使听众脑海中形成一幅幅生动图像，使其不自觉陷入情感捆绑。[③]

首先，情感是关系性的，不是一个人拥有的私有属性，而是一种社会互动的集体共鸣。当代修辞学基本延续了亚里士多德的情感假设，即特定情感会导致特定修辞效果。[④] 比如，"共产主义癌症"的修辞隐喻会在听众中引起一种恐惧情感，由此导致的头脑发热和非理性行为会产生情感性

① Thomas A. Hollihan, "The Public Controversy over the Panama Canal Treaties: An Analysis of American Foreign Policy Rhetoric", *Western Journal of Speech Communication*, Vol. 50, No. 4, 1986, pp. 368-386.

② Jelena Subotić, "Narrative, Ontological Security, and Foreign Policy Change", *Foreign Policy Analysis*, Vol. 12, No. 4, 2016, p. 612; Molly Patterson and Kristen Monroe, "Narrative in Political Science", *Annual Review of Political Science*, Vol. 1, 1998, p. 316.

③ Robert J. Shiller, *Narrative Economics: How Stories Go Viral and Drive Major Economic Events*, Princeton and Oxford: Princeton University Press, 2019, p. 26.

④ Celeste M. Condit, "Pathos in Criticism: Edwin Black's Communism-As-Cancer Metaphor", *Quarterly Journal of Speech*, Vol. 99, No. 1, 2013, pp. 1-26.

动员的后果。① 乔纳森·默瑟指出，情感可以成为信任的基础。② 要建立信任，跨越伤害和分歧的界限，同理心是关键。"同理心"是指站在他人的角度看世界，可以为行为者之间培育信任打下坚实基础。③ 米歇尔·默里将安全困境视为国家追求承认的斗争，是一种事关行为体自信、自尊与自重的情感承认困境。④ 庄嘉颖和郝拓德也发现，区域性的持久竞争会造成决策者心理上的反复紧张，上一个紧张事件可能会导入下一个互动进程中，反复性危机中的心理效应和国内政治动态作用于领导人和公众两个层次，刺激他们在紧张气氛中孤注一掷。决策背景的不确定性，将增加不信任与冲突螺旋的恶性升级。⑤ 这意味着敌意情感会成为后续事件发生的背景因素，不信任氛围在情感波动中将得以扩散。特蕾莎·布伦南的《情感的传递》、莎拉·艾哈迈德的《情感的文化政治》、帕特里夏·蒂西尼托·克劳夫的《情感转向》，以及丹尼斯·赖利的《非个人的激情》这四本著作都突出了情感主体性问题。⑥

其次，国际政治心理学研究认为，叙事具有唤起情感的特殊能力。法国修辞学家菲利普·约瑟夫·萨拉扎在专著《语言就是武器："伊斯兰国"内部的恐怖言论》一书中指出，"伊斯兰国"的修辞形式，比如公开发布斩首视频，不仅仅是为了激起恐惧，实际上也是一种祭祀仪式，把受害者描述成了哈里发的敌人。⑦ 《毒舌的演讲：美国政治话语中的左右问

① Michael William Pfau, "Whose Afraid of Fear Appeals? Contingency, Courage, and Deliberation in Rhetorical Theory and Practice", *Philosophy and Rhetoric*, Vol. 40, No. 2, 2007, p. 21-37.

② Jonathan Mercer, "Emotional Belief", *International Organization*, Vol. 64, No. 1, 2010, p. 6; Jonathan Mercer, "Human Nature and the First Image: Emotion in International Politics", *Journal of International Relations and Development*, Vol. 9, No. 3, 2016, pp. 288-303.

③ Gi-Wook Shin, "Divided Memories and Historical Reconciliation in East Asia", in Mikyoung Kim ed., *Routledge Handbook of Memory and Reconciliation in East Asia*, New York: Routledge, 2016, p. 403.

④ Michelle Murray, *Struggle for Recognition in International Politics: Security, Identity and the Quest for Power*, Chicago University, Ph. D. Dissertation, 2008, p. 17.

⑤ ［新加坡］庄嘉颖、［英］郝拓德：《反复性紧张局势的后果研究：以东亚双边争端为例》，万鹿敏、鲍磊翔译，《世界经济与政治》2014 年第 9 期。

⑥ 参见 Teresa Brennan, *The Transmission of Affect*, Ithaca, NY: Cornell University Press, 2004; Sarah Ahmed, *The Cultural Politics of Emotion*, New York: Routledge, 2004; Patricia Ticineto Clough ed., *The Affective Turn: Theorizing the Social*, Durham, NC: Duke University Press, 2007; Denise Riley, *Impersonal Passion: Language as Affect*, Durham, NC: Duke University Press, 2005。

⑦ Philippe-Joseph Salazar, *Words Are Weapons: Inside ISIS's Rhetoric of Terror*, New Haven, CT: Yale University Press, 2017, pp. 4-10.

题》一书也对负面政治话语进行了分析，特别是政治竞争中的反智的、简单化的、充满感情色彩的谩骂与恐惧话语。① 例如，本·拉登和小布什都强调对方破坏了人类世界的基本规范，并按照他们各自的"剧本"相互指责。然而本·拉登不仅批评了西方，还批评了其他（伊斯兰教）国家，以致他的愤怒情感引发西方与伊斯兰世界的双重反击。小布什的强硬言辞也强化了与本·拉登的"文明冲突"，随着将"9·11"事件的悲伤转化为愤怒，公众的愤怒情感也被调动起来。② 斯科特·波恩在《大规模欺骗：道德恐慌与美国对伊拉克战争》一书中强调，小布什政府虚构了伊拉克拥有大规模杀伤性武器（WMD）与"9·11"事件的因果联系，通过欺骗民众制造恐慌达到政治目的，而美国新闻媒体通过宣传小布什政府的虚假和欺骗性言论，进一步助长了恐慌，由此由政府修辞所传递的恐惧情感促进了战争合法化。③

最后，国际关系中最经典的情感叙事分析是对恐惧叙事的关注。在愤怒情感驱使下，修辞呈现出"戏剧化的模板"，这种模板强调：①他者对我们造成严重伤害，违反了我们的社会规范；②所以我们必须攻击。④ 在《伯罗奔尼撒战争史》中，为了说服米洛斯岛及其他岛屿追随雅典，雅典演讲者在劝说中暗示，如果米洛斯的居民选择拒绝合作，后果可能是灾难性的。⑤ 修昔底德的历史叙述指出，雅典的人数超过了米洛斯岛上的居民，雅典军事处于强势地位，因此谈话之中隐含着威胁与警告。在这样微妙的情境中，强大的雅典人希望激发小岛居民的恐惧想象，最终选择参加雅典联盟。在这里，威胁作为恐惧呼吁发挥了说服作用。⑥ 威胁的话语形式是："如果 Y 不做 X，则就会面临 M 的惩罚性结果。"例如，冷战时美

① 参见 Clarke Rountree ed., *Venomous Speech: Problems with American Political Discourse on the Right and Left*, Santa Barbara, CA：Praeger, 2013。

② Teun A. Van Dijk, "Politics, Ideology, and Discourse", in Brown Keith ed., *Encyclopedia of Language and Linguistics*, UK：Elsevier, 2006, p. 359.

③ Scott A. Bonn, *Mass Deception: Moral Panic and the US War on Iraq*, New Brunswick, NJ：Rutgers University Press, 2010, p. 100.

④ Celeste Michelle Condit, *Angry Public Rhetorics: Global Relations and Emotion in the Wake of 9/11*, Ann Arbor：University of Michigan Press, 2018, p. 89.

⑤ Bernard F. Huppe and Jack Kaminsky, *Logic and Language*, New York：Alfred A. Knopf, 1957, pp. 199-200.

⑥ Francois Recanati, *Meaning and Force: The Pragmatics of Performative Utterances*, New York：Cambridge University Press, 1987, p. 68.

国卡特总统曾大声呼吁："如果我们不向尼加拉瓜运输武器，共产主义很快就会出现在我们的边界！"[①] "如果我们不出兵越南，共产党很快就会渗透东南亚！"[②] 当然威胁性话语要发挥说服效用先需要具备可信度。可信度是威胁话语与说服对方之间的中介变量。为了使威胁可信，修辞须满足三个基本要求：其一，听众必须认为威胁者"有能力采取惩罚"行为；其二，听众能从叙事中推断威胁者有意愿采取惩罚行为；[③] 其三，威胁者可以持续地监视被威胁者的行为，如果没有监视则难以立即采取惩罚行为。[④]

二、敌意叙事的情感动员

敌意是被建构和叙述的，敌意叙事的建构并不取决于敌人的行动，而是与叙事者的修辞动员能力直接相关。[⑤] 敌意叙事通过标示自我和他人之间的对比，或者将憎恨或遗憾情感投射到他人，来维持自我认同。敌意可以培育和维持一个群体或政体内部的凝聚力，对敌人的叙事可以成为强化内部凝聚力的一种手段。对领导者来说，培养对"他者"的敌意可以巩固其合法性支持，为对抗性决策提供理由。它还可能会转移人们对行动后果的注意力，而这些行动或后果是叙事者希望被公众关注的。这种话语"烟雾弹"可以起到两种作用：一是可以制造一个敌人来转移人们对内部问题的注意力，例如虚构威胁与英雄叙事，可以转移人们对国内政治困境的注意力；二是可以通过污名化一个"替罪羊"来避免应对真实问题。政治家树立权威时往往确实需要一个假想敌人，最好将敌意形象附着在一个实际上威胁较小的对象身上。例如在 2001 年前后，当时美国政府已经

① 转引自 John F. Tanner, Ellen Day and Melvin R. Crask, "Protection Motivation Theory: An Extension of Fear Appeals in Communication Theory", *Journal of Business Research*, Vol. 19, No. 4, 1989, p. 269。

② Douglas Walton, *Scare Tactics: Arguments That Appeal to Fear and Threats*, London: Springer Science, 2000, p. 14.

③ Bernard Seidenberg and Alvin Snadowsky, *Social Psychology: An Introduction*, New York: Collier Macmillan Publishers, 1976, p. 350.

④ Douglas Walton, *Scare Tactics: Arguments That Appeal to Fear and Threats*, London: Springer Science, 2000, p. 149.

⑤ David J. Finlay, Ole R. Holsti and Richard R. Fagen, *Enemies in Politics*, Chicago: Rand McNally, 1967, p. 7.

感到受到"基地"组织的威胁，部分情报显示该组织的运作资金主要来自沙特阿拉伯。[①] 美国政府不愿意把沙特阿拉伯作为敌人，而把敌意的叙事转移到没有实质性威胁的伊拉克身上，这便是一种修辞转移策略。相互激进的话语过程也是一个情感化的叙事过程，其特征是双方采取情感化描述唤起听众对另一方的负面感情。著名修辞学家肯尼斯·伯克曾在《言语之战》一书中指出，诸如恐惧、怨恨和仇外心理等是情感政治动员的修辞工具，一个演讲者所需要做的就是使用音调来确认"敌意"，以激起潜在的振奋效果。[②]

针对恐怖分子信息传递的研究表明，恐怖分子主要试图唤起四种情感，即恐惧、愤怒、内疚和骄傲，并利用这四种情感说服受众。为了扩大社会影响力，恐怖分子往往希望有很多人观看。恐怖分子传播的一个基本目标是向尽可能多的人宣传和传播恐惧，以促进政治目标的实现。与恐惧不同的是，愤怒有一种强烈的行为倾向，这种行为倾向会促使个体针对愤怒的根源采取攻击性的行为。恐怖组织利用这一行动趋势，传递有说服力的信息，意在激起愤怒，从而激发受众谴责镇压恐怖分子的行动。这是恐怖组织常用的宣传策略，它们经常将自己描述成受害方。为了激起愤怒，会告诉受众敌人所犯下的暴行，这可以将愤怒转化为对自己的支持。[③] 此外，恐怖组织经常试图将受众的行为定性为道德上的失败，在听众中引起罪恶感。如果恐怖组织成功地让受众相信自己没有履行道德义务，就可以激励受众采取行动。恐怖主义宣传中原罪的宣言比比皆是，这种呼吁都把维护恐怖分子的意识形态作为受众义不容辞的责任。当然，恐怖组织也常常通过宣传来激发积极的情感。通过宣传培养自豪感，恐怖组织可以一方面先向受众传达它们仍然坚定地推动其意识形态，展示了持续的决心；另一方面自豪感的叙事表达显示出该组织拥有持续壮大的力量。很多招募恐怖分子的宣传片都对勇敢战斗进行称赞，让受众为"圣战"者的成就感到骄傲。

---

① 参见 David Farber, *What They Think of Us: International Perceptions of the United States since 9/11*, Princeton: Princeton University Press, 2007; Adam D. M. Svendsen, *Intelligence Cooperation and the War on Terror Anglo-American Security Relations after 9/11*, New York: Routledge, 2009。

② Kenneth Burke, *The War of Words*, University of California Press, 2018, p.125.

③ Andrew Silke, "Becoming a Terrorist", in Andrew Silke ed., *Terrorists, Victims, and Society: Psychological Perspectives on Terrorism and Its Consequences*, Chichester: Wiley & Sons, 2003, pp.29-54.

第三节 政治叙事的情感捆绑机制

在政治争端中，利益攸关方的外交修辞通过重新框定问题焦点和塑造对立面，象征性地延长了冲突中的敌意和情感波动。讲故事是唐纳德·特朗普的常用武器之一。他的叙事风格不是奥巴马式的，充满了温暖和华丽辞藻，而是简洁的、粗暴的，甚至是极端的。[1] 特朗普以轻快、冲动的风格所讲述的故事，为其政治活动注入了活力。据美国前国家安全顾问史蒂夫·班农（Steve Bannon）回忆，特朗普是一个"情感化的人"。[2] 特朗普是人类历史上最受关注的政客之一，他善于情感捆绑，记者和选民无法将目光从他身上移开，因为他的言论很容易激发强烈的情感反应。[3] 特朗普以一种清晰、粗暴的方式，讲述他的传奇经历以及如何让别人的生活变得更好的故事。在动荡的时代，感性逻辑很容易超越理性逻辑，特朗普抓住了情感政治的关键，而其对手希拉里则输给了雪崩式的不信任情感。耶琳娜·苏波蒂奇指出，在全球危机和多重国家安全威胁面前，情感叙事可以选择性地激活选民记忆，通过提供熟悉感和信任感来维护本性安全感。[4]

一、叙事的情感捆绑内涵

情感是推理过程的内在本质。随着事件进展，叙事可能会使听众在希望和恐惧之间摇摆，这或多或少地使听众产生情感波动。例如部分研究指

---

① John M. Murphy, "Barack Obama and Rhetorical History", *Quarterly Journal of Speech*, Vol. 101, No. 1, 2015, pp. 213-224.

② 转引自 Michael Wolff, *Fire and Fury: Inside the Trump White House*, New York: Henry Holt and Co., 2018, p. 181。

③ Alyson Cole and George Shulman, "Donald Trump, the TV Show: Michael Rogin Redux", *Theory and Event*, Vol. 21, No. 2, 2018, p. 350; John Street, "What Is Donald Trump? Forms of 'Celebrity' in Celebrity Politics", *Political Studies Review*, Vol. 17, No. 1, 2018, pp. 1-11.

④ Jelena Subotić, "Narrative, Ontological Security, and Foreign Policy Change", *Foreign Policy Analysis*, Vol. 12, No. 4, 2016, pp. 610-627.

出，传递恐惧情感似乎能增加叙事的说服力。[1] 恐惧修辞是"一种有说服力的信息，试图通过描绘重大威胁来唤起恐惧情感，然后提出可行性建议来阻止这种威胁"。亚里士多德将恐惧呼吁描述为一种基本的修辞策略。[2] 恐惧性话语在修辞强制与政治说服中比比皆是。例如，宗教辩论很大程度上依赖于对魔鬼和地狱酷刑的恐惧描述；政客警告如果对手胜选将造成灾难性的后果，从而引起选民恐惧。因此，当人们谈到股市"崩溃"时，大多数人都想起了金融危机的灾难性崩溃及其各种叙事版本。语言学家乔治·拉科夫和马克·约翰逊认为，煽动性的情感修辞"可靠地激活"了人脑图像区域，修辞不仅丰富了表达方式，而且也塑造人们的思维过程与最终结论。[3]

"情感捆绑"（Emotional Bundling）是使不同情感在话语中耦合，将个人情感与更大的集体社会情感联系在一起的能力。通过情感捆绑，政治领袖表达了他们对全民共同感受的体验。丽贝卡·阿德勒-尼森等人强调，情感是在话语中表达出来的，而不只是个人或群体内部的心理反应。这种方法建立起了叙事-情感-行动三者的逻辑链条。[4] 情感化的叙事不仅记录事实，而且通过展示话语或图像来唤起人们的情感，好比是对现实拍下的不同色调的照片。[5] 例如，2015 年 9 月一张溺亡的叙利亚库尔德族三岁男孩艾伦·库尔迪（Alan Kurdi）的照片成为全球媒体的头条，这种形象瞬间成为叙利亚难民危机的全球象征，世界各国领导人也纷纷表达其悲痛情感与避免悲剧的决心，诸如"遗憾""震惊""悲伤"等话语传递政

① John W. Blyth, *A Modern Introduction to Logic*, Boston：Houghton Mifflin Company, 1957, p. 8.

② 参见 Aristotle, *The Art of Rhetoric*, Hugh Lawson-Tancred trans. , New York：Penguin, 1991。

③ 参见 George Lakoff and Mark Johnson, *Metaphors We Live By*, Chicago：University of Chicago Press, 1980。

④ Rebecca Adler-Nissen, Katrine Emilie Andersen and Lene Hansen, "Images, Emotions, and International Politics：The Death of Alan Kurdi", *Review of International Studies*, Vol. 46, No. 1, 2020, p. 79；Rebecca Adler-Nissen and Alexei Tsinovoi, "International Misrecognition：The Politics of Humour and National Identity in Israel's Public Diplomacy", *European Journal of International Relations*, Vol. 25, No. 1, 2019, pp. 3-29.

⑤ Robert Hariman and John L. Lucaites, *No Caption Needed：Iconic Photographs*, *Public Culture*, *and Liberal Democracy*, Chicago：University of Chicago Press, 2007, p. 175.

治情感倾向。① 为了最大限度地利用修辞工具，政治家往往会故意引发情感想象，动员并最终说服听众。"情感捆绑"需要动员独特的修辞部署，试图唤起公众的共同情感，把国家团结在一个共同的事业中。② 在情感化话语动员中，贴标签（Labeling）是最常见的策略，标签将人、国家、群体等划分为不同类别，将对方归类为情感上的"他者"（参见图4-1）。③

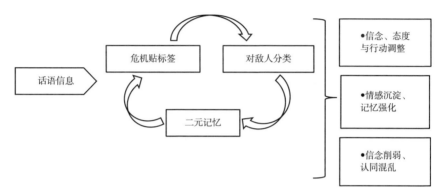

图4-1　话语叙事中的情感捆绑机制

资料来源：修改自 Robin L. Nabi and Melanie C. Green, "The Role of a Narrative's Emotional Flow in Promoting Persuasive Outcomes", *Media Psychology*, Vol. 18, No. 2, 2015, p. 145。

二、情感捆绑的实施策略

在美国政治中情感捆绑往往与政治选举密切相关，相互对立与极化的选民团体很容易被情感叙事所操控，例如唐纳德·特朗普是一位情感表演老手，在他短暂的四年任期中，发表了大量关于政治、道德与价值的情感

① Roland Bleiker and Emma Hutchison, "Methods and Methodologies for the Study of Emotions in World Politics", in Maéva Clément and Eric Sangar eds., *Researching Emotions in International Relations: Methodological Perspectives on the Emotional Turn*, London：Palgrave Macmillan, 2018, pp. 325-342.

② 参见 John Wilson, *Talking with the President: The Pragmatics of Presidential Language*, New York：Oxford University Press, 2015。

③ Raith Zeher Abid and Shakila Abdul Manan, "Constructing the 'Self' and the 'Other' in Bush's Political Discourse before and after the Iraq War（2002-2008）", *Journal of Language and Politics*, Vol. 15, No. 6, 2016, pp. 710-726.

言论，引发了前所未有的争议，几乎撕裂了美国社会。一半美国人为其疯狂；而另一半美国人则鄙视他。甚至特朗普越是离谱，越是吐露心声，他对民粹主义选民的吸引力就越大。不论如何，他在情感层面操纵了大众的政治注意力。特朗普塑造了大多数美国人的政治感受。他戏剧性地改变了美国政治话语的规范，在修辞上构建了一个连贯的外交政策学说。实验心理学研究认为，叙事可以通过"运输"（transportation）机制影响信念。当故事通过唤起情感，从而使听众融入叙事中时，那么叙事就会改变其信念。一旦这种信念根深蒂固，叙事话语就会使某些行为获得合法性，而另一些则被视为非法。特朗普讲了很多故事，尽管这些故事实际上可能是错误的，在道德上也令人反感，但仍然引起了许多选民的共鸣。从学理上看，国际政治中常见的情感捆绑的策略主要有以下三种。

其一，给危机贴标签。历史上到处都有政府宣传和夸大潜在对手威胁的事例。在海湾战争期间，美国总统老布什宣称，联合国制裁和驱逐伊拉克的决定在世界各国都需严格遵守，号召"全世界都参与谴责［伊拉克］的行动"。时任北约秘书长曼弗雷德·沃纳（Manfred Woerner）也认为，西方需要"表现出斗争决心，明确反对萨达姆的非法行动"。① 萨达姆的行为是"邪恶的"，其对科威特的入侵是可怕的与残暴的。加拿大总理布赖恩·穆罗尼则称，萨达姆是"一个流氓领导人，他试图吞并主权邻国，并认为自己可以逍遥法外"。② 部分中东国家也认为伊拉克的入侵"是对各地和平与安全的威胁，是对法治的严重破坏，破坏了现代文明的基础"。③

其二，对敌人进行分类。在美国进行海湾战争与索马里军事干涉的话语中，科威特被认为是一个民主国家，被一个无情的侵略者所征服，而索马里则是一个神秘的、不文明的、不成熟的部落文明。这种刻板印象形成了一种简化的叙事分类。约翰·巴特勒在《索马里与帝国野蛮人：战争

---

① "Remarks and an Exchange with Reporters Following a Meeting with Prime Minister Margaret Thatcher of the United Kingdom and Secretary General Manfred Woerner of the North Atlantic Treaty Organization", Washington: USGPO, 1990, p. 1106.

② "Remarks and a Question-and-Answer Session with Reporters in Kennebunkport, Maine, Following a Meeting with Prime Minister Brian Mulroney of Canada", Public Papers, Washington: USGPO, 1990, pp. 1166–1172.

③ "Remarks and a Question-and-Answer Session with Reporters Following Discussions with President Mohammed Hosni Mubarak in Cairo, Egypt", Public Papers, Washington: USGPO 1990, p. 1676.

修辞的连续性》一文中指出，在对索马里发起军事干涉前，克林顿总统的言辞将其塑造为帝国野蛮人，即一个原始的"他者"，在与现代美国形象对比下成为野蛮落后的对手。[①] 与之类似，在西班牙－美洲战争前，西班牙将自己视为"现代"化身，而原住民则是野蛮人形象。1898 年美国在美西战争中取胜，美国称自己是"被上帝选中的国家"，是"世界上最强大的拯救力量"，其有责任改变与恢复野蛮文明的秩序。

其三，将身份认同嵌入二元化记忆中。历史叙事者也常常策略性地使用"自我与他者"的叙事框定来塑造行动合法性，提升危机说服力。新西兰奥塔哥大学和平与冲突研究教授凯文·克莱门茨分析了东亚国家内部及其之间复杂的身份问题的相互作用，探讨过去一个世纪以来不信任、羞辱、道歉和创伤等情感冲突，把不愉快的历史归咎于二元化历史叙事差异。二战后各国需要努力从创伤中愈合，改变敌人的形象认知，尝试建立信任关系。随着每个国家以不同的方式纪念其历史，这些问题变得更加棘手。特别是当这些记忆伴随着新的领土诉求和挑衅性行动时，记忆冲突就会更加强烈。[②] 不论如何，叙事理解的背后必然加入了叙事者与听众之间的情感互动，而非仅仅是理性导向的因果推断。

第四节　民粹主义话语下的情感动员

在民粹主义的叙事模式中，叙事者往往利用底层民众的心理来设定叙事情节，在修辞表达过程中呈现鲜明的"自我"与"他者"对立结构，这种区分往往将建制派精英群体与普通底层群众的利益完全对立，指责前者无情剥夺与压制了后者的合法利益。这种民粹主义的叙事框定能让激动的群众产生一种愤怒情感，改变现有不公平制度就成为一种认知"锚定"。叙事者将群众的注意力引导至收益和损失的参考点上。当框定结构为收益前景时，个体会规避风险；而框定结构为损失前景时，个体会寻求

---

① John R. Butler, "Somalia and the Imperial Savage: Continuities in the Rhetoric of War", *Western Journal of Communication*, Vol. 66, No. 1, 2002, pp. 1-24.

② Linus Hagström and Karl Gustafsson, "Narrative Power: How Storytelling Shapes East Asian International Politics", *Cambridge Review of International Affairs*, Vol. 32, No. 4, 2019, pp. 387-406.

风险。在激烈政治话语修辞下，贬低对手并将其妖魔化，成为一种惯用的情感动员方式。

一、特朗普的情感化修辞

唐纳德·特朗普是一位非典型的美国政客，2016 年美国总统竞选期间其修辞风格展现出显著特征：使用简单、直接和反智主义的言论，以极端情感化修辞吸引更多的听众。特朗普这种反智主义的话语风格在一定程度上获得了民粹主义者的热烈欢迎，通俗易懂的语言以及口语化的表达也似乎比"旧"政治话语的单调晦涩更容易传播。[①] 对特朗普来说，低调稳重的叙事根本不是其风格。他比二战结束以来其他任何一位美国总统都更喜欢使用夸张言论；他的话语风格高度依赖形容词结构，感情色彩丰富。他会使用简单却精准的形容词，让普通的事物变得令人印象深刻。例如，"伟大的"民族振兴计划、"最好的"立法让人感觉非同寻常。特朗普的夸张叙事增强了其故事传播力，似乎其支持者不关注他的政策，而是关注讲话的语调、参照物和用词。[②] 对于那些生活在美国中部地区或东北部"铁锈地带"的选民来说，特朗普的叙事具有很强的共鸣基础。即便这些叙事大都是谎言，或故意漏掉重要信息，但是却能让这些选民觉得特朗普说出了自己的心声。大多数心理人格分析指出，他好胜、执着以及积极、外向的性格特质，迎合了美国选民求变的心理期望。[③] 在修辞风格上，特朗普也更擅长给自己的故事添油加醋，并始终坚持自己的夸张风格。[④] 在 2016 年总统竞选中，希拉里·克林顿给人留下摇摆不定、精明狡猾的印象；而特朗普却展示出直率真实的形象。从字面上看，"让美国再次伟大"（Make America Great Again）听起来并不比"一起更强大"（Stronger

① Orly Kayam, "The Readability and Simplicity of Donald Trump's Language", *Political Studies Review*, Vol. 16, No. 1, 2018, pp. 73-88.

② Al Cross, " 'Stop Overlooking Us!': Missed Intersections of Trump, Media, and Rural America", in Robert E. Gutsche, Jr. ed., *The Trump Presidency, Journalism and Democracy*, New York: Routledge, 2018, p. 247.

③ 尹继武、郑建君、李宏洲：《特朗普的政治人格特质及其政策偏好分析》，《现代国际关系》2017 年第 2 期。

④ Mary E. Stuckey, "American Elections and the Rhetoric of Political Change: Hyperbole, Anger, and Hope in U.S. Politics", *Rhetoric and Public Affairs*, Vol. 20, No. 4, 2017, p. 684.

Together）更吸引人，但前者有罗纳德·里根的印记，更容易抒情。特朗普善于捕捉美国民众希望重振国家的心理，他不断传递情感，宣称"我将把新的美国金属注入这个国家的脊梁；工作机会将恢复，收入将增加，新的工厂将涌回我们的海岸。我们将使美国再次富裕起来。我们将使美国再次强大。我们将使美国再次伟大"。①

　　在叙事风格上，特朗普总统在用词上表现为自我推销、自恋、固执己见和剑走偏锋，而奥巴马总统则表现为包容、温和、克制和善意。修辞偏好和情感分析都显示，特朗普总统的性格比大多数美国总统更不稳定，总体上更消极。同样，特朗普的言辞在公众中更容易助长恐惧，而奥巴马总统则倾向于淡化冲突，倡导合作。② 特朗普除了在社交平台上发布简单、冲动、不理性的信息外，还会不断在诸多演讲中重复夸张的言辞。③ 社交媒体的快捷分享技术使得愤怒、诋毁和掩饰等情感被强化，特朗普作为总统其言辞特征创造了一个强有力的反民主话语环境，并且通过将其与种族主义、民粹主义、性别歧视和排外思想交织在一起，形成极右反智、充满仇恨的言论。④ 特朗普的外交政策言辞并不遵循传统的合法化逻辑，相反其修辞主要是为了制造危机感（民粹主义运动），以动员民众支持。⑤ 美国竞选图谱项目（Campaign Mapping Project）分析显示，从 1948 年至今 8 家全国性报纸约 22000 条新闻报道中的"愤怒"指数有所上升，其中与特朗普有关的情感标记占据主导。统计结果显示，当唐纳德·特朗普参与竞选时，美国政治话语的运作方式开始发生变化。有研究分析了大约 6500 个竞选演讲，挖掘了美国政治叙事中

① Donald Trump, "Campaign Remarks in New York City", *Time Magazine*, September 15, 2016.

② 参见 Peter Wignell, Sabine Tan, Kay L. O'Hallora and Kevin Chai, "The Twittering Presidents: An Analysis of Tweets from @ BarackObama and @ realDonaldTrump", *Journal of Language and Politics*, Vol. 20, No. 1, 2021, pp. 1-25.

③ Brian L. Ott and Greg Dickinson, "The Twitter Presidency: How Donald Trump's Tweets Undermine Democracy and Threaten US All", *Political Science Quarterly*, Vol. 135, No. 4, 2020, pp. 607-635.

④ 参见 Brian L. Ott and Greg Dickinson, *The Twitter Presidency: Donald J. Trump and the Politics of White Rage*, New York: Routledge, 2019。

⑤ Jonny Hall, "In Search of Enemies: Donald Trump's Populist Foreign Policy Rhetoric", *Politics*, Vol. 40, No. 5, 2020, pp. 1-16.

的愤怒、恐惧、伤害和喜悦情感。① 图 4-2 比较了总统竞选演说中的愤怒语言与情感化修辞指数。② 特朗普是所有总统中情感修辞最极端的一位，而且其用词负面，对选民情绪也有较大影响。对于那些民粹主义者来说，特朗普把他们的情感表达了出来。

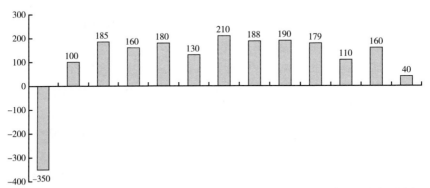

图 4-2　特朗普与其他总统的竞选演说情感化修辞指数*

　　* Roderick P. Hart, *Trump and Us：What He Says and Why People Listen*, New York：Cambridge University Press, 2020, p. 80.

　　说明：1948—2016 年美国总统情感用语指数，正值代表正向情感叙事，负值代表负向情感叙事。

　　资料来源：竞选图谱项目（Campaign Mapping Project）。

二、负向情感叙事下的政治动员

　　民粹主义的特点是把重点放在一个有魅力的领袖身上，特朗普的语言简单直接，信息简洁且两极分化，这是右翼民粹主义话语的共同策略。③

① Robert J. Gonzalez, "Hacking the Citizenry：Personality Profiling, 'Big Data' and the Election of Donald Trump", *Anthropology Today*, June 2017.

② Roderick P. Hart, *Trump and US: What He Says and Why People Listen*, New York：Cambridge University Press, 2020, p. 75.

③ Sven Engesser, Nicole Ernst, Frank Esser and Florin Büchel, "Populism and Social Media：How Politicians Spread a Fragmented Ideology", *Information, Communication & Society*, Vol. 20, No. 8, 2017, pp. 1109-1126.

他在"我们"和"他们"之间进行了区分，将人民视为一个同质整体的概念，并将对方称为"邪恶"。① 英国华威大学学者保罗·切尔顿指出，民粹主义话语画出敌我分界线，来刺激"我们"中的镜像神经元。② 民粹主义话语作为一种政治修辞形式，它把道德上的"人民"概念置于其修辞的中心，认为有一个邪恶的阴谋反对"人民"的利益，以及宣布自己拥有应对危机的方案以呼吁民众支持。③ 根据这一定义，民粹主义具有"变色龙"性质：它可以与左派、中间派或右派意识形态联系在一起，可以自下而上或自上而下，也可以是包容性或排他性的。④ 那么，到底人民是谁？民粹主义在宣传叙事中建构出空洞的"人民"形象，意在融合异质群体、锚定集体身份。⑤ 大多数意识形态会赋予"人民"与生俱来的道德价值观，将他们描绘成纯洁和高尚。⑥ 只要民众相信民粹主义宣传的观点，他们都会将自己作为这种叙事的一部分，与群体之外的"他者"区分开来。⑦

特朗普的话语将自己塑造成人民领袖的角色，强调自己从权势集团手中夺走权力，成为民粹主义、反建制的化身。⑧ 杰森·爱德华兹在《让美国再次伟大：唐纳德·特朗普与重新定义美国在世界上的角色》一文中指出，特朗普的言辞打破了二战后维持和扩大美国全球主义的共识。特朗普奉行"美国优先"的外交政策，特朗普的言辞将重新定义美

---

① Ramona Kreis, "The 'Tweet Politics' of President Trump", *Journal of Language and Politics*, Vol. 16, No. 4, 2017, pp. 607-618.

② Paul Chilton, "'The People' in Populist Discourse: Using Neuro-Cognitive Linguistics to Understand Political Meanings", *Journal of Language and Politics*, Vol. 16, No. 4, 2017, pp. 582-594.

③ Ernesto Laclau, *On Populist Reason*, London: Verso, 2005, p. 163.

④ Olga Pasitselska and Christian Baden, "Who Are 'The People'? Uses of Empty Signifiers in Propagandistic News Discourse", *Journal of Language and Politics*, Vol. 19, No. 4, 2020, pp. 666-690.

⑤ Enriqueta Aragonès and Zvika Neeman, "Strategic Ambiguity in Electoral Competition", *Journal of Theoretical Politics*, Vol. 12, No. 2, 2000, pp. 183-204.

⑥ Agnes Akkerman, Cas Mudde and Andrej Zaslove, "How Populist Are the People? Measuring Populist Attitudes in Voters", *Comparative Political Studies*, Vol. 47, No. 9, 2014, pp. 1324-1353.

⑦ Jon Simons, "Mediated Construction of the People: Laclau's Political Theory and Media Politics", in Lincoln Dahlberg and Sean Phelan eds., *Discourse Theory and Critical Media Politics*, London: Palgrave Macmillan, 2011, pp. 201-221.

⑧ Patryk Dobkiewicz, "Instagram Narratives in Trump's America: Multimodal Social Media and Mitigation of Right-Wing Populism", *Journal of Language and Politics*, Vol. 18, No. 6, 2019, pp. 826-847.

国在 21 世纪的角色。① 民粹主义②者倾向于不断构建新威胁叙事，灌输给听众一种失落感。根据哥本哈根学派的安全化理论，安全是一个威胁感知的话语叙事建构过程。③ 民粹主义者的言语修辞、视觉形象和象征符号传递出安全紧迫感。④ 特朗普不仅将其外交政策修辞瞄准特定的听众，而且他的修辞策略似乎是以两极分化为目标，而非以团结一致为目标。⑤

在外交上，特朗普的言辞打断了美国例外论的修辞传统，拒绝美国在世界上承担过多领导角色。特朗普声称将把"稳定"还给美国，以捍卫自己的利益，控制自己的命运，让美国重新成为别人效仿的灯塔。特朗普将美国外交政策的混乱归咎于其外交决策者根深蒂固的全球主义意识形态。就职后不久，特朗普政府就退出了《跨太平洋伙伴关系协定》（TPP）。他同时宣布，美国将不受一年前签署的《巴黎协定》的约束；并且颁布了一项针对多国穆斯林的赴美旅行禁令。⑥ 他告知墨西哥总统佩纳·涅托和加拿大总理贾斯汀·特鲁多，美国希望重新谈判《北美自由贸易协定》，同时要求墨西哥为两国之间的边界墙买单。⑦ 特朗普批评北约成员国没有支付它们应缴纳的国防开支份额。在北约国家元首会议上，特朗普没有明确支持《北大西洋公约》的互

---

① Jason A. Edwards, "Make America Great Again: Donald Trump and Redefining the U. S. Role in the World", *Communication Quarterly*, Vol. 66, No. 2, 2018, pp. 176–195.

② 民粹主义应该被视为一系列不同形式的民粹主义话语，它们是在不同的国家背景下，在不同的意识形态背景下孕育出来的。按照这一思路，民粹主义言论不能与右翼政党联系在一起，而是在政治光谱中随处可见。参见 Marcia Macaulay, *Populist Discourse: International Perspectives*, London: Palgrave Macmillan, 2019。

③ Barry Buzan, Ole Wæver and Jaap de Wilde, *Security: A New Framework for Analysis*, Boulder, CO: Lynne Rienner Publishers, 1998, p. 204.

④ Bohdana Kurylo, "The Discourse and Aesthetics of Populism as Securitisation Style", *International Relations*, Vol. 34, No. 4, 2020, pp. 1–10.

⑤ Joel Simon, "What Does Trump Have in Common with Hugo Chavez? A Media Strategy", *Columbia Journalism Review*, February 17, 2017, https://www.cjr.org/opinion/trump-chavez-media.php.

⑥ Council on Foreign Relations, "Trump's Foreign Policy: Year One", http://www.cfr.org/timeline/trumps-foreign-policy-year-one.

⑦ Sarah Westwood, "Trump Says Mexico 'Absolutely' Should Pay for the Border Wall after Meeting with Pena Nieto", *Washington Examiner*, July 7, 2017, http://www.washingtonex-aminer.com/trump-says-mexico-absolutely-should-pay-for-border-wall-after-meeting-pena-nieto/article/2627970.

助条款。^① 特朗普在国家利益中心（Center for National Interest）的第一次重要外交政策演讲中表示，"冷战结束后，我们的外交政策严重偏离了方向"。^②

特朗普往往在描述一个可怕的威胁前景后，承诺提供应对危机的最佳解决方案。正如他在竞选演讲中所说，没有人会比他更强硬地对付"伊斯兰国"，没有人比他更懂得与中国做交易。^③在叙事方式上，进攻性是特朗普修辞风格的基础，他扮演的进攻性角色吸引了一批追随者，尽管他提出了有争议的言论和政策建议，但在其支持者眼里，他被视为一个真正坦率的领导人，正与华盛顿特区长期存在的"腐败"做斗争。特朗普将自己描述为唯一可以"摆脱沼泽"的人。^④ 特朗普一贯在言语上坚称自己是一个"成功者"，这种措辞为他的支持者营造了一种安全感，也为他的对手营造了恐惧感。基于对情感语言的微妙使用，他在国内政治与国际政治中都不断制造敌人。^⑤ 敌意叙事的建构通过标示自我和他人之间的对立，或者将憎恨或遗憾情感投向他人，来维持自我认同。敌意可以培养和维持一个群体或政体内部的凝聚力，对敌人的叙事可以成为强化内部凝聚力的一种手段。对领导者来说，培养对"他者"的敌意可以巩固其合法性支持，为对抗性决策提供合法性理由。

小　结

作为修辞艺术的一部分，情感性说服能高效动员听众的情绪。创造叙

---

① Rosie Gray, "Trump Declines to Affirm NATO'S Article 5", *Atlantic Monthly*, May 25, 2017, https：//www. theatlantic. com/international/archive/2017/05/trump‒declines‒to‒affirm‒natos‒article‒5/528129/.

② Donald Trump, "Donald Trump's Foreign Policy Speech", *New York Times*, April 27, 2016. http：//www. nytimes. com/2016/04/28/us/politics/transcript‒trump‒foreign‒policy. html？ _ = 0.

③ Donald Trump, "Transcript：Donald Trump's Foreign Policy Speech", *The New York Times*, 28 April, 2016, https：//www. nytimes. com/2016/04/28/us/politics/transcript‒trump‒foreign‒policy. html.

④ Ted Widmer, "Draining the Swamp", *The New Yorker*, January 19, 2017, http：//www.newyorker.com/news/news‒desk/draining‒the‒swamp.

⑤ George Friedman, "Donald Trump Has a Coherent, Radical Foreign Policy Doctrine", *Real Clear World*, January 20, 2017, http：//www. realclearworld. com/articles/2017/01/20/donald_trump_has_a_coherent _radical_foreign_policy_doctrine_112180. html.

事就是表达、建构或寻找情感捆绑机制的过程，通过话语黏性传递愤怒、痛苦、骄傲、希望、怀旧、恐惧、焦虑、羞耻、内疚、幸福和爱的情感。政治修辞一旦打开了情感窗口，就会激活听众记忆中的其他情感节点，形成"情感共鸣"的传染过程。[1] 更微妙的是，部分人的情感可能会唤醒其他人的情感。由此，政治家经常有目的地激发听众的特殊情感，以增加其政治支持。事实上，特朗普长期保持着一种进攻性的修辞动员状态，依靠恐惧和危机叙事来动员支持者。由于自称为民粹主义总统，特朗普依靠推特社交账号，试图剔除建制派等"中间人"，追求与人民的直接沟通。整体上，特朗普的情感化政治修辞存在着三重"情感捆绑策略"，即首先宣称存在一场危机，然后找出这场危机背后的"他者"，最后承诺自己能解决危机以回报选民支持。

通过对特朗普担任美国总统期间的情感捆绑策略的分析，可以发现情感和话语之间存在显著的因果关联：话语既可以强化情感，也可以削弱和掩盖情感；语言可以表达真实感受，也能进行欺骗性操纵。[2] 当然，政治情感是很难量化的，也非常善变，人们试图通过语言来表达我们的情感，但也可能言不由衷。在激烈的政治斗争中，情感往往无意识地甚至在不知不觉中存在于个人的心灵深处，当叙事者通过话语表达这种感受时，多元的听众能否准确理解这种情感也是一种挑战。这就是为什么在许多学者看来，情感表达充其量是"模糊不定的"，民粹主义情境中的特朗普的极端言辞或许可以激发大众情感，但也有可能受到其他修辞情感的压制。情感修辞的捆绑机制有助于理解政治话语的运作逻辑，未来我们可进一步分析情感修辞的竞争机制，以透视复杂的政治博弈。

---

[1] Allan M. Collins and Elizabeth F. Loftus, "A Spreading-Activation Theory of Semantic Processing", *Psychological Review*, Vol. 82, No. 6, 1975, pp. 407-428.

[2] Lucile Eznack, "Crises as Signals of Strength: The Significance of Affect in Close Allies' Relationships", *Security Studies*, Vol. 20, No. 2, 2011, pp. 238-265.

第五章　大国竞争
与战略叙事变迁*

　　在大国战略竞争过程中，战略叙事发挥何种作用？大战略致力于实现资源、手段与目标的匹配。保罗·肯尼迪就指出，大战略确定了国家面临的主要威胁，及其优先排序和应对方案的组合。① 而为了调动资源、动员民众与实现目标，大战略离不开叙事。实际上，大国战略竞争充满大量的话语叙事，而且这些叙事作为国家战略的一部分会经历多重转变。以中美两国之间的关系为例，纵观大约两百年的中美互动史，② 可以看到双方话语叙事呈现出神秘、恐惧、友好、合作、敌视与冲突的交替转变。③ 18 世纪末中美初次相遇，但彼此非常陌生，双方对彼此巨大的社会文化与价值观差异既好奇又恐惧。直到二战期间，美国与中国结盟抗击日本，双方主导性叙事充满友谊、合作与联盟等浪漫叙事表达。但冷战爆发后，美国对华叙事则立即转向了反共意识形态，与中国的抗战友谊叙事被敌视性他者叙事所取代，尤其经过朝鲜战争后，双方意识形态话语斗争异常激烈。直到 20 世纪 70 年代美苏战略竞争形势变化，尼克松政府、卡特政府和里根政府开始淡化对中国的意识形态话语，将中国视为可以共同对抗苏联的盟友。冷战期间的中美叙事

＊　本章内容曾以《大国竞争中的战略叙事——中美外交话语博弈及其叙事剧本》为题发表于《世界经济与政治》2021 年第 5 期，收入本书有修改。

① 　[美] 保罗·肯尼迪：《大国的兴衰：1500—2000 年的经济变迁与军事冲突》，陈景彪等译，国际文化出版公司 2006 年版，第 4 页。

② 　1776 年美利坚合众国正式成立，1784 年美国商船"中国皇后号"首次远航广州，1844 年美国派出了首位访华公使并签订了两国间第一个不平等条约——《中美望厦条约》。参见 [美] 埃里克·本·多林《美国和中国最初的相遇：航海时代奇异的中美关系史》，朱颖译，社会科学文献出版社 2014 年版。

③ 　参见 Michelle Murray Yang, *American Political Discourse on China*, New York：Taylor & Francis, 2017。

并非单一的叙事剧本，而是经历了从悲剧叙事向浪漫叙事的转变，呈现复杂波动的态势。

第一节　大国竞争中的战略话语

作为大国战略竞争的"话语武器"，叙事基于场景设置、因果关系、角色扮演与情节演变四要素组合，直接影响大战略的制定与实施效力。在学理上，国际关系学者分析了工具性话语分析、沟通行动理论、反思主义以及后结构主义等多种路径，大致上可合并整合为话语强制、共识沟通与身份认同三大维度。合理的战略叙事有助于降低战略成本、推进安全化框定、提升战略说服能力。长期以来，美国战略叙事致力于推进霸权利益，削弱对手合法性；对内教育说服公众，对外维持战略声誉；维持本体性安全，强化敌意螺旋。冷战期间，美苏两强的叙事竞争以身份维度为核心，将彼此定位成意识形态上的"他者"；自古巴导弹危机后，美苏战略竞争缓和，双方以共识沟通与话语强制维持两极秩序。冷战后面对中国的快速发展，美国进一步调整战略叙事。历史经验异同展示了叙事竞争的多元剧本，叙事基调是导向悲剧式结构，还是向喜剧、浪漫剧或讽刺剧转变，与领导人个性、政策选择和外部冲击有关。

一、从叙事到战略叙事

战略性话语是打击对手、建构行动合法性、分化联盟与赢得公众支持的强有力武器。[①] 在无政府状态的国际关系中，每时每刻的外交斗争、沟通、协调、合作与威慑都需要以语言为承载。美国学者库特·布拉约克认为，"语言是上膛的手枪"。[②] 长期以来，悲观论者认为在无政府结构下，国际体

---

① Tongtao Zheng, "Characteristics of Australian Political Language Rhetoric: Tactics of Gaining Public Support and Shirking Responsibility", http://www.immi.se/intercultural/nr4/zheng.htm.

② Kurt Braddock, *Weaponized Words: The Strategic Role of Persuasion in Violent Radicalization and Counter-Radicalization*, New York: Cambridge University Press, 2020, pp.39-40.

系缺乏进行交流对话的基本条件。[①]

如前所述，叙事是一个有开头、中间和结尾的完整故事，一个完整的叙事往往包括场景设置、因果关系、角色、情节四个要素，情节不仅使事件相互关联，而且展示这种关系将如何转换。情节引导听众思考"接下来会发生什么"和"为什么发生"。在循循善诱中，听众从情节中推断因果关系。基于此，可以将战略叙事理解为"决策者关于中长期目标或愿景，以及实现这些目标的手段的故事性表达"。[②] 国际关系中的叙事通过三个层次呈现出来。首先是国际系统层次上的叙事，描述了世界是如何建构的、参与者是谁，以及如何运作。例如冷战叙事、反恐战争叙事，描述了国际矛盾的源起、发展与运作过程。其次是国家层面的叙事，阐述了国家或民族的故事，以及它的价值观和目标。例如，"美国是人类自由的灯塔""美国是世界秩序维护者（世界警察）"等。最后是政策层面的"议题叙事"，阐述为什么需要一项政策，以及如何成功地实施或完成这项政策，例如"应对气候变化是全人类的共同责任"等。每个层面的叙事都有场景设置、因果关系、关键人物与情节变化。

战略叙事在塑造国家利益方面发挥着独特作用，每个国家都可以通过连贯的叙事模板向外投射历史记忆、身份认同、争论性共识与战略利益。当然，作为一个建构性概念，叙事的内涵与形式也是多元的。类似于一场戏剧，在人物、因果、背景之外，情节结构也有喜剧、悲剧、浪漫剧与讽刺剧之分。

二、战略叙事的三大分析维度

早在20世纪80年代，国际关系学界已经触及叙事问题，但研究议程比较零散，尚未形成系统性的研究范式。近年来随着大国战略竞争升级，国

---

① John S. Dryzek, "Transnational Democracy", *Journal of Political Philosophy*, Vol. 7, No. 1, 1999, pp. 30–51; John S. Dryzek, *Foundations and Frontiers of Deliberative Governance*, New York, NY: Oxford University Press, 2011; Jens Steffek, "The Legitimation of International Governance: A Discourse Approach", *European Journal of International Relations*, Vol. 9, No. 2, 2003, pp. 249–275; Jennifer Mitzen, "Reading Habermas in Anarchy: Multilateral Diplomacy and Global Public Spheres", *American Political Science Review*, Vol. 99, No. 3, 2005, pp. 401–417.

② Alister Miskimmon, Ben O'Loughlin and Laura Roselle, *Strategic Narratives: Communication Power and the New World Order*, New York: Routledge, 2013, p. 23.

际关系学者越来越意识到国际话语、外交修辞与战略叙事的重要性。[①] 中国学者也开始从政治语言学角度关注"国际话语权建设"与"讲好中国故事"的学理意义。[②] 整体而言，学界关于战略叙事的分析体现为话语强制、共识沟通与身份认同三大分析维度。

首先，话语强制关注语言对利益的杠杆作用。理性主义者认为，话语是一种利益杠杆，间接影响讨价还价的均衡点。托马斯·谢林认为话语发挥协调意见、弥合分歧的作用，但前提是话语必须有"物质权力的背书"，基于物质实力的威胁性话语能在谈判中给对方制造压力以达到预期目标。[③] 罗纳德·克雷布斯和帕特里克·杰克逊研究了国家 A 如何通过语言杠杆，抵消国家 B 的论点，从而迫使 B 被迫接受其一开始并不支持的立场。[④] 此外，建构主义者也从规范压力角度分析了话语强制，当然与理性主义的后果性逻辑不同，建构主义者认为话语强制建立在适当性逻辑之上。[⑤] 分析跨国行动的学者提出了一种以语言为中心的政治影响机制，即话语的"羞耻动员"机制。玛莎·芬妮莫尔和凯瑟琳·辛金克指出，一旦规范成为说服工具，就能对态度与行为施压。[⑥] 在合法性规范压力下，行动者为了保持其言语和行为的一致性，被迫调整立场。当然，建构性话

---

① 参见 Hidemi Suganami, "Narrative Explanation and International Relations: Back to Basics", *Millennium: Journal of International Studies*, Vol. 37, No. 2, 2008, pp. 327−356; Annick T. R. Wibben, *Feminist Security Studies: A Narrative Approach*, London: Routledge, 2010; Karl Gustafsson, "Narratives and Bilateral Relations: Rethinking the 'History Issue' in Sino-Japanese Relations", Ph. D Thesis of Stockholm University, 2011; Charlotte Epstein, *The Power of Words in International Relations: Birth of an Anti-Whaling Discourse*, Cambridge, Massachusetts: MIT Press, 2008; Ronald R. Krebs, *Narrative and the Making of US National Security*, Cambridge: Cambridge University Press, 2015; Alexander Spencer, *Romantic Narratives in International Politics: Pirates, Rebels and Mercenaries*, Manchester: Manchester University Press, 2016。

② 代表性研究参见孙吉胜主编：《国际政治语言学：理论与实践》，世界知识出版社 2017 年版；孙吉胜、何伟：《国际政治话语的理解、意义生成与接受》，《国际政治研究》2018 年第 3 期；檀有志：《国际话语权竞争：中国公共外交的顶层设计》，《教学与研究》2013 年第 4 期。

③ Thomas C. Schelling, *The Strategy of Conflict*, Cambridge, Mas.: Harvard University Press, 1960, p. 3.

④ Ronald R. Krebs and Patrick Thaddeus Jackson, "Twisting Tongues and Twisting Arms: The Power of Political Rhetoric", *European Journal of International Relations*, Vol. 13, No. 1, 2007, pp. 38−41.

⑤ James G. March and Johan P. Olsen, "The Institutional Dynamics of International Political Orders", in Peter J. Katzenstein, Robert O. Keohane and Stephen D. Krasner eds., *Exploration and Contestation in the Study of World Politics*, Cambridge, MA: MIT Press, 1999.

⑥ Martha Finnemore and Kathryn Sikkink, "International Norm Dynamics and Political Change", *International Organization*, Vol. 52, No. 4, 1998, p. 893.

语发挥强制效力的前提是双方有一定的共享规范；理性话语发挥强制效力的前提是要有物质后盾支撑。

其次，沟通行动理论关注共识沟通的争论性逻辑。沟通行动理论假设互动者处于"共同的生活世界"之中，哈贝马斯认为叙事与修辞都是一种话语交往行动，人与人之间的沟通交流是相互理解的基础。[①]在共同的生活世界中，叙事者可以通过摆事实、讲道理，动之以情、晓之以理，让目标对象在参与争论过程中被说服。[②]从这种视角来看，政治的本质不是竞争，而是沟通协商。在理想的话语条件下，叙事者并不偏好使用物质实力优势进行强制，而是试图依靠理性逻辑说服对方，并且也承认对方有反驳的权利。[③]对此，托马斯·瑞斯在哈贝马斯对沟通行动与战略行动的区分基础上进一步指出，在后果性逻辑与适当性逻辑之外还存在第三种话语逻辑，即"论证性逻辑"。[④]外交话语的讨价还价并非纯粹的利益交换或规范内化，而是一种澄清立场、论证逻辑的争论性说服。争论各方基于共同规则与惯例，施展不同的说服策略。由此，外交话语与叙事不是强制工具，而是交换观点与沟通信息的交流载体。即便理性行动者发生利益纠纷，话语施动者通过主动提供新的信息并重新创设国际议程，可以凝聚共识以在特定问题上达成合作。

最后，后结构主义路径认为话语塑造本体性安全与身份认同。激进的后结构主义者认为话语具备本体性地位，没有话语就没有世界。这种视野下的话语实践具有互动性、建构性和反思性，是一种解构权力的力量。米歇尔·福柯认为自我"不是一个实体，相反它是一个场所，一个感知世

---

① 转引自袁正清《交往行为理论与国际政治研究——以德国国际关系研究视角为中心的一项考察》，《世界经济与政治》2006 年第 9 期。

② Hans Kogler, *The Power of Dialogue: Critical Hermeneutics after Gadamer and Foucault*, Paul Hendrickson trans., Cambridge, MA: MIT Press, 1996, p. 27; Patrick Jackson, *Civilizing the Enemy: German Reconstruction and the Invention of the West*, Ann Arbor: University of Michigan Press, 2006, p. 22.

③ Jürgen Habermas, *The Theory of Communication Action*, Vol. I: *Reason and the Rationalization of Society*, Thomas McCarthy trans., Boston, MA: Beacon Press, 1984, pp. 286-287; James Johnson, "Habermas on Strategic and Communicative Action", *Political Theory*, Vol. 19, No. 2, 1991, pp. 183-185.

④ Thomas Risse, "'Let's Argue!': Communicative Action in World Politics", *International Organizations*, Vol. 54, No. 1, 2000, p. 6.

界和行动的地方"。① 作为一种对抗性力量，后结构性话语关注主体身份的不安全感。② 叙事者通过攻击目标国家的身份认同，要求目标国家解释说明身份与行动之间发生脱节的理由，并给予道德评判。话语叙事对本体性安全的塑造体现在两方面。一方面，后结构性话语将身份看作建构性的，身份认同只能在话语中被定义、阐述和争论。③ 身份定位理论指出，叙事者可以将身份认同定位在三个层次上：相对于故事世界中的其他角色、相对于故事世界中的对话者以及相对于他自己。④ 定位是对"我是谁"的回答，叙事者希望在本体性认同层面被倾听。⑤ 另一方面，叙事与情感相互连通。每个人都是自传叙事的作者，故事使"我们"成为现实，据此规范演进的理念与话语竞争的产物，受叙事结构制约，具有显著的情境性与主体间性。⑥ 迈克尔·威廉姆斯发现安全话语的"象征性力量"可以塑造政治斗争格局。⑦

综上所述，战略叙事的功能与维度是多样化的。以叙事为武器，既能压制对手形成话语强制，也能通过争论性沟通塑造共识，更可以凝聚身份认同。与传统的国际政治话语权分析不同，战略叙事研究致力于平衡理性主义与建构主义分析路径，综合借鉴语言学、社会学、政治心理学与传播学知识，为理解大国战略竞争提供新的分析框定。相比之下，国际政治语言学研究则受语言学理论和建构主义影响较大，主要关注话语的规范意义，忽视了叙事的强制与沟通。鉴于战略叙事的多维性质，本书主张整合理性主义的策略思维与建构主义的理念思维，区分出战略叙事的权力

---

① Michel Foucault, *The Will to Knowledge: The History of Sexuality (Vol. 1)*, London：Penguin Books, 1998［1976］, p. 100.

② Brent J. Steele, "Liberal-Idealism：A Constructivist Critique", *International Studies Review*, Vol. 9, No. 1, 2007, p. 909.

③ Ty Solomon, *The Politics of Subjectivity in American Foreign Policy Discourses*, Ann Arbor：University of Michigan Press, 2015, pp. 14-15.

④ Bronwyn Davies and Rom Harre, "Positioning：The Discursive Construction of Selves", *Journal for the Theory of Social Behavior*, Vol. 20, No. 1, 1990, p. 48.

⑤ Deborah Tannen, *Talking Voices: Repetition, Dialogue, and Imagery in Conversational Discourse*, Cambridge：Cambridge University Press, 1989, pp. 9-11.

⑥ Anna De Fina, Deborah Schiffrin and Michael Bamberg, *Discourse and Identity*, Cambridge：Cambridge University Press, 2006, p. 4.

⑦ Michael C. Williams, *Culture and Security: Symbolic Power and the Politics of International Security*, London：Routledge, 2007, p. 33.

（话语强制）、沟通（共识争论）与认同（情感归属）三维功能，构建战略叙事三角关系（参见图5-1）。

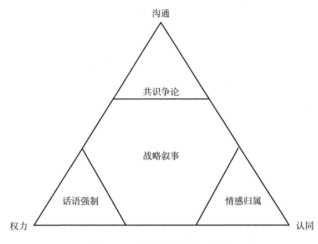

图 5-1　战略叙事的三维度

资料来源：笔者自制。

第二节　历史上的美国叙事传统

长期以来，历任美国总统都努力在言辞上展示美式使命感。例如在冷战时期普遍存在的政治焦虑和紧张氛围下，艾森豪威尔不仅为冷战中的强大威慑立场辩护，而且在道义上建立合法性。[①] 艾森豪威尔的总统辞令基本遵循三个要点：①设定美国梦，从而描绘国家或世界的历史命运；②定位美国的精神认同；③在世俗、紧张和矛盾之间进行调解，引导公民视野

---

① Ned O'Gorman, "Eisenhower and the American Sublime", *Quarterly Journal of Speech*, Vol. 94, No. 1, 2008, pp. 44-72.

从物质转向理想。① 在战略核威慑叙事中，美国不仅希望展现力量，还希望展现和平的愿望和希望。艾森豪威尔认为，对敌国的任何侵略（不仅是核侵略）做出大规模、不成比例的反应，可以维持长久根本的和平。② 富兰克林·罗斯福为了使国民意识到纳粹德国的威胁，并把美国从孤立主义情感中解脱出来，采取了引人注目的国家安全辩论策略。在动荡时期，公众对讲故事的需求显著增加，政治家如果能抓住这一机会就可以塑造出新的叙事格局，从而推动大战略政策的制定。③ 在大萧条危机中，富兰克林·罗斯福总统的"睦邻"政策话语则将美国塑造为和善的新兴大国，"好邻居"修辞意味着美国愿意为了邻里利益而做出牺牲。④ 在修辞方式上，通过展示在拉丁美洲的"睦邻"政策，美国试图说服世界相信美国会与各国平等相待，而且这种"睦邻友好"合作从根本上讲是道德的，可以为充满征服与血腥战争的欧洲模式提供替代方案。⑤

一、叙事对战略收益的影响

长期以来，叙事的价值被理性主义学者所忽略，他们指出外交叙事是"廉价话语"，不具备可信度。如此战略互动就"只需观其行，无须听其言"。⑥ 对此，建构主义学者与政治心理学者反对按照成本来界定外交话

---

① Rachel L. Holloway, "'Keeping the Faith': Eisenhower Introduces the Hydrogen Age", in Martin J. Medhurst ed., *Eisenhower's War of Words: Rhetoric and Leadership*, East Lansing, MI: Michigan State University Press, 1994, p. 66.

② Eisenhower, "Address before the General Assembly", http://www.presidency.ucsb.edu/ws/? pid 9774.

③ Ronald R. Krebs, "Tell Me a Story: FDR, Narrative, and the Making of the Second World War", *Security Studies*, Vol. 24, No. 1, 2015, pp. 131–170.

④ Mary E. Stuckey, *The Good Neighbor: Franklin D. Roosevelt and the Rhetoric of American Power*, East Lansing: Michigan State University Press, 2013, p. 109.

⑤ Franklin D. Roosevelt, "Inaugural Address, March 4, 1933", in *Public Papers and Addresses of the Presidents of the United States: Franklin D. Roosevelt, Volume II*, Washington, D.C.: Government Printing Office, 1941, p. 14.

⑥ 詹姆斯·费伦认为通过主动"捆绑双手"，可以展示决心与诚意，因此博弈互动可以没有言辞。另一类释放昂贵信号的方式是"沉没成本"战略，即投入大量前期成本使撤销承诺对自己变得不利。参见 James D. Fearon, "Threats to Use Force: Costly Signals and Bargaining in International Crisis", Ph. D Dissertation of University of California, Berkeley, 1992; Andrew H. Kydd, *Trust and Mistrust in International Relations*, Princeton, NJ: Princeton University Press, 2005。

语效力，认为即便无成本的话语也可以改变对方信念进而塑造行为。① 实际上，叙事能够对战略竞争产生合法化约束或道义支持。② 因为大战略的实施需要调动资源，例如宣传动员、联盟组建等行动，它们都离不开合法性话语的支撑。③ 战略叙事的说服或塑造能力决定着大战略的实施成本及其结果。④ 具体而言，叙事对大战略的影响体现在以下三个方面。

第一，叙事影响战略制定与执行成本。⑤ 战略叙事的权力、沟通与认同维度，不仅有助于促进国家利益，识别威胁，同时也能降低战略制定与执行成本。为服务不同的大战略目标，叙事往往需要根据情境变化，具有内生可变性。叙事者需要根据听众或辩论场所不同而改变叙事内容，或者随着时间推移而修改之前的主张、理由和依据。因为，国家利益的实现需要话语叙事的支持，只有与国家利益相匹配的战略叙事才是有效的。相反，如果在大战略与国家利益之间没有建立合法性关联，则战略叙事就容易遭遇抵抗与质疑。那些运用恰当的战略叙事一方面有助于展示行动的合法性，缺乏合法性支撑的战略叙事，因无法获得公众支持而实施成本较高，当领导人确实提出了与大众偏好不一致的战略叙

① 相关文献请参考 Robert Jervis, *The Logic of Images in International Relations*, Princeton：Princeton University Press, 1970；Alpo Rusi, "Image Research and Image Politics in International Relations——Transformation of Power Politics in the Television Age", *Cooperation and Conflict*, Vol. 23, No. 1, 1988, pp. 29－42；Noel Kaplowitz, "National Self-Images, Perception of Enemies, and Conflict Strategies：Psychopolitical Dimensions of International Relations", *Political Psychology*, Vol. 11, No. 1, 1990, pp. 39－82；Richard K. Herrmann, James F. Voss, Tonya Y. E Schooler and Joseph Ciarrochi, "Images in International Relations：An Experimental Test of Cognitive Schemata", *International Studies Quarterly*, Vol. 41, No. 3, 1997, pp. 403－433。

② 合法化涉及政治行为体在受众面前证明其政策立场的道义基础，从而获得认可与支持。参见 Ian Hurd, "The Strategic Use of Liberal Internationalism：Libya and the UN Sanctions, 1992－2003", *International Organization*, Vol. 59, No. 3, 2005, pp. 495－526。

③ 参见 Paul Kennedy, "Grand Strategy in War and Peace：Toward a Broader Definition", in Paul Kennedy ed., *Grand Strategies in War and Peace*, New Haven, CT：Yale University Press, 1991, pp. 1－2。

④ Fathali M. Moghaddam and Rom Harre, "Words, Conflicts, and Political Processes", in Fathali Moghaddam and Rom Harre eds., *Words of Conflict*, *Words of War：How the Language We Use in Political Processes Sparks Fighting*, Santa Barbara, California：Praeger, 2010, p. 3.

⑤ 合法性论述请参考 Jon Elster, "Strategic Uses of Argument", in Kenneth Arrow et al. eds., *Barriers to Conflict Resolution*, New York：Norton, 1995, pp. 244－252；Mark C. Suchman, "Managing Legitimacy：Strategic and Institutional Approaches", *Academy of Management Review*, Vol. 20, No. 3, 1995, pp. 571－610。

事时，就需要以超乎寻常的叙事能力说服大众，重新确立合法性；另一方面也有助于传递战略意图，战略叙事分析认为，决策者的外交言辞塑造形象认知，当决策者相互不了解，无法清楚解读对方意图时，就可以通过抛出战略倡议来接触与试探对方的反应，多轮的"倡议-反应"互动则能释放出更多私有信息。这里战略叙事充当一种信号甄别手段，可以部分缓解信息不对称难题。

第二，叙事能支撑大战略的安全化框定。人类既是创造意义的动物，又是深受社会规范影响的动物。理性主义者认为只有当违背诺言的代价高昂时话语才是可信的。这种逻辑无法解释在实力不变、国际结构稳定的情况下，为何有些政治话语可以促进合作，而有些话语却会引发冲突。在行动模式不变时，为何有些叙事可以框定威胁，有些叙事可以淡化威胁。[①]这是因为话语叙事提供了一种认知框定，通过叙事框定人们感知到行动的意义，并为未来提供指南。[②]叙事框定是使焦点事件有意义并建构观念的过程。[③]实际上，框定在环境评估中起着认知"锚"的作用。大战略需要对外部威胁保持敏感，叙事则通过言语框定实施安全化。[④]哥本哈根学派认为安全议题是基于社会建构的实践。[⑤]威胁感知不是一种客观事实，而是叙事建构的结果。例如，大量民族叙事歌颂了先辈的勇气和智慧，以及克服逆境追寻更美好生活的美德。这种叙事的力量在于，当国家遇到各种形式的战略不确定性和挑战时，它能提供情感上的安全感。[⑥]就像戏剧一

---

① Richard Lebow, "Constitutive Causality: Imagined Spaces and Political Practices", *Millennium*, Vol. 38, No. 2, 2009, p. 2.

② Michael Murray, "Narrative Social Psychology", in Brendan Gough ed., *The Palgrave Handbook of Critical Social Psychology*, London: Palgrave Macmillan, 2017, pp. 185-200.

③ William A. Gamson, "News as Framing: Comments on Graber", *American Behavioral Scientist*, Vol. 33, No. 2, 1989, p. 157.

④ 安全化理论指出，威胁认知由话语框定，语言建构威胁的对象、内涵与性质。参见［英］巴瑞·布赞、奥利·维夫、迪·怀尔德：《新安全论》，朱宁译，浙江人民出版社2003年版，第13页；Ralf Emmers, "Securitization", in Alan Collins ed., *Contemporary Security Studies*, Oxford: Oxford University Press, 2013, p. 135; Ole Wæver, "Securitization and Desecuritization", in Barry Buzan and Lene Hansen eds., *International Security (Volume III)*, Los Angeles: Sage Publications, 2007, p. 75。

⑤ Barry Buzan, Ole Wæver and Jaap De Wilde, *Security: A New Framework of Analysis*, Boulder: Lynne Rienner, 1998, p. 35.

⑥ Joseph Campbell, *The Hero with A Thousand Faces*, Princeton, NJ: Princeton University Press, 1949, p. 10.

样，叙事为安全化框定创设剧本（script）。①

　　第三，叙事能提升战略说服能力。战略叙事可以帮助战略竞争者扩大影响力、管理期望和改变听众偏好。现实主义大师马基雅维利有句名言："一个统治者不需要具备所有的积极品质，但他必须看起来具备这些品质。对那些听他说话和观察他的人来说，他必须看起来是完全真实的、可靠的、有同情心的与虔诚的。"② 基于此，战略叙事可以作为操纵信念的工具，增强大战略的说服力。③ 在历史上，通过精心设计战略叙事实现大战略的案例比比皆是。斯泰西·戈达德分析了二战前的"绥靖战略修辞"。她反思了传统的战略权衡、错误知觉、国内政治等解释论点，认为正是希特勒的合法化叙事策略改变了 1938—1939 年的英国外交政策，才导致了"绥靖战略"。换言之，二战前英国对德绥靖政策并非理性认知错位，而是英国被德国战略叙事给说服或欺骗了。④ 大多数文献指出，英国在 1933 年到 1938 年的对德绥靖政策是一个重大的战略错误，它导致了西方民主国家完全屈服于纳粹武力威胁。⑤ 实际上，绥靖是英国对德国合法化叙事的反应，希特勒通过大量的话语攻势为其修正主义行为辩护，以至于说服英国改变了遏制战略。⑥ 由此，新兴大国的话语叙事如果能够展示强有力的合法化基础，那么其主张就可能引起共鸣或同情，进而迫使霸权国要么接受新兴大国的理由，要么拒绝一个充

---

① Alister Miskimmon, Ben O'Loughlin and Laura Roselle, *Strategic Narratives: Communication Power and the New World Order*, New York: Routledge, 2013, pp. 7-10.

② Niccolo Machiavelli, *Selected Political Writings*, Indianapolis, IN: Hackett, 1994, p. 55.

③ Jacob Torfing, "Discourse Theory: Achievements, Arguments, and Challenges", in David Howarth and Jacob Torfing eds., *Discourse Theory in European Politics: Identity, Policy and Governance*, Basingstoke: Palgrave Macmillan, 2005, p. 14.

④ Stacie E. Goddard, "The Rhetoric of Appeasement: Hitler's Legitimation and British Foreign Policy, 1938-39", *Security Studies*, Vol. 24, No. 1, 2015, pp. 95-130.

⑤ Norrin M. Ripsman and Jack S. Levy, "Wishful Thinking or Buying Time? The Logic of British Appeasement in the 1930s", *International Security*, Vol. 33, No. 2, 2008, pp. 148-181; Ripsman and Levy, "The Preventive War That Never Happened: Britain, France, and the Rise of Germany in the 1930s", *Security Studies*, Vol. 16, No. 1, 2007, pp. 32-67; John J. Mearsheimer, *Tragedy of Great Power Politics*, New York: W. W. Norton, 2001, p. 185; Christopher Layne, "Security Studies and the Use of History: Neville Chamberlain's Grand Strategy Revisited", *Security Studies*, Vol. 17, No. 3, 2008, pp. 397-437.

⑥ Stacie E. Goddard, "The Rhetoric of Appeasement: Hitler's Legitimation and British Foreign Policy, 1938-39", *Security Studies*, Vol. 24, No. 1, 2015, pp. 107-109.

满合法性的诉求。

叙事不是简单的现实"投影"或"镜像"，而是改编、构建与粉饰之后的戏剧。① 战略叙事的说服力是推进大战略的有力武器。战略叙事的话语强制、共识争论与情感归属约束，共同支撑着大战略的运作，影响着战略竞争结果。正因如此，大国都极为重视在战略竞争中积极建构与投射叙事话语。②

二、积极与消极的身份叙事

叙事，有积极叙事和消极叙事之分，消极叙事和积极叙事是两个不同层面、不同要求的修辞活动。③ 美国大战略叙事也呈现了消极的一面，这受到现实主义原则的显著影响。长期以来，美国大战略叙事被现实主义原则所主导，但是现实主义并非不重视叙事的价值。④ 现实主义大师汉斯·摩根索就多次强调，（宣传）话语的真谛在于塑造对方的期望，让对方信以为真。一方面，成功的宣传需要满足听众的心理需要，给予他们一种期待的东西。那些令人印象深刻的标签，更容易打动人心。另一方面，人们只相信与自己生活经验或初始信念相符的观点。如果战略叙事能够给自己或他国贴上印象标签，那么这种印象很容易在叙事强化过程中引发共鸣，因为这符合人们的预期。⑤ 尽管现实主义诞生于对自由主义空洞修辞的批评中，但是它本身并不反对修辞，而是挑战那些虚伪

---

① Louis O. Mink, "Narrative Form as a Cognitive Instrument", in Robert H. Canary and Henry Kozicki eds., *The Writing of History: Literary Form and Historical Understanding*, Madison: University of Wisconsin Press, 1978, p. 148.

② 在当今时代，几乎每个国家的大多数政府部门都设立了新闻发言人制度，例行新闻发布会不仅在于沟通信息，而且更重在为维护自身利益设立叙事平台；几乎每个国家都在乎国际论坛（联合国大会、世界经济论坛等）上的关键发言，精心设计的发言稿与选择性用词，都意在向国内外听众投射特定的形象，以维持连贯的战略叙事逻辑。

③ 郑远汉：《消极修辞的研究——〈消极修辞有开拓的空间〉读后》，《当代修辞学》2015 年第 6 期。

④ Vibeke Schou Tjalve and Michael C. Williams, "Reviving the Rhetoric of Realism: Politics and Responsibility in Grand Strategy", *Security Studies*, Vol. 24, No. 1, 2015, pp. 37~60.

⑤ ［美］汉斯·摩根索：《国家间政治：权力斗争与和平》（第七版），徐昕等译，北京大学出版社 2006 年版，第 367~370 页。

和天真的修辞。① 现实主义者指出，不能让话语削弱战略，但是可以用话语服务战略。汉斯·摩根索在《捍卫国家利益》一书中批评指出，美国领导人表现出"对公众舆论的本质以及对美国人民才智和道德品格的深刻误解"。② 同样，尼布尔的政治诉求也始终支持一种公众动员的话语竞争形式。他强调诱使"人民"服从和同意是政治的一部分；政治家要通过话语动员公众参与公共领域。③ 现实的外交政策制定必须能够激发重大的沟通策略。有战略修辞能力的领导者往往具备扭转战略竞争形势的能力。例如美国总统亚伯拉罕·林肯著名的"葛底斯堡演说"与罗纳德·里根称苏联为"邪恶帝国"的演讲都是现实主义言论的典型代表。在南北战争的分裂时期，或美苏冷战的关键时期，这些大战略演说都向对手施加了强制性压力，凝聚了自身合法性能量以"完成神圣的事业"。④

　　"美国例外论"的修辞是美国政治家长期重复的战略叙事。⑤ 这种"例外论"的修辞起源可以在北美殖民地独立宣言中找到，殖民者约翰·温斯罗普（John Winthrop）宣布，马萨诸塞湾殖民地将成为一个"新以色列"（new Israel）和"山巅之城"（city upon a hill），成为全世界钦佩和效仿的希望灯塔。⑥ 一百多年后，托马斯·潘恩在《常识》一书中指出，美国有能力"重新建设新世界"。⑦ 例外论叙事使许多人相信，美国继承天意，

① 　爱德华·卡尔在《20年危机（1919—1939）》中指出，政治家重言轻行，只会让他们陷入困境。基于此他谴责英国对自由主义原则的虚幻乐观，这种做法忽视了国家利益与权力基础。在那个特殊时代背景下，卡尔警告人们不要关注修正主义者的甜言蜜语，而是要关注他们的能力。参见［英］爱德华·卡尔《20年危机（1919—1939）：国际关系研究导论》，秦亚青译，世界知识出版社2005年版。

② 　Hans J. Morgenthau, *In Defense of the National Interest: A Critical Examination of American Foreign Policy*, New York：Alfred A. Knopf, 1951, p. 231.

③ 　Reinhold Niebuhr, *The Children of Light and the Children of Darkness*, London：Nisbet, 1945, p. 133.

④ 　Hans J. Morgenthau and David Hein, *Essays on Lincoln's Faith and Politics*, Kenneth Thompson ed., Lanham, MD：University Press of America, 1985.

⑤ 　参见 Paul T. McCartney, *Power and Progress: American National Identity, the War of 1898, and the Rise of American Imperialism*, Baton Rouge：Louisiana State University Press, 2006; Trevor McCrisken, *American Exceptionalism and the Legacy of Vietnam: U. S. Foreign Policy since* 1974, New York：Palgrave, 2003; Siobhan McEvoy-Levy, *American Exceptionalism and U. S. Foreign Policy: Public Diplomacy at the End of the Cold War*, New York：Palgrave, 2001; Hilde Restad, *American Exceptionalism: An Idea That Made a Nation and Remade the World*, New York：Routledge, 2015。

⑥ 　Trevor McCrisken, *American Exceptionalism and the Legacy of Vietnam: U. S. Foreign Policy since 1974*, New York：Palgrave, 2003, p. 5.

⑦ 　参见 Thomas Paine, *Common Sense*, New York：Barnes and Noble Books, 1995。

它可以摆脱君主制、世袭精英以及 18 世纪末困扰欧洲的所有弊病。在美国的战略叙事里，它是一个被上帝选择的国家：美国有着特殊命运，会成为其他国家效仿的榜样。① 美国例外论的支持者宣称，美国与旧世界存在本质上的不同。新世界的定居者逃离了腐败的政治环境，取而代之的是世界上最伟大的共和社会，那里的宪法包含着世界上从未尝试过的思想、价值观和原则。② 部分学者认为，民主就像喜剧，是最有凝聚力的制度设置。因为在政治纷争中，用语言来解决冲突，肯定比用拳头更好。③ 自 20 世纪 80 年代末以来，政治学家詹姆斯·菲什金等便呼吁以协商投票的形式推进协商民主，协商民主强调公民通过理性的审议来相互说服。④ 由此相关研究者认为，作为民主工具的修辞往往是喜剧性的，它鼓励公民相互合作、真诚交流。特别是在美国战略叙事中，民主精神的种子已经在美国结下了丰硕的果实，成为信仰。⑤

不同情境下描述敌人的方式、对威胁性质的定位，都有很大的不同。从逻辑上看，敌意言语有四个主要类型，即从竞争，到对立，再到敌意，最后到妖魔化，敌意程度不断加深（参见表 5-1）。其中妖魔化是敌意的最极端形式，即把一个群体、国家或个人说成是无比邪恶的异类，以致它的存在本身就是一种极端威胁。作为敌意最极端的形式，妖魔化倡导彻底摧毁被妖魔化的群体或个体。这种极端的修辞呼吁可能导致种族灭绝式的杀戮、煽动极端主义行动。有研究指出，纳粹德国的反犹主义叙事就采用

---

① Trevor McCrisken, *American Exceptionalism and the Legacy of Vietnam: U. S. Foreign Policy since 1974*, New York：Palgrave, 2003, p. 8.

② Paul T. McCartney, "Americanism：New Perspectives on the History of an Ideal", *Journal of American History*, Vol. 94, No. 1, 2007, pp. 234-235.

③ 参见 Robert Danisch, *Pragmatism, Democracy, and the Necessity of Rhetoric*, Columbia：University of South Carolina Press, 2007；Amy Gutmann and Dennis Thompson, *Why Deliberative Democracy*? Princeton, NJ：Princeton University Press, 2004；Mark Garret Longaker, *Rhetoric and the Republic: Politics, Civic Discourse, and Education in Early America*, Tuscaloosa：University of Alabama Press, 2007。

④ James Fishkin and Cynthia Farrar, "Deliberative Polling：From Experiment to Community Resource", in John Gastil and Peter Levine eds., *The Deliberative Democracy Handbook: Strategies for Effective Civic Engagement in the 21st Century*, San Francisco：Jossey Bass, 2005, p. 71；James Fishkin and Peter Laslett eds., *Debating Deliberative Democracy*, Malden, MA：Blackwell, 2003, p. 6.

⑤ René Lemarchand ed., *Forgotten Genocides: Oblivion, Denial, and Memory*, Philadelphia：University of Pennsylvania Press, 2011；Arabella Lyon, *Deliberative Acts: Democracy, Rhetoric, and Rights*, University Park：Penn State University Press, 2013, p. 12.

了对犹太人历史、种族与意识形态的高度妖魔化，希特勒政权利用这种极端叙事塑造了德意志第三帝国的政治敌人并强化了领导人的政治合法性。[①] 2001 年美国经历了前所未有的恐怖袭击后，美国总统小布什立即将支持恐怖分子的部分国家描述为"一个邪恶轴心，威胁全人类和平"，美国必须与之抗争。当然，在描绘敌人印象的过程中，认知镜像是比较复杂的。敌人既是修辞者的对立面，又能映射出修辞者自己的形象。从这个意义上看，在极力描述对方的邪恶意图方面，小布什和本·拉登的敌意修辞其实有很多共通之处，只是主体颠倒罢了。

表 5-1　敌意叙事的等级一览

竞争（Competition）	对立（Antagonism）	敌意（Enmity）	妖魔化（Demonisation）
攻击对手的政策或能力	形容对手是邪恶的或有道德缺陷的	将一个人或群体描述为具有威胁性和敌意，必须以武力进行压制	叙事模板将一个人或团体描述为邪恶或大逆不道，以至于对自己的生存构成威胁
敌意低	————————————————→		敌意高

资料来源：Rodney Barker, *Making Enemies*, New York：Palgrave Macmillan Ltd. , 2007, p. 38。

第三节　美国战略叙事的三大功能

传统的大战略涉及一个国家追求的全部利益，战略的艺术则是如何运用军事、政治、经济等多种手段来实现利益目标。[②] 实际上在传统的战略手段之外，叙事可以成为大战略的语言手段，发挥不可替代的作用。战略叙事不仅可以调动资源、凝聚共识，同时也能削弱"他者"的合法性基础。与所有的集体意图一样，战略叙事用公式表达出来就是：国家利

[①] Rodney Barker, *Making Enemies*, New York：Palgrave Macmillan Ltd. , 2007；James A. Aho, *This Thing of Darkness: A Sociology of the Enemy*, Seattle：University of Washington Press, 1994, pp. 83-104.

[②] Robert J. Art, *A Grand Strategy for America*, Ithaca, NY：Cornell University Press, 2003, p. 2.

益（＋信念）→战略叙事→政策选择。[①] 作为冷战结束之后唯一的超级大国，美国的战略叙事投射深刻塑造着国际关系格局。历届美国总统通过国情咨文、国际演讲、对外公告、战略文件，以及媒体发言建构出了一种相对连贯的美式战略叙事结构。美国叙事投射的话语强制体现在推进霸权利益，削弱对手合法性；共识争论功能体现在对内教育说服公众，对外维持战略声誉；情感归属功能体现在维持本体性安全，强化敌意螺旋。[②]

一、外交叙事中的话语强制

在国际事务中，美国总统是国家利益的发言人。在设计大战略的过程中，美国总统的各种愿景或战略构想通过话语表达变成国家大战略目标；而在大战略的实施过程中，除了依靠武力优势或物质性强制手段，也依赖于话语性强制手段。[③] 长期以来，美国为了实现其海外霸权利益，频繁介入、发动或支持境外军事冲突。在危机升级的边缘，美国惯于展示强硬的话语威胁，或者制造外交话语强制，迫使对方屈服。在某种程度上，叙事强制成为美国惯用的大战略推进器，其不仅可以掩盖或粉饰霸权行径，同时也能压制对手的言辞空间，削弱其行

---

① Jennifer Mitzen，"Illusion or Intention? Talking Grand Strategy into Existence"，*Security Studies*，Vol. 24，No. 1，2015，pp. 61-94.

② 关于美国总统的修辞与叙事风格研究参见 Janet Podell and Steven Anzovin ed.，*Speeches of the American Presidents (Second Edition)*，New York and Dublin：The H. W. Wilson Company，2001；Shawn J. Parry-Giles，*The Rhetorical Presidency，Propaganda，and the Cold War，1945-1955*，Westport，CT：Praeger Publishers，2002；Robert L. Hutchings，*At the End of the American Century：America's Role in the Post-Cold War World*，Washington，D. C.：The Woodrow Wilson Center Press，1998；Mark J. Rozell，*The Press and the Bush Presidency*，New York：Praeger，1996；William G. Hyland，*Clinton's World*，Westport，CT：Praeger，1999；Joseph Hayden，*Covering Clinton：The President and the Press in the 1990s*，New York：Praeger，2001；Karl K. Schonberg，*Pursuing the National Interest：Moments of Transition in Twentieth Century American Foreign Policy*，Westport，CT：Praeger，2003；Ryan J. Barilleaux and Mark J. Rozell，*Power and Prudence：The Presidency of George H. W. Bush*，College Station，TX：Texas A&M University Press，2004；Elvin T. Lim，*The Anti-Intellectual Presidency：The Decline of Presidential Rhetoric from George Washington to George W. Bush*，Oxford：Oxford University Press，2008。

③ Peter Hahn，"Grand Strategy"，in Robert B. Ripley and James M. Lindsay eds.，*U. S. Foreign Policy after the Cold War*，Pittsburgh，PA：University of Pittsburgh Press，pp. 185-214.

动合法性。

一方面，以叙事强制推进霸权利益。在外交事务中，美国总统经常将话语强制作为压制对方的武器。成功的叙事强制是一种精心设计的"修辞圈套"（rhetorical trap），其目的并不是要说服对方并达成共识，而是通过关闭反驳的机会，迫使对手就范。美国大战略中的缜密计算与利益权衡，离不开叙事强制，其功能主要在于以下两点。①为使用武力寻找理由。在制定大战略的过程中，历届美国领导人都习惯从《圣经》典故、历史先例或先贤哲人的告诫中探寻理由，例如冷战中的美国总统在介入冲突时会回顾华盛顿和杰斐逊等开国元勋对美国外交政策的框定，或者援引诸如"门罗主义"、"金元外交"或"门户开放"等战略叙事，证明强制行动的合理性与合法性。例如当美国总统罗纳德·里根谈到格林纳达的局势时强调："由古巴和苏联资助的共产主义叛乱分子已经占领了这个国家，并威胁到美国安全。"① 这种言论支持了后续的军事行动，入侵被描述为"美国反击苏联侵略和遏制共产主义蔓延的战斗"。②框定战略预期。总统外交政策叙事往往会提出广泛的愿景或价值观，这些愿景框定美国在世界的利益、界定盟友与敌人界限、进行议程设置。② 小西奥多·温德特认为，在总统将危机局势命名为危机之前，危机局势并不会成为危机。③ 总统话语会对框定外交事件的性质与重点产生深远的影响，针对危机的评论可以释放威慑信号，给竞争对手画定红线。④

另一方面，以叙事强制削弱对手合法性。在美国历史上，当总统部署或威胁部署武力时，其不仅向国内外听众讲述其军事实力优势，还会在言辞中

---

① Ronald W. Reagan, "The Central American Threat", in Janet Podell and Steven Anzovin ed., *Speeches of the American Presidents* (*Second Edition*), New York and Dublin: The H. W. Wilson Company, 2001, pp. 889-892.

② Jason A. Edwards, *Navigating the Post-Cold War World: President Clinton's Foreign Policy Rhetoric*, Plymouth U. K.: Lexington Books, 2008, pp. 2-5.

③ 参见 Theodore O. Jr. Windt, *Presidents and Protesters: Political Rhetoric of the 1960s*, Westport, CT: Praeger, 1990。

④ Jeffrey S. Peake, "Presidential Agenda Setting in Foreign Policy", *Political Research Quarterly*, Vol. 54, No. 1, 2001, pp. 69-86.

通过野蛮人/文明人的二元论来展示其合法性。[1] 在历次危机或战争中，领导人都会精心设计敌人（野蛮人）和美国（文明人）的形象，以战略叙事支撑军事干预。例如，美国总统常常塑造敌人的负面形象，把敌人描绘成野蛮的群体，一群严重威胁美国及其盟友安全的非理性野蛮人，对西方文明秩序发动无节制侵略，这种叙事强制得以让"打败邪恶敌人"的说辞合法化。[2] 例如，美国早期的政治话语将印第安人描绘成一个"象征着混乱"的民族，他们生活在政府之外，过着不受家庭、教会和村庄约束的生活，从事着"乱伦、食人、魔鬼崇拜和谋杀行为"。[3] 根据这一论点，美国对印第安人没有任何文明认同与同情，也无法平等地看待印第安人。此后，在威廉·麦金莱总统为征服菲律宾进行辩护时，其战略叙事再次强调了敌人的非文明形象。他宣称"菲律宾人是缺乏理解文明的能力的原始野蛮人"，[4] 甚至指出美国占领菲律宾是"帮助"菲律宾加快进入"文明国家"行列的善举。[5] 由此，叙事强制的合法化效果有助于降低美国战略实施的成本。根据战略需要，总统可以将任何一个对手描绘成不文明的敌人，为战争动员或军事干预奠定合法性基础。

二、对外话语的共识争论

在强制之外，美国对外政策的战略叙事也致力于沟通、说服与共

---

[1] Kenneth Burke, *The Rhetoric of Religion*, Berkley, CA: University of California Press, 1961; Benjamin R. Bates, "Audiences, Metaphors, and the Persian Gulf War", *Communication Studies*, Vol. 55, No. 3, 2004, pp. 447 – 464; Robert L. Ivie, "Democracy, War, and Decivilizing Metaphors of American Insecurity", in Francis A. Beer and Christ'l de Landtscheer ed., *Metaphorical World Politics*, East Lansing, MI: Michigan State University Press, 2004, pp. 75–90; Robert L. Ivie, "Speaking 'Common Sense' about the Soviet Threat: Reagan's Rhetorical Stance", *Western Journal of Speech Communication*, Vol. 48, No. 1, 1984, pp. 39–50; Robert L. Ivie, "The Metaphor of Force in Prowar Discourse: The Case of 1812", *Quarterly Journal of Speech*, Vol. 68, No. 3, 1982, pp. 240–253.

[2] Anders Stephenson, *Manifest Destiny: American Exceptionalism and the Empire of Right*, New York: Hill & Wang, 1995, p. 7.

[3] John R. Butler, "Somalia and the Imperial Savage: Continuities in the Rhetoric of War", *Western Journal of Communication*, Vol. 66, No. 1, 2002, p. 16.

[4] William McKinley, "War with Spain", in Janet Podell and Steven Anzovin ed., *Speeches of the American Presidents* (*Second Edition*), New York and Dublin: The H. W. Wilson Company, 2001, pp. 340–345.

[5] 参见 Ragnhild Fiebigvon Hase and Ursula LehmKuhl, *Enemy Images in American History*, Providence, RI: Berghahn Books, 1997; Samuel Keen, *Faces of the Enemy: Reflections of the Hostile Imagination*, San Francisco: Harper Row, 1986。

识协商。① 在理想的话语条件下，沟通不使用权力强制，而是理性说服对方，相互尊重表达的权利。小罗伯特·丹顿与加里·伍德沃德断言，总统职位是构建权力、神话、传奇和说服的关键岗位，总统所做的每一件事或说的每一句话都在沟通与说服。② 对内美国总统利用叙事话语来教育民众，让他们了解美国的国际角色与利益；对外美国战略叙事促进协商一致，争取支持实现利益。对外话语的共识性沟通体现在以下两方面。

一方面，以叙事教育说服公众。对大多数普通民众而言，外交是一个神秘的领域，总统叙事则提供了外交细节、展示了国外形势，为民众创造了一种秩序感。总统领导力的首要任务是，通过叙事向公众和政客解释现实，并将现实融入宏大的价值信念之中。例如将对外干预、投资或援助与捍卫民主价值观挂钩，能增加决策的说服力。为提升说服效力，叙事者需要精心设计说服策略。美国领导人的公开演讲与文件颁布，都在试图间接地影响舆论。杰克·斯奈德阐述了伍德罗·威尔逊是如何说服美国人民、美国议会和世界舆论接受其"战后新秩序论"的。从大战略叙事角度看，威尔逊向国内外听众讲述了大战略叙事的两种复杂功能：整合事实和价值（"是"和"应该"）的概念，以及整合联盟伙伴之间的不同政治观点。③ 除了陈述利弊风险外，说服沟通的关键秘诀还在于采用生动的呈现形式，例如"门户开放"和"多米诺骨牌"理论等生动隐喻就创造出栩栩如生的戏剧情境，提升了战略说服效果。④ 这些"隐喻"表达把抽象概念与熟悉事物联系起来，更高效、更简洁地传递信息，触发听众的情感想象。

另一方面，以沟通性叙事维持战略声誉。大战略的执行并非一帆风顺，当遭遇困境与挫折时，积极沟通有助于挽回声誉损失。事实上，面对不利局面决策者会努力用言辞掩盖失误，运用沟通性叙事为其未能兑现的

---

① 参见 Richard A. Neustadt, *Presidential Power: The Politics of Leadership*, New York：Wiley, 1990。

② 参见 Robert E. Denton, Jr. and Gary C. Woodward, *Political Communication in America（Second Edition）*, New York：Praeger, 1990。

③ Jack Snyder, "Dueling Security Stories：Wilson and Lodge Talk Strategy", *Security Studies*, Vol. 24, No. 1, 2015, pp. 171-197.

④ 作为修辞的一种类型，隐喻是一种"跨概念域的映射"，即源域到目标域的映射。参见 George Lakoff and Mark Johnson, *Metaphors We Live By*, Chicago：University of Chicago Press, 1980, p. 5；Jonathan Charteris-Black, *Politicians and Rhetoric：The Persuasive Power of Metaphor*, New York：Palgrave Macmillan, 2011, p. 29。

承诺辩护，让前后不一致的言行能够自圆其说。[①] 例如，面对不利局面，超级大国领导人往往会在退出一场战争前进行公开演讲或召开新闻发布会，以精心设计的叙事话语"过滤"不利的失败信息，放大既有成就与道德目标来淡化战略失利，最终转移大众焦点，维持战略声誉。[②] 例如，在冷战中美苏两个超级大国都曾遭遇不同程度的战略失利。当美国被迫从越南撤军、苏联被迫从阿富汗撤军时，双方领导人很默契地向外宣称"退出战争"是为了给对方国家留下自主建设空间，是圆满完成阶段性任务后的凯旋。面对国际媒体，美苏领导人刻意展示沟通性叙事，淡化战略失利，对内降低观众成本，对外挽回大国声誉或颜面。再如，"9·11"事件后美国小布什政府接连发动阿富汗战争与伊拉克战争，旷日持久的战争与战略透支风险都引发不少批评。批评人士认为美国正在陷入类似越战的战略"泥潭"。对此，小布什总统及其辩护者直截了当地表示"越战隐喻是错误的"[③]，因为越南战争是地缘战略冲突，而反恐战争则是一场"十字军东征"，[④] 是"文明冲突"[⑤] 的再现。这种叙事将战略扩张上升到文明层面，掩盖了军事入侵的本质，意在为战略失误开脱，维护其国际形象。

三、对外话语的身份认同

作为话语工具，叙事提供有关"我们"是谁、"我们"来自何处以及"我们的"集体目标的故事。连贯一致的叙事可以有效缓解身份焦虑，尤其面临危机压力时，"自我-他者"叙事的认同话语能够带来内在的心理

① Daryl G. Press, *Calculating Credibility: How Leaders Assess Military Threats*, Ithaca, NY: Cornell University Press, 2005, p.10.

② Laura Roselle, *Media and the Politics of Failure: Great Powers, Communication Strategies, and Military Defeats*, London: Palgrave Macmillan, 2006, pp.8-11.

③ Chuck Raasch, "Escalating Violence Makes Iraq/Vietnam Comparison Inevitable", *USA Today*, April 9, 2004.

④ 转引自 Lars Lundsten and Matteo Stocchetti, "The War against Iraq in Transnational Broadcasting", in Stig A. Nohrstedt and Rune Ottosen eds., *Global War-Local Views: Media Images of the Iraq War*, Göteborg: Nordicom, 2005, pp.25-46。

⑤ Samuel P. Huntington, "The Clash of Civilizations", *Foreign Affairs*, Vol.72, No.3, 1993, pp.22-28.

安慰与安全感。① 在身份认同维度上，美国大战略叙事长期被"他者策略"（strategy of the other）所主导，只有通过对"他者"的叙事定位，才能确立美国的"我们"身份。根据戴维·坎贝尔的解读，冷战期间美国对苏联的他者化，与当今美国对中国的污名化叙事类似，都是美国身份认同的叙事表达。② 对美国来说，在危机中寻找和建构威胁叙事是一种战略需求，其功能体现在以下两个方面。

一方面，身份认同叙事维持本体性安全。在美国的战略叙事中，第二次世界大战是一场"自由世界"和"奴役世界"之间的竞争。经过激烈的较量，民主国家幸存了下来，最终取得了胜利，这一事实证明了民主价值固有的道德优越性。于是在美国的推动下，和平、平等、自由和博爱的民主思想被广泛纳入《联合国宪章》和1948年《世界人权宣言》等国际文件与议程之中。但事实上，冷战冲突掩盖了美苏联盟抗战的浪漫叙事，二战胜利离不开苏联这个"盟友"的战略支持。冷战期间激烈的意识形态较量，强化了美苏的本体性不安全感，塑造了各自的认同身份。例如，在约翰逊总统为介入越南战争辩护时，他就将共产主义国家视为"现代野蛮人"；③ 当罗纳德·里根总统将苏联描述为狂热的、撒旦式的"邪恶帝国"时，也是以光明与黑暗、善良与邪恶、道德与不道德的二分法污名化竞争对手。④ 身份叙事界定了谁是敌人、为什么必须反对它，或为何在必要时要进行干预。冷战结束后美国的战略威胁环境发生变化，但不论冷战后的美国战略叙事如何调整，寻找敌人一直是其大战略的内在需求。

另一方面，身份认同叙事强化敌意螺旋。在"自我-他者"叙事框定下，双方激烈言辞竞争仿佛让敌意战略话语呈现螺旋上升态势，这种消极偏差的认知会进一步强化"叙事黏性"。心理学分析表明消极框定

① Michael L. Kent, "The Power of Storytelling in Public Relations: Introducing The 20 Master Plots", *Public Relations Review*, Vol. 41, No. 4, 2015, pp. 480-489.

② David Campbell, *Writing Security: United States Foreign Policy and the Politics of Identity*, Minneapolis, MN: University of Minnesota Press, 1998, p. 68.

③ Lyndon Baines Johnson, "Why Are We in Vietnam?" in Janet Podell and Steven Anzovin eds., *Speeches of the American Presidents* (*Second Edition*), New York and Dublin: The H. W. Wilson Company, 2001, pp. 745-747.

④ Ronald Wilson Reagan, "The Evil Empire", in Janet Podell and Steven Anzovin eds., *Speeches of the American Presidents* (*Second Edition*), New York and Dublin: The H. W. Wilson Company, 2001, pp. 882-886.

在塑造身份认知方面比积极框定更有力量，也有更强的动力停留在脑海中抵制随后的新叙事。① 从消极记忆转变为积极记忆的门槛较高，那些先入为主的消极框定在未来转向积极框定时比较困难，人们的思维倾向于"停留"在最初的消极框定中。② 在竞争激烈的情境下，叙事者为了讲述自己的英雄故事，往往会塑造对手并将其妖魔化。在投射身份叙事时，美国与竞争对手的敌意螺旋会被放大。冷战后俄罗斯经历痛苦转型，苏联解体使俄罗斯不断追寻新的身份定位。基于此，俄罗斯官方在冷战后精心设计出"复兴循环"战略叙事，即将国家复兴置于周期性的叙事中心，认为经历厄运的俄罗斯将通过改革恢复以前所取得的光辉成就。这种循环叙事与美国独大的霸权叙事之间存在矛盾，美国也因此一直对俄罗斯的大国雄心怀有芥蒂。③ 同样，经历近代苦难与屈辱的中国将国富民强作为新的发展方向。在"两个一百年"与"伟大民族复兴"的时代目标下，中国维护国家核心利益的决心，又被美国解读为是中国挑战其全球霸权的信号。甚至有美国鹰派学者惊呼中国存在一个取代美国的"百年马拉松计划"。④ 与话语强制和话语沟通不同，身份认同叙事根植于民族精神深处，对战略竞争的影响更加具有延续性与根本性。

第四节　后冷战时代的叙事变迁

冷战结束后，中美均调整了大战略方针，中国致力于"改革开放"与"韬光养晦"，美国则奉行有限的对华接触政策，两国在经贸领域开展

---

① 参见［美］丹尼尔·卡尼曼、保罗·斯洛维奇、阿莫斯·特沃斯基编《不确定状况下的判断：启发式和偏差》，方文等译，中国人民大学出版社 2008 年版。

② Aliso Ledgerwood et al. , "Changing Minds: Persuasion in Negotiation and Conflict Resolution", in Peter T. Coleman, Morton Deutsch and Eric C. Marcus eds. , *The Handbook of Conflict Resolution: Theory and Practice* (*3rd ed.*), San Francisco, CA: Jossey-Bass, 2014, pp. 429-439.

③ Andrew S. Crines and David P. Dolowitz, "The Oratory of Donald Trump", in Andrew S. Crines and Sophia Hatzisavvidou eds. , *Republican Orators from Eisenhower to Trump*, Cham, Switzerland: Palgrave Macmillan, 2018, p. 290.

④ 参见 Michael Pillsbury, *The Hundred-Year Marathon: China's Secret Strategy to Replace America as the Global Superpower*, New York: Henry Holt and Co. , 2015。

了大规模合作，中美叙事基调为共识沟通。"9·11"事件后中国对美国全球反恐战略给予了支持，但这一阶段双方危机事件频发，中美关系竞争与合作并存。[①] 2008 年金融危机刺激了美国的反华舆论，中国开始被其描述为"修正主义"大国，[②] 话语强制色彩增加。[③] 2017 年特朗普政府执政后，中美关系迅速恶化，美国就网络间谍、知识产权、贸易不公平与产业竞争问题对中国极限施压，中美面临战略竞争风险。中美两国螺旋上升的敌对性叙事似乎正在导向所谓的"修昔底德陷阱"。[④] 中美关系的跌宕起伏，引发了学界对大国竞争与战略叙事的思考：在权力转移背景下，战略叙事将如何塑造大国竞争；更进一步，新兴大国与霸权国是否可以超越叙事陷阱，从"注定一战"的悲剧叙事转向更具包容性的喜剧或浪漫叙事。回答这些问题需要回归历史，对大国竞争叙事进行梳理、反思与对比，以探究大国竞争的叙事机制。

一、美苏冷战的叙事竞争

冷战是一场修辞竞赛，主要大国的战略叙事都经历了"天使-恶魔"式的大翻转（the angel-devil shift）。[⑤] 在第二次世界大战中，美苏是抗击法西斯主义的关键盟友，双方摈弃意识形态与政治模式差异联手缔造了世界和平、维护了人类正义，直到 1946 年英国前首相丘吉尔发表"铁幕演说"之前，美苏的叙事基调都以友谊式的浪漫剧本为主。但随着战后国际格局的重大变化，美苏两极竞争打破了这种浪漫叙事，双方从意识形态上将彼此定义为邪恶的"敌人"。"冷战"一词本身就是独特的叙事表达：

---

① 陶文钊、何兴强：《中美关系史》，中国社会科学出版社 2009 年版，第 15~20 页。

② Michelle Murray Yang, *American Political Discourse on China*, New York：Taylor & Francis, 2017, p. 69.

③ Andrew Scobell, "Perception and Misperception in U. S. -China Relations", *Political Science Quarterly*, Vol. 135, No. 4, 2020, pp. 3~4.

④ 参见［美］格雷厄姆·艾利森：《注定一战：中美能避免修昔底德陷阱吗?》，陈定定、傅强译，上海人民出版社 2019 年版；Christopher Coker, *The Improbable War：China, the United States and the Continuing Logic of Great Power Conflict*, Oxford and New York：Oxford University Press, 2015；S. Mahmud Ali, *US-China Strategic Competition towards a New Power Equilibrium*, New York：Springer-Verlag Berlin Heidelberg, 2015。

⑤ Friedrike Kind-Kovacs, "Voices, Letters, and Literature through the Iron Curtain：Exile and the（Trans）Mission of Radio in The Cold War", *Cold War History*, Vol. 13, No. 2, 2013, p. 219.

战争可以冷吗？这里的"冷"除了没有爆发大战之外，还意味着身份认同对立与悲剧性的叙事色彩。冷战叙事的悲剧色彩最终被苏联解体所打破，俄罗斯进行了一系列政治体制转型，美俄战略关系缓和，但在合作中仍然充满战略防范，形成竞争与合作共存的讽刺剧叙事。这三种叙事结构的转变，展示出美苏战略竞争的动态性，以及叙事剧本的多样性——从二战时期的浪漫剧叙事，迅速恶化为冷战时期的悲剧叙事，而在冷战后又进入反复波动的讽刺剧叙事。整体上，美苏冷战叙事的特点如下。

其一，身份竞争是冷战叙事的核心。在冷战 40 多年时间里，美国将自己描绘成自由世界的领导者和文明的捍卫者，苏联则被美国描绘成邪恶的堡垒，身份认同叙事贯穿冷战全过程。[1] 在冷战叙事中，美苏领导人通过精心设计叙事背景，选择非文明化话语，将对方框定为非理性、强制性和攻击性的可怕国家。例如，美国政客大多把苏联形容为"北极熊"、"豺狼"和"危险的掠食者"，或者贴上"原始人"、"野蛮人"、"没有头脑的机器"、"疯子"、"狂热分子"和"上帝的敌人"等负面标签。[2] 最典型的例子是美国共和党参议员约瑟夫·麦卡锡（Joseph McCarthy）誓言要揭开共产主义的"黑暗面纱"，他以具有高度煽动性的言辞指出隐藏在黑暗里的"共产主义阴谋"和间谍活动正在侵害美国的自由民主精神。[3] 1950 年 2 月，麦卡锡在其演讲中危言耸听地说："虽然我不能花时间说出国务院中潜藏着的所有共产党分子和间谍的名字，但我手头有一份 205 人的名单——这份名单上的人是共产党员，却仍然在国务院工作并制定国家政策。"[4] 美苏之间类似的猜疑、谩骂、诋毁和污名化叙事比比皆是，有学者指出"军事对抗的物质武器虽不能打破铁幕，但是话语叙事却可以

① Lynn Boyd Hinds and Theodore Windt Jr. , *The Cold War as Rhetoric: The Beginnings*, *1945 - 1950*, Westport, CT: Praeger, 1991; Martin Medhurst et al. , *Cold War Rhetoric: Strategy*, *Metaphor*, *Ideology*, East Lansing, MI: Michigan State University Press, 1997; Phillip Wander, "The Rhetoric of American Foreign Policy", *Quarterly Journal of Speech*, Vol. 70, No. 4, 1984, pp. 339-361.

② Eugene E. White, "Rhetoric as Historical Configuration", in Eugene E. White ed. , *Rhetoric in Transition: Studies in the Nature and Uses of Rhetoric*, University Park, PA: Pennsylvania State University Press, 1980, pp. 7-20.

③ Robert L. Ivie, "Diffusing Cold War Demagoguery: Murrow vs. McCarthy on 'See It Now'", Paper Delivered at the Seventy-Third Annual Meeting of the Speech Communication Association, Boston, November 7, 1987.

④ Robert L. Ivie, "Images of Savagery in American Justifications for War", *Communication Monographs*, Vol. 47, No. 4, 1980, pp. 279-294.

透过铁幕入侵进来，这比刀剑还能刺痛人心"。① 例如，冷战期间的广播战、文化战和意识形态渗透，润物细无声地改变着竞争格局，延续近半个世纪的冷战竞争让"自我-他者"的悲剧叙事固化成了一种强大的话语惯性。

其二，冷战前半期，叙事重点从身份竞争转向共识沟通。冷战期间美苏竞争基本上处于悲剧叙事结构中，身份竞争是双方叙事竞争的关键点，两种意识形态与社会制度模式第一次在全球范围形成势均力敌的竞赛，沿着"铁幕"落下的分界线世界似乎成为非黑即白的二元结构。如上所述，这种身份竞争的烈度，在冷战阶段也有所变化。在冷战前半段时间里，美苏身份对抗极为激烈，双方都将对方认为是无法调和的"他者"。但是到了冷战后半段时间，美苏意识形态对抗有所缓和，两个超级大国从你死我活的身份对立中解脱出来，从现实战略利益角度达成了"战略大缓和"默契。② 冷战后期的美苏战略武器谈判、美苏"和平竞赛"倡议，以及第三世界的力量崛起，使得双方认识到进行必要的战略合作或展示善意姿态，比激烈的身份对抗更能维护自身的全球利益。③ 由此，美苏冷战的叙事维度开始从身份认同竞争，转向共识沟通与话语强制维度。尤其以"古巴导弹危机"为分水岭，美苏淡化意识形态叙事，双方达成和平竞争、两极共治的战略默契。高度紧张的古巴导弹危机让世界处于核大战的边缘，美苏领导人从中认识到彼此战略沟通与管控竞争的必要性。经历柏林墙危机、古巴导弹危机与越南战争危机等一系列冲击后，美苏双方开始形成一种竞争默契：避免让激进的"他者化"叙事形成恶性循环话语陷阱。④ 由此，20 世纪 70 年代之后的美苏关系开始趋向稳定，战略

① Robert L. Ivie, "Cold War Motives and the Rhetorical Metaphor: A Framework of Criticism", in Martin J. Medhurst, Robert L. Ivie, Philip Wander and Robert L. Scott eds., *Cold War Rhetoric: Strategy, Metaphor, and Ideology*, East Lansing: Michigan State University Press, 1997, p. 72.

② 参见［美］梅尔文·莱弗勒《人心之争：美国、苏联与冷战》，孙闵欣等译，华东师范大学出版社 2012 年版；［美］梅尔文·莱弗勒：《权力优势：国家安全、杜鲁门政府与冷战》，孙建中译，商务印书馆 2019 年版。

③ 参见［美］约翰·刘易斯·加迪斯：《长和平：冷战史考察》，潘亚玲译，上海人民出版社 2011 年版；［美］约翰·刘易斯·加迪斯：《遏制战略：冷战时期美国国家安全政策评析》（增订本），时殷弘译，商务印书馆 2019 年版。

④ 参见 Odd Arne Westad, *The Cold War: A World History*, New York: Basic Books, 2019; Melvyn P. Leffler, *For the Soul of Mankind: The United States, the Soviet Union, and the Cold War*, New York: Hill and Wang, 2008。

竞争也逐渐可控，美苏双方都致力于追求两极战略的稳定而非试图建立单极世界（参见图5-2）。

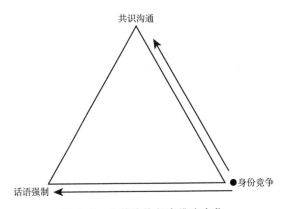

图 5-2　美苏冷战叙事维度变化

资料来源：笔者自制。

　　其三，冷战后半期，叙事重点从身份竞争转向话语强制。"遏制战略"叙事是一种话语强制，自从杜鲁门政府正式宣告了其大战略目标是在全球遏制共产主义的蔓延后，"遏制战略"叙事就成为冷战的话语基调，但是这种基调在冷战时期也有所调整。冷战伊始，根据"杜鲁门主义"，美国宣布向希腊和土耳其提供援助，以帮助"铁幕之下"的盟友打击"共产主义叛乱分子"；[1] 此后援助计划升级为"马歇尔计划"，旨在重建欧洲力量共同遏制共产主义扩张。艾森豪威尔总统则提出将政治、心理、经济和军事因素结合起来的"新面貌"战略，力主建立对抗苏联的核力量优势。[2] 尼克松总统与其前任们一样继续实施遏制战略，但他主要

---

[1] 冷战演讲文献文本请参见王波主编：《美国经典外交文献选读》，北京大学出版社2019年版；孟广林主编，何黎萍、赵秀荣选编：《西方历史文献选读（近代卷）》，社会科学文献出版社2016年版。

[2] Martin J. Medhurst, "Atoms for Peace and Nuclear Hegemony: The Rhetorical Structure of a Cold War Campaign", *Armed Forces & Society*, Vol. 23, No. 4, 1997, pp. 571 – 593; Martin J. Medhurst, *Eisenhower's War of Words: Rhetoric and Leadership*, East Lansing: Michigan State University Press, 1994, pp. 23–40.

强调外交手段。① 通过建立美-苏-中"战略大三角"关系，尼克松政府最终与中国秘密谈判并达成和解，② 而里根总统的决心声明则包含了大量针对苏联的修辞强制。在 1981 年 1 月 29 日召开的就任总统后第一次记者招待会上，他说苏联领导人为了"促进世界革命，可以犯下任何罪行、撒谎、欺骗"。③ 这些负面修辞可以框定民众的期望，对苏联的负面定性不仅引起了人们对他将履行承诺、坚定反苏的期望，而且还引起了人们对美苏军事冲突的担忧。④ 这些例子表明，历届总统尽管偏爱用不同的修辞手段，但均施展了对外强制话语叙事，尤其是在美苏竞争的中后期，双方意识形态的身份话语竞争有所缓和，但话语权强制叙事得以加强，后者是扩展战略利益的理性工具。⑤ 冷战结束后，美国的敌人更加分散、复杂和多样，威胁性质变化使得美国开始调整冷战悲剧叙事，重新塑造国内外战略共识。⑥ 克林顿政府认为，后冷战时代的大战略良方应是建立"全球伙伴关系"网络，以对冲不确定的风险与可能蔓延的各种冲突。⑦ 美国开始将话语强制与共识沟通作为叙事重点，淡化身份竞争叙事。⑧

---

① 参见 Joan Hoff, *Nixon Reconsidered*, New York: Basic Books, 1994; Henry Kissinger, *Diplomacy*, New York: Simon and Schuster, 1994。

② Lynn M. Kuzma, Steven Leibel and Jason Edwards, *Courtship with the Dragon: Nixon's Rapprochement with China*, Washington, D. C.: Georgetown University, Institue for the Study of Diplomacy, 2003, p. 6.

③ G. Thomas Goodnight, "Ronald Reagan's Reformulation of the Rhetoric of War: Analysis of the 'Zero Option', 'Evil Empire', and 'Star Wars' Addresses", *Quarterly Journal of Speech*, Vol. 72, No. 4, 1986, pp. 390-414; Santa Barbara, Gerhard Peters and John Woolley, "American Presidency Project", University of California, 2016, www. presidency. ucsb. edu, June 18, 2011-April 26, 2016.

④ Raymond L. Garthoff, *The Great Transition: American-Soviet Relations and the End of the Cold War*, Washington, D. C.: The Brookings Institution, 1994, p. 91.

⑤ Jason A. Edwards, *Navigating the Post-Cold War World: President Clinton's Foreign Policy Rhetoric*, Plymouth, U. K.: Lexington Books, 2008, pp. 16-18.

⑥ Phillippe Le Prestre, "The United States: An Elusive Role Quest after the Cold War", in Phillip Le Prestre ed., *Role Quests in the Post-Cold War Era: Foreign Policies in Transition*, Toronto: McGill University Press, 1997, p. 65.

⑦ Bill Clinton, "Remarks at the University of Connecticut in Storrs", *The Public Papers*, October 15, 1995, p. 1596.

⑧ Bill Clinton, "Remarks at the National Defense University", *The Public Papers*, January 29, 1998, p. 138.

二、大国竞争的叙事剧本

尽管权力竞争是战略叙事的核心议题，但不同历史背景下的竞争叙事剧本存在一定差异。美苏叙事与中美叙事都呈现出较强的竞争性特点，双方激烈言辞仿佛让敌意螺旋呈现上升态势。但从理论上看，大国竞争不存在唯一的叙事剧本。现实主义观点认为大国权力竞争基本都会走向悲剧性的冲突，军备竞赛、权力均势、安全困境与"修昔底德陷阱"就是这种冲突的话语体现。但新自由主义者强调，大国竞争的对抗性叙事可以通过多种方式消解，竞争同时包含着利益纷争与合作向善，外交剧本是悲喜交加的讽刺剧；而建构主义者更进一步指出，"叙事剧本"是由竞争者共同编写的，本质上是动态性的。例如亚历山大·温特提出的"三种无政府文化"暗示叙事剧本可以从悲剧进化到讽刺剧或浪漫剧，最终形成喜剧。① 现实主义阵营内部也出现了反思性论点。大国政治的"悲剧"论点基本立足冷战经验，是一种单向性的归纳逻辑。② 从中国和平发展经验或非冷战经验中可以看到，大国竞争不存在唯一逻辑。唐世平在《国际政治的社会进化：从米尔斯海默到杰维斯》一文中论述了国际体系的防御性演变趋势，隐含地否定了大国竞争的悲剧叙事逻辑。③ 同样，杨原在《大国政治的喜剧》一文中也力证，大国竞争的螺旋可以消极"上升"也可以积极"下降"，冷战之外的历史经验表明大国对抗不仅有加速机制，也存在刹车机制。当战略互动导致战略冲突降级时，就有可能呈现出大国政治的喜剧剧本。④ 由此，冷战式的悲剧叙事并不能解释历史上所有大国竞争的经验。⑤ 那种对大国权力竞争的悲观叙事——"大国战争的幽灵笼罩在 21 世纪的上空"以及"今天的中美类似斯巴达与雅典或一战前的德国与英国"，都是自我实现的悲剧表达。实际上，面对竞争的不确

---

① 参见 ［美］亚历山大·温特：《国际政治的社会理论》，秦亚青译，上海人民出版社 2008 年版。

② 参见 ［美］约翰·米尔斯海默：《大国政治的悲剧》，王义桅、唐小松译，上海人民出版社 2008 年版。

③ 唐世平：《国际政治的社会进化：从米尔斯海默到杰维斯》，《当代亚太》2009 年第 5 期。

④ 杨原：《大国政治的喜剧——两极体系下超级大国彼此结盟之谜》，《世界经济与政治》2019 年第 12 期。

⑤ Linus Hagström and Karl Gustafsson, "Narrative Power: How Storytelling Shapes East Asian International Politics", *Cambridge Review of International Affairs*, Vol. 32, No. 4, 2019, pp. 387–406.

定与恐惧情感，大国反而可能有动机相互克制或寻求合作。[1] 超越冷战叙事就需要认识到历史是多元的，不存在"不可避免"的悲剧剧本。

跳出冷战悲剧式叙事，以更宏大历史视野审视中美互动，可以看到中美关系其实经历了陌生、联盟、恐惧、友好、竞合、敌视与冲突的演变。大国冲突性叙事结构并非必然不变的。借鉴文学理论、历史研究与戏剧理论的成果，可以为我们理解大国战略叙事竞争提供一些新视野。叙事书写是多元的，不同的情节走势会带来不同的叙事风格。大体上，存在四种基本的叙事剧本逻辑，即浪漫风格、讽刺风格、喜剧风格与悲剧风格。美国著名历史哲学家海登·怀特进一步总结出了四种战略叙事模式，即国际关系中的悲剧（tragedy）、喜剧（comedy）、浪漫剧（romance）与讽刺剧（satire）。[2] 基于剧本结构描述差异，这四种叙事风格在情节表达上有重要差异（参见图5-3）。

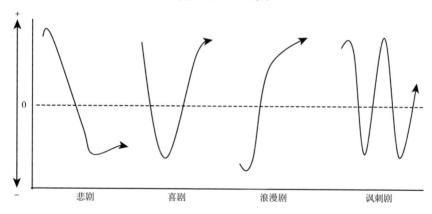

图 5-3 大国竞争的四种叙事剧本

注：虚线为叙事基调，虚线（0 值）以上为积极色彩，以下为消极色彩。

资料来源：修改自 Kenneth J. Gergen and Mary M. Gergen, "Narrative Form and the Construction of Psychological Science", in Theodore R. Sarbin ed., *Narrative Psychology: The Storied Nature of Human Conduct*, Westport, CT: Praeger Publishers, 1986, p. 29。

---

[1] Peter Gries and Yiming Jing, "Are the US and China Fated to Fight? How Narratives of 'Power Transition' Shape Great Power War or Peace", *Cambridge Review of International Affairs*, Vol. 32, No. 4, 2019, pp. 456-482.

[2] 相关研究可参见 Hayden White, *The Content of the Form: Narrative Discourse and Historical Representation*, Baltimore, MD: Johns Hopkins University Press, 1987; Riikka Kuusisto, "Comic Plots as Conflict Resolution Strategy", *European Journal of International Relations*, Vol. 14, No. 4, 2009, pp. 601-626。

首先，在悲剧叙事中，叙事情节走势是断崖式下跌，故事情节的急剧恶化是悲剧的典型标志。例如在《安提戈涅》、《俄狄浦斯王》、《哈姆雷特》和《罗密欧与朱丽叶》这样的经典悲剧中，事态的恶化速度会对观众产生巨大情感冲击，产生颠覆性的幻灭感。其次，在典型的喜剧叙事中，叙事情节走势是先下降后上升，呈现巨大反差，但结果是皆大欢喜的。与悲剧向着消极结果的颠覆性转变不同，喜剧则呈现积极的颠覆性翻转。再次，浪漫剧则是一种完全渲染友好、幸福与积极氛围的叙事结构，情节不会颠覆性变化，而是稳步积极改善。一般在国际关系危机或战后和解中，亲密联盟与战略和解都充满着浓厚的浪漫色彩。最后，讽刺剧是一种情节结构不稳定，剧情走势剧烈波动的叙事结构。需要注意的是，讽刺剧本的情节会反复波动让人难以猜中结局，而喜剧与悲剧的波动则是剧烈的、方向明确的。[①] 除了悲剧的最终结果可能走向极度消极外，喜剧、浪漫剧与讽刺剧都可能最后走向积极结局。这意味着，要超越冷战悲剧叙事，就需要让大国叙事结构向着喜剧、浪漫剧与讽刺剧的方向转变，这样才能避免不可挽回的冲突。2018 年后的中美大国叙事结构还没有滑向真正的冷战式悲剧，正如中国国务委员兼外长王毅所言："大国关系处在新的十字路口，也有机会打开新的希望之窗。"[②] 当下中美大国叙事是介于悲剧与讽刺剧之间的剧情，可被称为"准悲剧"[③] 剧本——"悲喜共存，危机四伏"。以大国战略叙事的四种剧本为基础，可以刻画出二战以来的美苏（俄）竞争与中美竞争剧本异同。

二战以来的美苏（俄）叙事和中美大国叙事结构存在较大差异。第二次世界大战期间的美苏叙事结构以浪漫剧为主导，双方彼此为盟友，联手抗击世界法西斯主义；在这一时期中美也是同盟关系，双方在太平洋战场

---

① 贺刚：《叙述结构、角色扮演与暴力进程的演变——丹麦与瑞典漫画危机的比较研究》，《欧洲研究》2017 年第 6 期；Erik Ringmar, "Performing International Systems: Two East-Asian Alternatives to the Westphalian Order", *International Organization*, Vol. 66, No. 1, 2012, pp. 1-25。

② 《王毅：中美关系来到新的十字路口，也有望打开新的希望之窗》，中国新闻网，2021 年 1 月 2 日，https://www.chinanews.com/gn/2021/01-02/9377055.shtml。

③ 这里的"准悲剧"剧本是指大国呈现的悲剧叙事趋势，而并没有完全形成不可逆的悲剧叙事模板。关于"准剧本"的说明参见 Kenneth J. Gergen and Mary M. Gergen, "Narrative Form and the Construction of Psychological Science", in Theodore R. Sarbin ed., *Narrative Psychology: The Storied Nature of Human Conduct*, Westport, CT: Praeger Publishers, 1986, p. 29。

上彼此支持、密切配合，共同击败了日本法西斯主义。

进入冷战阶段后，美苏彼此视对方为最大的威胁，在意识形态上彼此"他者化"，地缘政治竞争也极为激烈，这一阶段的叙事剧本无疑是悲剧性的。尽管古巴导弹危机后美苏竞争有所缓解、叙事重心有所调整，但是叙事结构并未出现根本性翻转。值得注意的是，与美苏不同，中美关系在冷战期间经历了从敌对到合作的戏剧性大转变。直到冷战结束前中美关系出现难得冷战蜜月期。由此可知，冷战期间的中美叙事结构是反复波动的讽刺剧。

冷战结束初期，美国战略目标聚焦在全球反恐上，这为美国和俄罗斯合作以及中美关系和解提供了契机。俄罗斯在西方国家的"休克疗法"指导下推动了政治社会经济大转型，美俄关系显著改善，但是鉴于俄罗斯的大国雄心与军事实力，美国始终对其保持戒心。经过北约东扩、车臣战争、俄格战争、克里米亚危机、叙利亚战争等一系列冲突，美俄战略叙事呈现反复波动的讽刺剧剧本。不同的是，冷战后中美大国关系得到极大改善，特别是2001年12月当中国正式加入世界贸易组织（WTO）时，中美都沉浸在短暂的乐观情感中。美国预期中国将兑现扩大市场准入的承诺，而中国认为加入该俱乐部标志着中国正式加入了全球经济秩序。这一阶段中美叙事结构呈现浪漫剧特征。

但是到了2008年后，中国和平发展进程加快，美国战略重心也从中东转移至亚太，双方结构性矛盾开始凸显。中美关系从浪漫剧转向讽刺剧，竞争与合作并存。中美贸易摩擦与新冠疫情冲击，让中美关系出现竞争激化态势，双方在言辞与行动上陷入高度紧张与对抗螺旋中，关于大国"修昔底德陷阱"的说法也开始流行。

纵观历史可知，大国竞争不存在唯一的叙事结构（剧本），每个时代有属于每个时代的叙事风格。图5-4展示了二战后的美苏（俄）叙事经历了浪漫叙事、悲剧叙事、讽刺剧叙事变化。冷战后期至今，中美大国关系的复杂程度要超过美苏（俄）关系，大国叙事剧本更加多变。化解当前的中美关系僵局，超越冷战悲剧叙事，需要大国相向而行。2020年1月民主党总统拜登入主白宫后，中国展示出开放姿态与合作信号。例如，外交部发言人华春莹指出："一个良好的中美关系符合两国人民的根本利益，也是国际社会的共同期待。希望美国新一届政府同中方相向而行，推

动中美关系尽快回到正确发展轨道。"① 从这一叙事中可以看出，中国对
拜登政府推进"中美关系重回正确轨道"寄予了一定希望。与特朗普的
激进叙事风格不同，拜登政府对华叙事呈现双面特征。一方面，拜登的
叙事风格更突出价值观差异。拜登总统称中国正在挑战"美国的繁荣、
安全和民主价值观"，并呼吁盟友和伙伴"共同准备与中国的长期战略
竞争"。② 尽管这一策略无疑也会给中国造成压力，但是与特朗普政府相
比，拜登政府相对重视遵循国际规则。充满不确定性的环境为叙事修正
提供了机会空间。另一方面，拜登更强调竞争的非对抗性。虽然结构性
矛盾很难调和，在核心议题领域，双方存在言辞对抗升级的可能，但在
气候变化、朝核问题和经济复苏等议题上，中美也能够适当合作，构建
合作叙事。

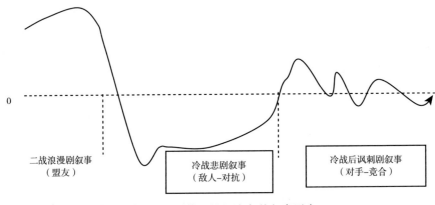

图 5-4　美苏（俄）竞争的叙事剧本

图示说明：虚线为叙事基调，虚线（0 值）以上为积极色彩，以下为消极色彩。
资料来源：笔者自制。

---

① 《希望美国新一届政府同中方相向而行，推动中美关系尽快回到正确发展轨道》，新华网，2021
年 1 月 20 日，http：//www.xinhuanet.com/world/2021-01-20/c_ 1127005854.htm。
② "Remarks by President Biden on America's Place in the World", *The White House*, February 4, 2021,
https：//www.whitehouse.gov/briefing-room/speeches-remarks/2021/02/04/remarks-by-president-
biden-on-americas-place-in-the-world/.

小　结

　　战略叙事需要通过言辞表达出来，无话语则无战略。分析大国竞争的战略叙事变化，有助于理解权力转移的话语维度，为构建和谐包容的叙事剧本提供启发。在百年未有之大变局的时代背景下，运用战略叙事建构、延续和强化战略优势是中国和平发展的迫切需求。本章基于文献梳理概括了理解战略叙事的不同分析路径，依次对应战略叙事的分析维度，即话语强制、共识沟通与情感归属，这为理解大国竞争提供了新的理论框定。通过对比美苏关系与中美关系的叙事异同，揭示出叙事剧本的变化逻辑，否定了"大国竞争必有一战"的悲剧叙事，展示了悲剧叙事向喜剧、浪漫剧或讽刺剧转变的可能性。从理论创新角度来看，战略叙事分析不仅能够整合宏观国际关系理论与微观外交决策，也注重将话语的工具性、争议性与建构性维度综合起来。

第六章　首脑外交
与廉价话语表达[*]

外交信号传递是缓解信息不对称、促进国家间意图沟通的重要方式。面对面的首脑外交基于廉价话语沟通传递外交信号。按照昂贵成本信号的逻辑，廉价话语由于没有约束成本因此是无效的。[1] 但现实中，无成本信号在国际关系中却能产生高成本代价的后果。国际政治心理学家罗伯特·杰维斯就质问："如果廉价话语不起作用，那为何领导人都在反复说话，而且其他国家都很在意？"[2]实际上，廉价话语的建构性功能可以改变听众信念，甚至对说话者本人也会带来影响。很多改变历史进程的重大外交事件都与廉价信号有关。历史上诸多经典案例驳斥了昂贵成本信号假设，凸显了面对面外交中的廉价信号可信度。首脑外交为战略意图识别提供了第一手信息，身体"在场"可以更加全面地捕获廉价信号。正如美国前国务卿科林·鲍威尔所言，"会面沟通，胜过文书交流"。[3] 根据欧文·戈夫曼的人际互动理论，面对面互动是人与人之间"直接而有意义"的沟通，尤其在相对封闭的时空环境下，廉价话语将对双方认知产生重要影响。[4] 本章节尝试探讨首脑外交中的话语沟通与廉价信号识别逻辑。

---

* 本章部分内容曾以《首脑外交中的廉价信号传递及其可信度识别》为题发表于《世界经济与政治》2022 年第 5 期，收入本书有修改。

① Anne E. Sartori, *Deterrence by Diplomacy*, Princeton, N. J. : Princeton University Press, 2005, pp. 12–14.

② ［美］罗伯特·杰维斯：《信息与欺骗：国际关系中的形象逻辑》，徐进译，中央编译出版社 2017 年版，第 10~23 页。

③ Colin Powell, *It Worked for Me: In Life and Leadership*, New York：Harper Perennial, 2014, p. 56.

④ Erving Goffman, "The Interaction Order：American Sociological Association, 1982 Presidential Address", *American Sociological Review*, Vol. 48, No. 1, 1983, p. 3.

第一节　外交互动中的首脑话语沟通

在国际关系中，政治行为体之间的互动不仅要观其行，也需听其言。当对方领导人开始讲话时，情报机构与外交观察家的主要任务就是诠释话语背后的真实动机。根本上，决策时是否相信对方所传递的信号，受到自身主观认知结构与个人经验的影响。主观认知倾向于曲解或忽视客观事实以使其符合自己既有的认知模式。这意味着领导人会故意忽视那些与以前认知不符的信号，即便这些信号是非常昂贵的，而优先关注或放大那些与其先验观念一致的信息；决策者只会预测到那些他们期待出现的东西。2001年美国总统小布什与俄罗斯总统普京首次会面后，就做出这样评价："我看着他的眼睛，发现他是非常直率和值得信任的人，我们有很好的对话，我能触及他的灵魂。"[①] 此外，领导人通过私人互动中的印象来推断对方意图，面对面互动的微观信号有可能展现对方真实的意图、目标与决心。[②] 概言之，决策者只愿意预测到那些他们期待出现的东西，领导人受到自己的处世哲学与观念的深刻影响，即使用昂贵信号也难以改变，因为这是一个社会化与社会学习的结果，而不是理性计算的结果。

一、外交话语沟通的廉价信号传递

首脑外交互动的廉价信号与面对面交流为探测战略意图提供了第一手信息，"在场"使得捕获语言与非语言信号更加全面，包括话语重点、语气语调、面部表情与肢体语言所包含的内隐信息。[③] 开展面对面外交的领

---

① Todd H. Hall, *Emotional Diplomacy: Official Emotion on the International Stage*, Ithaca, NY: Cornell University Press, 2005, p.5.

② Keren Yarhi-Milo, *Knowing the Adversary: Leaders, Intelligence, and Assessment of Intentions in International Relations*, Princeton: Princeton University Press, 2014, pp.18-20.

③ I. William Zartman and Maureen R. Berman, *The Practical Negotiator*, New Haven, CT: Yale University Press, 1982, p.149.

导人能够在重复实践中增加相互理解，随着时间的推移增进对彼此意图的理解。[1] 面对全球记者的"长枪短炮"，他们也会做出一些手势或表情以展示团结与互信的姿态。外交会谈中的礼宾礼仪，例如尊称与敬辞、就座礼仪等，属于戈夫曼所说的"仪式习语"，双方在互动中达成共享的主体间理解。例如，在二十国集团（G20）峰会中，多国领导人见面时，他们会履行各种各样的"互动仪式"：握手、拥抱、微笑示意、走红毯、交换礼物、特定座位安排，最后展示团结的大合影也往往成为各大媒体的头条新闻。

托马斯·谢林早在 1960 年就提出非语言的行动（moves）与话语性的语言沟通（talk）的两分法。[2] 其中，语言沟通是指以话语或书写为载体的信息交流，而非语言沟通是指语言本身之外的信息传递方式，包括姿态、音调、身体和举止等，也涉及广泛的视觉、听觉、触觉、嗅觉与味觉。非语言沟通之所以值得关注，一个重要原因在于：当非语言信号与语言信息相冲突时，听众更有可能相信非语言信号所传递的信息。例如，如果一个信号传递者告诉对方他将信守诺言，但其姿势、语气、面部表情和自发行为却展示出欺骗的征兆，那么听众很可能得出相反的结论，因为作为"标志"[3] 的非语言信号传递了其真实的意图。

一方面，话语沟通可以有效塑造听众预期。历史证明，即便在最严峻的国际危机中，外交话语也能传递重要信号。例如，冷战期间的美苏对峙高潮发生在古巴导弹危机期间，当时双方表面上互不相让。但是在幕后，美国总统约翰·肯尼迪和苏联领导人尼基塔·赫鲁晓夫分别通过他们的代理人——美国总统的弟弟罗伯特·肯尼迪和苏联大使阿纳托利·多勃雷宁——积极接触以寻求谈判摆脱僵局的方法。据多勃雷宁的回忆，1962 年 10 月 27 日晚，他与罗伯特·肯尼迪的最后一次会面对结束危机"至关重要"。[4] 罗伯特·肯尼迪口头承诺，美国不会入侵古巴，土耳其的"朱庇特"弹道导弹（PGM-19 Jupiter）将在几个月后撤离。如果这些外交谈话是

---

① Rebecca Adler-Nissen, "Stigma Management in International Relations: Transgressive Identities, Norms, and Order in International Society", *International Organization*, Vol. 68, No. 1, 2014, pp. 143-176.

② Oliver P. Hair and Thomas S. Robertson, "Toward a Theory of Competitive Market Signaling: A Research Agenda", *Strategic Management Journal*, Vol. 12, No. 6, 1991, pp. 403-418.

③ 参见［美］罗伯特·杰维斯《信号与欺骗：国际关系中的形象逻辑》，徐进译，中央编译出版社 2017 年版，第 19 页。

④ Richard Ned Lebow and Janice Gross Stein, *We All Lost the Cold War*, Princeton, NJ: Princeton University Press, 1994, p. 126.

"廉价"的，为什么苏联会相信这样的承诺，从而同意立即停止苏联在古巴的核建设？事实上，赫鲁晓夫两天后给肯尼迪总统写了一封信，确认了罗伯特·肯尼迪与多勃雷宁会面达成的交换条件。约翰·基根认为，在国际危机中，政治领导人会通过精心设计的面具向追随者展示信号。①

另一方面，非语言沟通也能揭示意图信息。那些外交互动中的象征性信号，例如仪式性符号（symbols）、微笑外交（smile diplomacy）与魅力攻势（charm offensive），能够引发对方情感共鸣，增加社会性话语的影响力。例如，在大众传媒时代，视频直播与电视画面等展示的视听元素会展示语言与非语言信号的相互作用。② 领导者通过话语与姿态的配合能够讲述有说服力的"故事"，但除了讲故事之外，领导者也借助非语言行为展示影响力。③ 部分研究证据表明，在美国总统选举中候选人言语和非言语行为与选民的心理期望会相互塑造，影响听众反应。④ 如美国总统罗纳德·里根为自己塑造的"伟大的沟通者"形象，这一声誉归功于他的非语言信号与个体形象匹配，这为其增加了可信度和影响力。⑤

互动的语境是一件"共识的外衣"，建立起表象框架。⑥ 戈夫曼将社会生活隐喻为"戏剧"，在这个戏剧中，"自我展示"、"印象管理"和"框架"是主要的社会行为。⑦ 表演者的目标是控制听众"感知的印象"，使听众按照自己的计划自愿行动。作为框定者，表演者必须与听众的信念合拍，"即使是捏造……也需要使用听众所共享的有意义的东西"。⑧ 为了

① John Keegan, *The Mask of Command*, New York：Viking Penguin, 1986, p. 11.

② 参见 James D. Barber, *The Presidential Character: Predicting Performance in the White House*, Englewood Cliffs, NJ：Prentice Hall, 1992。

③ George R. Goethals, "Nonverbal Behavior and Political Leadership", in Ronald E. Riggio and Robert S. Feldman eds. , *Applications of Nonverbal Communication*, London：Lawrence Erlbaum Associates, Inc. , 2005, pp. 97-101.

④ David Gergen, *Eyewitness to Power: The Essence of Leadership*, *Nixon to Clinton*, New York：Simon and Schuster, 2000, p. 216.

⑤ Gregory J. Mchugo et al. , "Emotional Reactions to a Political Leader's Expressive Displays", *Journal of Personality and Social Psychology*, Vol. 49, No. 6, 1985, pp. 1513-1529.

⑥ Erving Goffman, *The Presentation of Self in Everyday Life*, Garden City, NY：Doubleday Anchor Books, 1959, p. 242.

⑦ Eric Ringmar, "Performing International Systems：Two East-Asian Alternatives to the Westphalia Order", *International Organization*, Vol. 66, No. 1, 2012, pp. 1-25.

⑧ Erving Goffman, *Frame Analysis: An Essay in the Organization of Experience*, New York：Harper Colophon Books, 1974, p. 84.

保持说服力，表演者会小心翼翼地将表演保持在角色和剧本的约束范围内，精心设计表演位置与台词。维持这种"共识的外衣"可以将自己的真实意图隐藏在言语背后。框架为剧本提供了即时情境，而剧本最终由表演者加以实施。[①]

二、廉价话语的信号传递

在面对面外交中，互动本身会传递诸多廉价话语（cheap talk）。"廉价话语"指的是无中介的（unmediated）、非约束性的（nonbinding）、不可确证的（nonverifiable）、无报酬的（payoff-irrelevant）话语形式。[②] 其中"廉价"是指既不昂贵也不具有约束力；"谈话"是语言的沟通形式，比如调解。纯粹的理性主义者往往将外交话语斥为"空谈"或"清谈"，经常轻蔑地为其贴上"宣言式外交"的标签。在成本与收益视角下，廉价话语的特点在于：①其传递和接受成本很低或无成本；②廉价话语不具备约束力，即不限制任何一方的行为；③无法验证可信度，即无法由法律和法院等第三方验证其效力。因此，传统观点认为既然廉价话语没有约束力且不可验证，那么廉价话语就失去意义。但是有研究认为，即便廉价话语不直接影响双方收益，但是类似闲聊的廉价话语却具有特殊的社会含义。这种互动本身也会传递信息，增加彼此熟悉度，降低误判，为昂贵话语（有约束力的正式话语）做铺垫，展示象征性举动，等等。[③] 例如建构主义者认为，说服、论证和修辞等话语可以在政治和外交中发挥关键作用。话语也可以说服、改变人们的思想，塑造主体价值

---

① Naoko Shimazu, "Diplomacy as Theatre: Staging the Bandung Conference of 1955", *Modern Asian Studies*, Vol. 48, No. 1, 2013, p. 252.

② Robert J. Aumann and Sergiu Hart, "Long Cheap Talk", *Econometrica*, Vol. 71, No. 6, 2003, pp. 1619-1660.

③ 参见 Erving Goffman, *The Presentation of Self in Everyday Life*, Garden City, New York: Doubleday Anchor Books, 1959, p. 242; Eric Ringmar, "Performing International Systems: Two East-Asian Alternatives to the Westphalia Order", *International Organization*, Vol. 66, No. 1, 2012, pp. 1 - 25; Keren Yarhi-Milo, *Knowing the Adversary: Leaders, Intelligence, and Assessment of Intentions in International Relations*, Princeton, NJ: Princeton University Press, 2014, pp. 1-20; Azusa Katagir and Eric Min, "The Credibility of Public and Private Signals: A Document-Based Approach", *American Political Science Review*, Vol. 113, No. 1, 2019, pp. 156-172。

以及角色认知。纵观历史，国家领导人参与了各种口头与象征性的沟通，即使表面上看起来很"廉价"，但也会引起他国重视。

廉价话语是有意义的，因为它能传达信息，精确与不精确的廉价话语都可以塑造对方的信念认知。如果说谎的诱因不存在，那么廉价话语将充分传达私人信息；如果有太强烈的撒谎动机，廉价话语则变得容易操纵。然而，即使存在有限的说谎诱因，廉价话语也可以传递一些意图信号。[①]奥斯汀-史密斯等人已经证明了在政治背景下廉价话语的重要性，实证分析发现廉价话语会潜移默化地影响听众信念。[②] 罗丝安·麦克马纳斯等人批评了私人沟通是廉价话语的观点，隐蔽信号在传递意图方面有时是可信的。实际上，领导者可以说服对方，他的私人保证是可信的，即使他们没有花费很高的代价。[③] 通过进行私下或秘密谈判并向对手提供这种杠杆作用，发起人产生超出其控制范围的"自主风险"。情境对领导人在国际争端中表达决心的能力会产生影响。根据面临的国内外环境差异，领导人会分别选择发送高度可见的"前台"信号与不太明显但却昂贵的"幕后"信号，但是情境之间的不一致可能会降低陈述的有效性。

第二节　廉价外交话语的多重叙事功能

外交廉价话语可以在国家间的危机中发挥重要作用，它可以弥补昂贵话语的局限，能够协调行动、透露信息、改变战争的事前概率。外交话语的分析路径不只有理性主义的昂贵成本模型，更要重视廉价话语的

---

① Joseph Farrell and Matthew Rabin, "Cheap Talk", *Journal of Economic Perspectives*, Vol. 10, No. 3, 1996, p. 107; Joseph Farrell, "Cheap Talk, Coordination, and Entry", *The RAND Journal of Economics*, Vol. 18, No. 1, 1987, pp. 34–39.

② 转引自 Steven Matthews, "Veto Threats: Rhetoric in a Bargaining Game", *Quarterly Journal of Economics*, Vol. 104, No. 2, 1989, pp. 347–370。

③ Roseanne W. McManus and Keren Yarhi-Milo, "The Logic of 'Offstage' Signaling: Domestic Politics, Regime Type, and Major Power-Protégé Relations", *International Organization*, Vol. 71, No. 4, 2017, pp. 701–733; Roseanne W. McManus, "The Impact of Context on the Ability of Leaders to Signal Resolve", *International Interactions: Empirical and Theoretical Research in International Relations*, Vol. 43, No. 3, 2017, pp. 453–479.

沟通功能。一方面，在均衡状态下，话语传递决心信息。当国家领导人说他们愿意妥协时，他们的对手就可以推测其决心水平。这样一来，外交话语就传递了基本信息。另一方面，外交修辞是一种协调手段，让各国得以有空间来协调谈判。换言之，外交声明会影响各方追求和平解决争端的意愿，公开承诺的话语作为一种内生性的约束，为避免代价昂贵的冲突提供了让步和协商的机会。即使在危机情况下，外交沟通也能帮助各国寻求和平解决争端发挥协调功能。这与理性主义战争模型之间存在显著差异。具体而言，廉价外交话语的功能体现在信息沟通、期望协调与社会说服三重维度。

一、廉价话语的信息沟通功能

廉价话语面临的一个问题是，因为谈话是廉价的，仅靠逻辑无法确定话语的意义，因此听众会认为廉价话语就是"胡言乱语"。实际上，廉价话语不论如何无成本，语言都可以传达信息，只是这些信息是否可信是不确定的。从长远来看，可信度可能影响话语的意义，但从短期来看，说话本身就是有意义的。文森特·克劳福德和乔尔·索贝尔等人的廉价话语博弈模型表明，当有部分但不完全的共同利益存在时，廉价话语是必要的，而且足以维持可信度。[①] 通过言语沟通，信号接收者会进一步学习或了解到发送者的类型，信号接收者可能因此改变他的行动；但是当这种沟通对信号发送者不利时，这种沟通就可能不可信，其有可能有动机歪曲信息。[②]

在哈贝马斯强调的"语言中介策略行动"中，理性主义行动者会去主动说话并影响利益相关者的选择。哈贝马斯质问道："谈话真的很廉价吗？"[③] 对此，他的回答是否定的。因为沟通与报酬或外生强制力有关，

---

① Vincent P. Crawford and Joel Sobel, "Strategic Information Transaction", *Econometrica*, Vol. 50, No. 6, 1982, pp. 1431-1451.

② Joseph Farrell and Robert Gibbons, "Cheap Talk Can Matter in Bargaining", *Journal of Economic Theory*, Vol. 48, No. 1, 1989, pp. 221-237; Vincent Crawford and Joel Sobel, "Strategic Information Transmission", *Econometrica*, Vol. 50, No. 6, 1982, pp. 1431-1452.

③ Robert Alexy, "Jürgen Habermas's Theory of Legal Discourse", in Michel Rosenfeld and Andrew Arato eds., *Habermas on Law and Democracy: Critical Exchanges*, Berkeley, CA: University of California Press, 1998, pp. 226-233.

而且语句本身具有约束力。尽管廉价话语并不完全令人信服，但还是会在一定程度上限制说话者的声誉或选择空间。在博弈的早期阶段，博弈者有强烈的动机互相欺骗，廉价话语往往因为没有信任基础而会被曲解与忽视。但是在博弈的中间阶段，廉价话语会建立在相互了解的基础上，具备一定的社会约束。相关研究指出，廉价话语强烈影响内战发生的概率，而高昂成本信号则不会。敌视性廉价话语会增加内战爆发的可能性，而支持性廉价话语则具有安抚作用。[①] 廉价话语包括高度波动的日常通信、谴责或威胁的声明，威胁进行制裁等。

在《情感外交：国际舞台上的官方情感》一书中，郝拓德探讨了国际舞台上官方表达情感的政治性，研究了国家行为者如何策略性地部署情感行为以塑造他人的看法。通过对各种情感行为的研究，郝拓德发现官方的情感展示并不是简单的廉价谈话，而是在国家行为者的策略互动中发挥着重要作用。情感外交不仅仅是说说而已，它的影响延伸到了经济和军事援助的提供、大国合作，甚至是武装力量的施展上。那些源于愤怒、同情和内疚的情感外交，为理解国家外交信号传递的低成本性质提供了必要的理论工具。他在书中写道："布什总统 2005 年的国情咨文演说公开表达对伊朗反对派的支持，他说'今晚，我对伊朗人民说，当你们为自己的自由而战时，美国与你们站在一起'。"[②] 赫拓德认为这种情感性的典型廉价话语，推动了伊朗国内局势的变化。

二、廉价话语的期望协调功能

廉价话语的第二个作用是协调行动。实验证据表明，博弈前的话语沟通可能会影响策略选择的结果。在通用的 2×2 博弈中，如果博弈者能够在行动之前进行话语沟通，表达其偏好与合作意愿，那么对方是会考虑和倾听这些话语的。[③] 当然，如果行动者的利益缺乏一致，例如零和博弈，

---

① Clayton L. Thyne，"Cheap Signals with Costly Consequences：The Effect of Interstate Relations on Civil War"，*Journal of Conflict Resolution*，Vol. 50，No. 6，2006，pp. 937-961.

② Todd H. Hall，*Emotional Diplomacy: Official Emotion on the International Stage*，Ithaca，NY：Cornell University Press，2005，pp. 1-30.

③ Gary Charness，"Bargaining Efficiency and Screening：An Experimental Investigation"，*Journal of Economic Behavior & Organization*，Vol. 42，No. 3，2000，pp. 285-304.

廉价话语则难以发挥这种协调作用，因为缺乏基本的信任与默契。另一种乐观看法是，玩家 1 发出一个倡议（非约束性的廉价话语），玩家 2 表示同意，其实每个人都不确定对方是否被说服了，但是这种象征性的合作姿态，可能为后续更实质性合作烘托氛围或营造信任，形成正向螺旋上升的协调结果。① 廉价话语的特点在于：它起作用是因为人们期望它起作用。廉价话语的自我强化协议是一种非正式承诺，关乎彼此的信誉和可信度形象。因此，言语有后果，带有社会沟通的声誉成本。

在国际关系领域，安妮·萨托利最早提出了低成本信号的形式模型，她展示了反复互动情境中的纳什均衡：一国过去的声誉记录越好，其发出的无成本信号就越容易被相信。② 萨托利模型的另一个发现是，国家在不同阶段存在不同的声誉，换言之，即使一国的虚张声势行为被发现，也不会影响在下一个阶段中进行斗争或者发送信号的基本可信度。达斯汀·丁格利和芭芭拉·沃尔特通过实验比较了在威慑博弈中传递廉价话语的结果差异。结果发现，在重复游戏的早期阶段，口头威胁对信号发出者和目标的行为都有重大影响。这表明，即使是最无成本的口头沟通也可能具有影响力。③ 实际上，改变国际关系历史的诸多事件都离不开廉价话语。例如，在古巴导弹危机期间美国总统肯尼迪答应苏联领导人赫鲁晓夫，"如果苏联首先从古巴撤走导弹，他将把土耳其的美国核导弹撤离"。人们普遍认为是肯尼迪承诺在土耳其撤回美国导弹的承诺说服赫鲁晓夫将苏联导弹从古巴撤回。④

三、廉价话语的社会说服功能

不是所有的有效沟通都是昂贵的，即使是无代价的沟通，如私下里的交谈，也会影响意图感知。⑤ 建构主义者将语言视为社会现实的一部分，

---

① Joseph Farrell, "Talk Is Cheap", *American Economic Review*, Vol. 85, No. 2, 1995, pp. 186-190.

② Anne E. Sartori, *Deterrence by Diplomacy*, Princeton, NJ: Princeton University Press, 2005, pp. 43-46.

③ Dustin H. Tingley and Barbara F. Walter, "Can Cheap Talk Deter? An Experimental Analysis", *The Journal of Conflict Resolution*, Vol. 55, No. 6, 2011, pp. 996-1020.

④ Joel Sobel, "A Theory of Credibility", *The Review of Economic Studies*, Vol. 52, No. 4, 1985, pp. 557-573.

⑤ Robert F. Trager, *Diplomacy: Communication and the Origins of the International Order*, Cambridge, MA: Cambridge University Press, 2017, p. 52.

修辞不只是语言，也是社会意义的体现。[1] 因此外交话语具有主体间性，利益和偏好是在特定的意义框架内形成的，而非外生给定的。在经济学文献中，"昂贵信号"仅仅是成本收益逻辑意义上的昂贵，其忽视了规范、文化与社会情境下的意义建构。遗憾的是，在理性主义的信号文献中，行动者都是沉默无声的，话语修辞的作用被排除掉了。[2] 在建构主义者看来，话语是影响他人认知的关键要素，外交话语不仅是理性计算的结果，也是社会化建构的结果。[3] 在囚徒博弈中，如果允许互动双方说话与演讲，廉价话语就可以改变双方的博弈结果。有人曾生动地用"舆论瀑布"[4] 来形容话语对认知的塑造作用，外交话语中的情感表达与感召力的外溢构成了承诺可信的重要基础。

廉价话语可以发挥社会说服的作用，特别是那些被反复一致表达的话语，其具有塑造预期的力量。在大多数外交互动中，话语沟通都不是昂贵成本信号，当然廉价话语发挥意义塑造功能需要具备一些条件：廉价话语（低成本）的信号沟通需要不同行动者之间存在一定信任基础，而且合作协调能给双方都带来好处。①双方必须具有一些共同的利益与信任基础；②在某些情况下双方具有进行协调的愿望，才能使无成本沟通具有价值。当然可信度不仅与争论策略有关，更与互动情境有关。当国家之间缺乏共同语言时，开放的争论只会带来无休无止的争吵、冲突、怨恨与不满。

当然，信号传递的意义不一定都是物质性的，廉价的外交信号可以用象征性姿态与价值使观察者了解其内隐的属性。这意味着，在社会性意义实践中，廉价信号往往可以通过象征方式表达意义。一方面，低成本信号理论认为，一个国家可以通过按照规范行事来表明其良性动机。"软"外交政策是一种国家的价值驱动或道德行为，包括努力减少发展中国家的贫

①　Henrik Larsen，"Discourse Analysis in the Study of European Foreign Policy"，in Ben Tonra and Thomas Christiansen eds.，*Rethinking European Union Foreign Policy*，Manchester：Manchester University Press，2018，pp. 62-80.

②　Clayton L. Thyne，*How International Relations Affect Civil Conflict：Cheap Signals，Costly Consequences*，New York：Lexington Books，2009，p. 75.

③　John L. Austin，*How to Do Things with Words*，New York：Oxford University Press，1962，p. 151.

④　Frank Schimmelfennig，"The Community Trap：Liberal Norms，Rhetorical Actions and the Eastern Enlargement of the European Union"，*International Organization*，Vol. 55，No. 1，2001，pp. 47-80；John L. Austin，*How to Do Things with Words：The William James Lectures Delivered at Harvard University in 1955*，New York：Oxford University Press，1965，p. 151.

困、保护人权、促进争议地区的和平、遵守规范，这种信号也可以被称为
"道德信号"（ethical signaling）。[1] 在国际上发出道义性支持和倡议，例如
减少贫困和世界和平，进行对外援助，都是一种象征性的话语信号，其本
身很廉价，却能展示重要的规范形象。[2] 很多国家热衷于对外发出国际倡
议，例如在联合国等多边外交舞台，呼吁发达国家减少贫困国家债务，在
促进和平方面承担更大的责任。这种话语呼吁，不仅强化了信号传递者的
道义形象，也可能带来实实在在的收益。[3]

第三节　面对面外交中的廉价话语表达

与传统外交形式不同，面对面的首脑外交不仅有助于直接收集信息、
感受诚意、澄清意图、增进熟悉程度，更是一种相互社会化的过程。[4] 从
微观互动角度理解，面对面的首脑外交是一个长长的互动仪式链，能产生
巨大的情感能量与关系契约。[5] 关系性的解释框架认为，面对面互动是塑
造廉价话语可信度的根本动力，是塑造廉价话语可信度的自变量；而嵌入
互动过程的情感能量与关系契约构成中介变量，揭示可信度的塑造机
制。[6] 在情感能量塑造方面，无意识信号与有意识信号、情感信号与非情
感信号的匹配度影响可信度感知。[7] 在关系契约方面，互惠预期与关系延

---

① Joseph S. Nye, "Soft Power and American Foreign Policy", *Political Science Quarterly*, Vol. 119, No. 2, 2004, pp. 255–270.

② Michael Tomz and Jessica Weeks, "Human Rights, Democracy, and Public Support for War", *The Journal of Politics*, Vol. 82, No. 1, 2020, pp. 182–194.

③ Alastair Iain Johnston, "Is China a Status Quo Power?" *International Security*, Vol. 27, No. 4, 2003, pp. 5–56.

④ G. R. Berridge, *Diplomacy: Theory and Practice* (5th Edition), New York: Palgrave Macmillan, 2015, pp. 191–192.

⑤ Erving Goffman, "Communication Conduct in an Island Community", Ph. D Dissertation, Chicago: Chicago University, 1953, p. 349.

⑥ Pavel Palazhchenko, *My Years with Gorbachev and Shevardnadze: The Memoir of a Soviet Interpreter*, University Park: Pennsylvania State University, 1997, p. 156.

⑦ Judee K. Burgoon, "Nonverbal Signals", in Mark L. Knapp and Gerald R. Miller eds., *The SAGE Handbook of Interpersonal Communication*, London: SAGE, 1994, pp. 35–40.

续有助于推进渐进互惠，以一方的善意吸引对方更大的互惠性反馈。这意味着，如果面对面互动未能触发情感能量与关系契约，那么僵硬的见面则难以建构可信度认知。

一、面对面外交的必要条件

可信度嵌在互动实践进程中，面对面外交中的廉价话语需要在稳定预期中感受其可信度。换言之，不是所有的面对面互动都能产生积极效果，其发挥作用需要一定的条件。

第一，面对面互动需要有连续性，单次见面很难建立彼此熟悉度。互动情境中的熟悉程度建构需要一连串的互动链条，多次互动有助于渐进式地积累可信度基础。研究发现，熟悉度越高，越可能构建积极的互惠预期。[1] 可信度建构是一个反复波折的过程，如果没有频繁的互动，可信度建构过程就会中断。实际上，可持续的互动在对话者之间形成了一种社会默契：继续保持接触本身就是一种积极信号；如果就此中断见面机会，则传递消极信号。[2] 即使对话最终没有解决问题，维持互动本身就是善意。[3] 例如，从 1985 年开始，戈尔巴乔夫与里根连续进行了高密度互动，最终取得重大突破，签署了《苏联和美国消除两国中程和中短程导弹条约》（简称《中导条约》）。[4] 每次会谈结束时，双方都会主动约定下次见面时间。"经过反复一对一直接、认真的会谈，彼此发现保持互动是值得的。"[5] 延续关系的承诺让共识氛围越来越浓厚。[6]

第二，互动沟通需要反馈性互惠，而非单向性交流。实现同步理解

---

① 张伟、王行仁：《仿真可信度》，《系统仿真学报》2001 年第 3 期。

② Neta Crawford，"Homo Politics and Argument（Nearly）All the Way Down：Persuasion in Politics"，*Perspectives on Politics*，Vol. 7，No. 1，2009，p. 107.

③ Ronald Reagan，"Diary Entry，15 February 1983"，in Douglas Brinkley ed.，*The Reagan Diaries*，New York：Harper Perennial，2007，p. 131；Anatoly Dobrynin，*In Confidence：Moscow's Ambassador to America's Six Cold War Presidents*，New York：Times Books，1995，pp. 517–522.

④ George P. Shultz，*Turmoil and Triumph：My Years as Secretary of State*，New York：Scribner's，1993，p. 463.

⑤ Mikhail S. Gorbachev，*Memoirs*，New York：Doubleday，1996，p. 457.

⑥ "Joint Soviet-United States Statement on the Summit Meeting in Geneva"，https：//www.reaganlibrary. gov/research/speeches/112185a.

与共情，重要的是进行反馈性互惠。一方做出并兑现承诺，另一方积极反馈，这种良性关系契约（relational contract）有助于培育信任。正如查尔斯·奥斯古德提出的"紧张缓和的渐进互惠"（graduated reciprocation in tension reduction）逻辑所言：为营造良性氛围，发起国领导人先采取单方面的微小步骤，表明积极意愿；而接受国领导人需要及时反馈，同步的互惠反馈更具可信度。①相反，缺乏互惠的单向交流会损伤可信度基础。例如，1985 年日内瓦会晤结束后，美国总统里根在未与苏联领导人商议的情况下，单方面透露敏感细节，戈尔巴乔夫对此感到非常愤怒。这说明了双向沟通的重要性，没有尊重与平等的交往就难以培育可信氛围。②概言之，领导人不是以线性方式而是以关系性思维感受诚意、确认可信度的。③

第三，互动中的多重信号相互匹配，不一致则会降低可信度。领导人在近距离观察对方时可能会获得丰富而杂乱的信息。领导人不可能穷尽所有的线索再进行决策，而是会依赖启发式认知捷径进行比对。如果多元信号之间不匹配或缺乏一致性，则会引发怀疑与警惕。一致性匹配体现在两方面。一是无意识信号与有意识信号的匹配。如果一位领导人信誓旦旦会信守诺言，但对方捕捉到其身体姿势、面部表情等无意识信号与之不一致，那么这些无意识信号就会被视为欺骗、操纵与掩饰的迹象，从而降低信号可信度。二是情感信号与非情感信号的匹配。言行如果与情感表达不一致也会引发怀疑。例如在眼神接触上，领导人在说话时如能真诚凝视对方，更容易产生共鸣感受，而目光躲闪与表情呆滞等不匹配信息则让信号显得不可信。

近距离面对面互动产生了理性主义与认知主义无法解释的问题。领导人有时并不关心利益得失，而是关注对方是否维持关系的连续互惠；领导人不仅揣摩对方心理，也在乎对方反馈的信息匹配性；领导人甚至会关注细微的无意识信息，将其作为可信度的标志信号。由此，理解面对面外交的廉价话语的可信度，需要构建一个反映互动进程的关系性解释框架。

---

① Charles E. Osgood, *An Alternative to War and Surrender*, Urbana: University of Illinois Press, 1962, pp. 88-89.

② Tuomas Forsberg, "Power, Interests and Trust: Explaining Gorbachev's Choices at the End of the Cold War", *Review of International Studies*, Vol. 25, No. 4, 1999, p. 621.

③ George P. Shultz, *Learning from Experience*, Stanford: Hoover Institution Press, 2016, p. 37.

二、廉价话语的情感能量

在面对面交往中，行动者注重检验多重信号的一致性，当多种信息相互匹配和支撑时，可信度感知会得以强化。① 认知心理学从单边和内向的视角关注了情感认知，将可信度还原为内在属性。② 这种思路无法理解面对面互动塑造的共享情感，即情感能量。情感能量是一种双向的、持续稳定的共享情感，而不是个体的内在短期冲动。③ 借鉴兰德尔·柯林斯（Randall Collins）的互动仪式链理论，本书将廉价信号识别的第一种机制归纳为相互关注/情感连带模型。

一方面，双向互动的共享情感有助于准确捕捉可信度线索。面对面的首脑外交是一个高度符号化的过程，充满情感交流。在高密度互动中，个体的内心情感经过升华与碰撞上升为共享的情绪氛围，即情感能量。根据互动仪式链理论，身体在场的互动仪式就是一个情感变压器，它被输入来自各方的情绪信息，然后经过互动实践将其变成输出的情感能量。例如，领导人会谈中的握手、拥抱、微笑示意、交换礼物、座次安排和集体合影等可以公开表达尊重/不尊重或善意/敌意，展示共享的情感共鸣。④ 镜像神经元理论已经证实，行动者在观察对方采取相同行为时会产生同步的感知，就如同照镜子一样，相互情绪感染的领导人"镜像"了对方的想法。

另一方面，面对面的相互关注为多重信号检验创造条件。互动仪式链理论，面对面互动不是为了单纯的工具性自我提升，还包括对他人的关注。⑤ 互动者需要不断寻找多重信号匹配的证据，"听其言"且"观其行"。如果一方领导人缺乏对对方的关注，其传递的情感信号与非情感信号、话语信号与非话语信号使对方无法跟上节奏，那么可信度感知就会大

① Robert Jervis, *The Logic of Images in International Relations*, New York: Columbia University Press, 1989, pp. 30-50.

② George E. Marcus, "Emotions in Politics", *Annual Review of Political Science*, Vol. 3, No. 1, 2000, p. 224; Jonathan Mercer, "Emotional Beliefs", *International Organization*, Vol. 64, No. 1, 2010, pp. 1-31.

③ Randall Collins, *Interaction Ritual Chains*, Princeton: Princeton University Press, 2004, pp. 135-136.

④ Erving Goffman, *Strategic Interaction*, Philadelphia: University of Pennsylvania Press, 1969, p. 136.

⑤ Erving Goffman, *Interaction Ritual: Essays on Face-to-Face Behaviour*, Garden City: Doubleday Anchor, 1967, p. 28.

大降低。查尔斯·达尔文指出："那些面部和身体的情绪表达动作，比语言更真实地揭示了他人的想法和意图。"[1] 在相互关注中形成情感同步，会让互动节奏相对融洽，领导人能更容易检验接收到的多重信号。[2] 相反，那些相互关注错位的领导人发现因彼此缺乏共同语言，不和谐的节奏拉扯，例如争夺发言权、打断对方讲话节奏、提高讲话声音与语调，将削弱合作与互惠的可信度感知。

三、廉价话语的互惠性反馈

塑造廉价话语可信度的第二个中介变量是关系契约，即嵌入在持续关系网络的互惠性反馈与承诺。嵌入互动进程的领导人如果愿意在一段关系中投入时间与精力，那么这种维持关系进程的努力本身就是一种积极承诺，以避免出现沉没成本和关系中断的风险。不同于后果性逻辑，关系理性通过实践建立彼此的熟悉感和习惯，以降低单次博弈的误解风险。所谓关系契约，是指双方达成的维持关系的约束性承诺：如果双方都愿意被锁定在长期互惠关系中，基于未来长远利益的预期将促进双方保持克制。拉长互动仪式链条的好处在于为信任试探留下更多回旋空间。[3] 由此，面对面互动建立的关系契约平衡了当下利益与情感以及未来利益与情感，将互动者的时间视野拉长，避免因冲动和短视破坏互信建立的良性预期。[4]

首先，相互依赖的互动链条诱发互惠性反馈。面对面首脑外交的可信承诺需要反复互动产生的熟悉感进行支撑。[5] 反复的社会互动凝聚着社会成员的共同期待，着眼未来的持续互动有利于避免单次博弈的赌博倾向。一般而言，持续的关系连带可以稳定互惠预期，提高合作的协调性，缓解

---

[1] Charles R. Darwin, *The Expression of the Emotions in Man and Animals*, London: John Murray, 1999, p. 359.

[2] 转引自 Monique Scheer, "Are Emotions a Kind of Practice (and Is That What Makes Them Have a History)? A Bourdieuian Approach to Understanding Emotion", *History & Theory*, Vol. 51, No. 2, 2012, pp. 193–220。

[3] 曹德军：《关系性契约与中美信任维持》，《世界经济与政治》2015 年第 9 期。

[4] 参见［美］麦克尼尔：《新社会契约论》，雷喜宁、潘勤译，中国政法大学出版社 2004 年版。

[5] Joshua D. Kertzer and Brian C. Rathbun, "Fair Is Fair: Social Preferences and Reciprocity in International Politics", *World Politics*, Vol. 67, No. 4, 2015, pp. 613–655.

被剥削的恐惧。同时，当互惠反馈获得成功并被反复验证后，这种互动仪式链就会社会化扩散，稳定互动者的常态预期。正如诺伯特·埃利亚斯断言的那样，相互依赖的互动链条随着时间的推移将产生社会化的互惠规范。① 魏玲指出，社会化关系中的"清谈"看似成本廉价，却可以传递协商与合作的互惠预期。② 在首脑外交中，领导人坚持见面本身就是积极信号。20 世纪 80 年代美国国务卿乔治·舒尔茨指出，维持关系进程所形成的互惠期待是"信任互动的硬币"。③

其次，着眼未来的关系契约会约束机会主义冲动。定期的面对面会议可以提高欺骗和背叛的关系成本。在面对面互动的早期阶段，可信度稀薄，欺骗的成本并不高，但随着面对面互动的互惠关系不断强化，欺骗一旦被发现会产生连锁反应，降低后续见面的可能性。现实主义者认为面对面互动充满欺骗与虚张声势，因此不可信，这种思路忽视了关系连带的约束力量，多轮博弈中的"未来长阴影"可以改变决策者偏好。④ 德·卡利埃指出："（投机式欺骗）是一个重大错误……是一个看似聪明的冒险做法，长期打交道的政治家需要建立面向未来的声誉，最可信的沟通是可持续的。"⑤ 领导人在会谈结束时表达下次继续见面的愿望，是一种愿为未来关系投资的积极信号。在不确定的环境中，识别欺骗是一个长期进化的学习过程，而最好的学习就是在持续的互动关系中积累经验。冷战初期，美苏领导人见面频次很低，但到了 20 世纪 80 年代双方互动频次开始急剧提升。冷战后半段持续的互动让双方发现，着眼长远是实现和确保本国利益的必经之路。连续接触，才能更准确把握可信度。

综上所述，廉价信号可信度识别取决于面对面互动进程本身，而嵌入

---

① Norbert Elias, *On the Process of Civilisation: Sociogenetic and Psychogenetic Investigations*, Vol. 3, Dublin: University College Dublin Press, 2012, p. 57.

② 魏玲：《第二轨道进程：清谈、非正式网络与社会化——以东亚思想库网络为例》，《世界经济与政治》2010 年第 2 期；魏玲：《关系平衡、东盟中心与地区秩序演进》，《世界经济与政治》2017 年第 7 期。

③ George P. Shultz, *Learning from Experience*, Stanford: Hoover Institution Press, 2016, p. 37.

④ Bruce Russett and Miles Lackey, "In the Shadow of the Cloud: If There's No Tomorrow, Why Save Today?" *Political Science Quarterly*, Vol. 102, No. 2, 1987, pp. 259-272; George J. Mailath and Larry Samuelson, *Repeated Games and Reputations: Long-Run Relationships*, New York: Oxford University Press, 2006, p. 8.

⑤ Francois De Callieres, *On the Manner of Negotiating with Princes*, Notre Dame: University of Notre Dame Press, 1963, pp. 31-32.

互动进程的情感能量与关系契约作为中介变量进一步塑造了可信度感知，呈现匹配性检验与互惠性约束两大机制。面对面的首脑外交是独特的，如果领导人不见面，则缺乏情感能量与关系契约的双重驱动。需要说明的是，同步互动中的情感能量与连续互惠中的关系契约是同时嵌入关系互动进程的两个独立变量。没有领导人直接的面对面互动，就不会有情感共鸣和关系约束。从方法论角度看，两个变量相互独立才能避免内生性问题，但共同嵌入关系进程并不影响两者的独立性。[1]

第四节　三次美苏峰会中的话语博弈

尽管冷战时期的首脑外交案例非常丰富，但为了捕捉关键的因果关系，本书将案例范围聚焦在最典型的三次美苏首脑外交，即 1955 年赫鲁晓夫与艾森豪威尔日内瓦首次峰会、20 世纪 60 年代赫鲁晓夫与肯尼迪维也纳会谈以及 20 世纪 80 年代戈尔巴乔夫与里根日内瓦会晤。案例选择遵循以下两个标准。一是典型性。许多定性方法论著作都主张用"最不可能"和"最可能"的案例来检验理论，这其实强调了案例选取的典型性。就美苏关系而言，20 世纪 50 年代、60 年代和 80 年代是冷战的三个典型阶段，其互动进程中的情感能量与关系契约如果能被识别，就可以有力验证本书逻辑。二是可比性。求异法需要控制初始条件，然后通过观察结果的差异可以厘清变量关系。本书选取的这三个案例的初始条件是相似的（敌意程度都很高），但最终结果（可信度感知）存在差异，由此倒推，情感能量与关系契约两个中介变量可能发挥了作用。[2]

一、1955 年赫鲁晓夫-艾森豪威尔日内瓦峰会

1955 年 7 月召开的日内瓦峰会是二战后四大国首脑第一次面对面会

---

[1]　Joel Sobel, "A Theory of Credibility", *The Review of Economic Studies*, Vol. 52, No. 4, 1985, pp. 557-573.

[2]　John Gerring, "What Is a Case Study and What Is It Good for?" *American Political Science Review*, Vol. 98, No. 2, 2004, pp. 341-354.

晤，也是在斯大林去世后西方国家与苏联新任领导人进行的会面。双方一开始都抱着一定的期望，或者希望展示决心以试探对方底线，因此情绪管理并不平稳，在会谈中多次突然爆发意料之外的情绪能量。英、美、法的领导人竭力向苏联新领导人施加压力，迫使其做出他们所需要的种种保证。会议暴露了美苏在根本问题上的分歧，但同时也让双方明白在哪些方面尚未做好通过谈判解决问题的准备。[①]

首先，各国领导人都希望在面对面接触中获得私有信息。在 20 世纪 50 年代末 60 年代初，苏联对美国的首要国际地位发起了一系列挑战，赫鲁晓夫时期的美苏峰会常常充满情绪表演与争吵。在 1956 年召开的苏共第二十次代表大会上，赫鲁晓夫提出"和平共处"理论，认为国际力量对比对苏联有利。[②] 赫鲁晓夫通过一贯的吹嘘和虚张声势，声称"我们将埋葬你！"并抢先进行"斯普特尼克"卫星发射，并且加快了核试验，这都让西方国家产生了危机感。1958 年底，赫鲁晓夫决定在欧洲的心脏地带——德国柏林采取冒险策略。在赫鲁晓夫看来，西柏林已经成为西方间谍活动和颠覆活动的前沿阵地；东德难民也会利用这块飞地逃往经济繁荣的西德。最关键的是，西德拥有核武器的前景让赫鲁晓夫感到震惊。基于此，赫鲁晓夫公开宣布，尽快结束西方对西柏林的占领，并计划与民主德国签署和平条约。赫鲁晓夫向主要的西方国家发出的正式照会宣称，苏联正式要求在六个月内结束对西柏林的占领。赫鲁晓夫认为西方国家会认真考虑这一"让步"。[③] 这被视作为一种警告或威胁，赫鲁晓夫重申如果在最后期限内没有达成协议，他将与民主德国单独签署和平条约。[④] 紧张局势继续酝酿，危机迫在眉睫，苏联到底想要什么？为了弄清楚赫鲁晓夫的动机，英国提议召开一次美苏英法四国峰会。[⑤] 借助面对面外交获得第一手信息，有助于打破刻板印象。

① ［苏］尼基塔·谢尔盖耶维奇·赫鲁晓夫：《赫鲁晓夫回忆录》（第三卷），述弢等译，社会科学文献出版社 2015 年版，第 1856 页。

② Martin Walker, *The Cold War*, London：Vintage, 1994, pp. 133 - 156；Adam Ulam, *Coexistence: The History of Soviet Foreign Policy*, Oxford：Oxford University Press, pp. 294 - 295.

③ Aleksandr Fursenko and Timothy Naftali, *Khrushchev's Cold War: The Inside Story of an American Adversary*, New York：W. W. Norton, 2006, p. 208.

④ Harold Macmillan, *Riding the Storm*, *1956 - 1959*, London：Macmillan, 1971, pp. 574 - 756.

⑤ Kitty Newman, *Macmillan*, *Khrushchev and the Berlin Crisis*, *1958 - 1960*, New York：Routledge, 2007, pp. 63 - 64.

其次，愤怒情绪表达成为试探决心的一种策略。首次四国峰会是精心策划的"表演"，美国、苏联、英国和法国四国的领导人，围坐在万国宫的一个方桌旁，宣读事前准备好的声明。这一切在很大程度上被当作舆论宣传，以安抚那些受核战争惊扰的西方国家，以及苏联的卫星国。① 事实证明，"日内瓦精神"只是昙花一现，冷战的阴影越来越重，但是日内瓦会议给了各方近距离观察彼此的机会。苏联领导人希望能够与西方达成协议，并就和平共处、不干涉他国内政等原则达成一致。赫鲁晓夫在回忆录中表示："我非常渴望有机会会晤美国、英国与法国领导人，参与解决国际问题。"② 尽管日内瓦会议一开始就因苏联和西方国家的重大利益差异可能注定要失败，但是正如赫鲁晓夫所言："它为四大国的领导人提供了一个相互接近、相互观察，非正式地交换看法的机会，特别是在正式会议结束后的就餐时间他们对彼此有更深入的了解。"③ 冷战后的第一次美苏峰会并没有取得具体成果，但它们在国际舞台上展示了各自的形象。

再次，愤怒与恐惧情绪表达强制性情感，不利于持续性互动的进行。尼基塔·赫鲁晓夫出身寒微，其内心对自己文化程度不高较为敏感自卑，总是对国内外的优势与威胁保持警惕。赫鲁晓夫也不善于掩饰情绪，暴躁脾气常常爆炸性发作：在几秒钟内，他就从得体的幽默转变为粗暴的漫骂。如果他能代表苏联通过和平手段赢得冷战，那么他就能压制住国内的批评者。④ 他在 1955 年离开日内瓦时欣喜地感觉到，"我们的敌人可能像我们害怕他们一样害怕我们"。⑤ 面对赫鲁晓夫公开发泄的愤怒，美国总统德怀特·艾森豪威尔批评赫鲁晓夫的情绪化反应破坏了峰会氛围。⑥ 在

① Keith Eubank, *The Summit Conferences*, *1919-1960*, Norman：Oklahoma, 1966, pp. 144, 158-159；Günter Bischof and Saki Dockrill eds. , *Cold War Respite*：*The Geneva Summit of 1955*, Louisiana：Baton Rouge, 1955, pp. 3-30.

② ［苏］尼基塔·谢尔盖耶维奇·赫鲁晓夫：《赫鲁晓夫回忆录（上下卷）》，赵绍棣等译，中国广播电视出版社 1988 年版，第 385 页。

③ ［苏］尼基塔·谢尔盖耶维奇·赫鲁晓夫：《赫鲁晓夫回忆录（上下卷）》，赵绍棣等译，中国广播电视出版社 1988 年版，第 386 页。

④ Carl A. Linden, *Khrushchev and the Soviet Leadership*（*2nd edition*）, Baltimore：The Johns Hopkins University Press, 1990, pp. 92-93.

⑤ William Taubman, *Khrushchev: The Man and His Era*, New York：W. W. Norton & Company, 2003, pp. 350-353；Aleksandr Fursenko and Timothy Naftali, *Khrushchev's Cold War: The Inside Story of an American Adversary*, New York：W. W. Norton & Company, 2006, p. 43.

⑥ Harold Macmillan, *Pointing the Way*, *1959-1961*, London：Macmillan, 1972, p. 204.

其回忆录中，他讲述了与赫鲁晓夫的糟糕会面。当艾森豪威尔进入会场时，早到的赫鲁晓夫对他冷眼相待。艾森豪威尔准备上前打招呼，赫鲁晓夫却站在原地冰冷地看着他。[1] 入座后，赫鲁晓夫和艾森豪威尔都表示要发言，但戴高乐建议艾森豪威尔先发言，因为他既是国家元首又是政府首脑。对此赫鲁晓夫很愤怒，他站起来，满脸通红，大声要求优先发言。[2] 赫鲁晓夫长篇大论讲了四十五分钟，而且是照着事先准备好的稿子念。苏联代表团顾问阿纳托利·多勃雷宁说，赫鲁晓夫当时情绪愤怒，说话声音很大。[3]

最后，初始信念差异影响对情绪信号的解读，产生会谈僵局。当领导人进行面对面的谈判时，愤怒情绪被视为一种可信的决心表达方式。当然，偶尔表达愤怒是有好处的，但过于频繁的愤怒会适得其反。[4] 这意味着，如果一个领导者以容易发怒和经常发怒而闻名，那么表达愤怒会使对话者更加不易屈服。然而，艾森豪威尔并不相信赫鲁晓夫的愤怒抗议是真诚的，因为他认为其一直讲话"反复无常"，眼睛只是盯着演讲稿。[5] 其他领导人也赞同他的评价，认为赫鲁晓夫更像是一个背诵艰深课程的学生，而不是一个正在讲述自己信仰的人；[6] 提出鉴于U-2侦察机事件，这位苏联领导人正在抓住机会迫使美国让步。[7] 艾森豪威尔的助手和翻译弗农·沃尔特斯也回忆道，"［艾森豪威尔］脸和脖子都红了，根据经验我可以知道他非常生气"。在赫鲁晓夫的好战情绪推动下，会议氛围进一步恶化。赫鲁晓夫说，"我不明白是什么魔鬼促使你在会议召开前做出这种挑衅行为"。他把双手举过头顶说道，"上帝为我作证，我是带着干净的手和纯洁的灵魂来的"。[8] 艾森豪威尔后来回忆说，听到这句话时，他几

---

[1]　Vernon A. Walters, *Silent Missions*, Garden City：Doubleday & Company, Inc., 1978, p. 343.

[2]　Dwight D. Eisenhower, *White House Years: Waging Peace, 1956-1961*, New York：Doubleday, 1965, p. 555.

[3]　Anatoly Dobrynin, *In Confidence: Moscow's Ambassador to Six Cold War Presidents*, Seattle：University of Washington Press, 1995, p. 40.

[4]　Seanon S. Wong, "When Passions Run High：Emotions and the Communication of Intentions in Face-To-Face Diplomacy", Ph. D Dissertation of University of Southern California, 2015, pp. 90-93.

[5]　Dwight D. Eisenhower, *White House Years: Waging Peace, 1956-1961*, New York：Doubleday, 1965, p. 558.

[6]　Dwight D. Eisenhower, *White House Years: Waging Peace, 1956~1961*, New York：Doubleday, 1965, p. 556.

[7]　Harold Macmillan, *Pointing the Way, 1959-1961*, London：Macmillan, 1972, p. 205.

[8]　Vernon A. Walters, *Silent Missions*, Garden City：Doubleday & Company, Inc., 1978, p. 345.

乎窒息。① 一些历史学家也认为，赫鲁晓夫进行一次次情绪化表演，目的是通过威胁毁掉峰会来威胁西方国家。② 不论如何，过度的愤怒与恐惧情绪破坏了美苏首次峰会，加速了冷战第一次高潮的到来。

二、20世纪 60 年代初赫鲁晓夫-肯尼迪维也纳会谈

1961 年 6 月，美苏领导人维也纳会谈可以说是冷战剧本最经典的注脚。会谈前美苏领导人彼此怀有敌意，当时矛盾的焦点集中在柏林问题上。一开始赫鲁晓夫积极挑战现状，要求西方国家在六个月内结束对西柏林的占领。③ 为弄清楚赫鲁晓夫的动机，美国总统肯尼迪寻求与赫鲁晓夫进行首次会晤，以验证自己的初始信念。传统的理性主义逻辑似乎难以解释，如果双方敌意很高，为什么还要见面？实际上，敌对领导人并非不可见面，试探性见面是为了确认对方意图和收集信息。如果试探性见面能够持续下去，其就为情感能量与关系契约发挥作用提供了空间，否则戛然而止的会谈反而会强化不信任氛围。

为试探对方，美苏领导人答应迈出第一步进行面对面接触。会谈倡议最开始由肯尼迪发出，他相信当两个人坐在一起讨论重大问题时，会产生不同的能量。④ 为扭转"猪湾事件"⑤ 的不利影响，他还希望通过面对面会谈了解苏联行为背后的动机：苏联究竟是为了寻求相对安全还是要推广"世界革命"。无论结果如何，见面将为双方"按下暂停按钮"提供机会。实际上，美苏都希望超越单纯的遏制与反遏制循环，依靠会谈防止两国竞争从冷战升级为热战。⑥ 赫鲁晓夫也提到了潜在的共同利

---

① Michael Beschloss, *Mayday: Eisenhower, Khrushchev and the U-2 Affair*, New York: Harper & Row, 1986, p. 288.

② Anatoly Dobrynin, *In Confidence: Moscow's Ambassador to Six Cold War Presidents*, Seattle: University of Washington Press, 1995, pp. 41-42.

③ Aleksandr Fursenko and Timothy Naftali, *Khrushchev's Cold War: The Inside Story of an American Adversary*, New York: W. W. Norton, 2006, p. 208.

④ Ralph G. Martin, *A Hero for Our Time*, New York: Norton, 1983, p. 351.

⑤ 1961 年 4 月 17 日，美国雇佣军从古巴南部的吉隆滩（即猪湾）登陆，入侵古巴，被称为"猪湾事件"。"猪湾事件"不但是一次军事上的失败，而且让刚刚上任 90 天的约翰·肯尼迪信誉大失。

⑥ David Reynolds, *Summits: Six Meetings That Shaped the Twentieth Century*, Philadelphia: Basic Books, 2007, pp. 170-172.

益，包括共同消除核战争恐惧、核试验污染和军备竞赛的沉重经济负担等。赫鲁晓夫一方面需要取得具体的外交成果以应对国内改革压力；另一方面，也需要了解美国新总统的意图。1960 年 11 月 8 日美国总统选举甫一结束，赫鲁晓夫就表示希望"恢复第二次世界大战时的苏美合作精神"，搭建"相互理解的桥梁"。[①] 试探性的第一次见面将奠定双方信任的基调。

首先，面对面互动中的节奏不合拍削弱了双方的情感同步。双方在维也纳会场首次握手时，都稍显尴尬，矮小微胖的赫鲁晓夫与身材魁梧的肯尼迪形成鲜明对照。[②] 两人的巨大差异和陌生感使得第一次见面并没能激发情感共鸣。肯尼迪事后指出，这次会面强化了彼此之间的刻板印象，双方有明显的距离感。[③] 为扭转"猪湾事件"导致的不利局面，肯尼迪决定"以牙还牙"，"再也不能让步"。[④] 在会谈中，双方围绕意识形态问题激烈争吵起来。赫鲁晓夫认为，以美国为首的西方国家必须承认共产主义存在的事实。对此，肯尼迪反驳认为，苏联正试图消灭与美国结盟的"自由国家"，这是美国"非常严重的关切"。[⑤] 在大多数争议与分歧中，肯尼迪都强调双方要避免"错误估计对方"，赫鲁晓夫则一直宣称"我将埋葬你"。[⑥] 赫鲁晓夫相信只有恐吓与愤怒能"让敌人像我们害怕他们一样害怕我们"。[⑦] 在交谈的气势上，肯尼迪相对被动，双方对彼此并未留下多少好感。随后争吵转向核试验问题，肯尼迪希望在这个问题上取得突破。而赫鲁晓夫坚持立场，强调只有在"全面彻底裁军"的情况下才会让步。

① U. S. Department of State, *Foreign Relations of the United States* (*FRUS*), *1961 - 1963*, *Vol. 5*, Washington, D. C. : U. S. Government Printing Office, 1995, p. 136.

② U. S. Department of State, *Foreign Relations of the United States* (*FRUS*), *1961 - 1963*, *Vol. 5*, *Washington*, *D. C.* : *U. S. Government Printing Office*, 1995, pp. 172–173.

③ Richard Reeves, *President Kennedy: Profile of Power*, New York: Simon & Schuster, 1993, pp. 175-178.

④ Robert F. Kennedy, *Thirteen Days: A Memoir of the Cuban Missile Crisis*, New York: W. W. Norton, 1968, pp. 24-27.

⑤ U. S. Department of State, *Foreign Relations of the United States* (*FRUS*), *1961 - 1963*, *Vol. 5*, Washington, D. C. : U. S. Government Printing Office, 1995, p. 178.

⑥ Michael R. Beschloss, *Mayday: Eisenhower*, *Khrushchev and the U-2 Affair*, New York: Harper & Row, 1986, p. 195.

⑦ Aleksandr Fursenko and Timothy Naftali, *Khrushchev's Cold War: The Inside Story of an American Adversary*, New York: W. W. Norton, 2006, p. 43.

随着争吵升级，会谈变得更加夸张，双方错过了达成谅解的机会。① 当肯尼迪再次表现出坚定态度时，赫鲁晓夫则大声咆哮："美国想羞辱苏联，这是不能接受的。"② 由于缺乏基本的情感共鸣和相互关注，会谈的互动节奏脱节。

其次，赫鲁晓夫话语与非话语信号的不匹配削弱了肯尼迪的可信度感知。见面时双方的误解很深，赫鲁晓夫轻视年轻的肯尼迪，肯尼迪总统则先入为主地认为赫鲁晓夫会延续斯大林时期"与西方全面对抗"的政策。会谈中赫鲁晓夫对美帝国主义特别是对柏林问题的一系列猛烈攻击打乱了肯尼迪对会谈的预期。在会谈现场，赫鲁晓夫喋喋不休地讲述苏联的信念，即共产主义不是靠武力而是历史必然趋势使之取得了胜利。肯尼迪则坚持认为："人们应该有选择的自由。"③ 美国情报分析指出，苏联领导人经常虚张声势，咄咄逼人，赫鲁晓夫言行不一，"他突然爆发的愤怒很多时候就是假装，敏感的赫鲁晓夫不愿意暴露他的致命弱点"。④ 赫鲁晓夫多次提到肯尼迪很年轻，表面上很和善，实际上是暗示他缺乏威严。美国时任国务卿迪安·罗斯克在回忆录中指出："他（赫鲁晓夫）从来没有把这当作一种赞美。"⑤ 赫鲁晓夫在第一天会谈结束后表示："（肯尼迪）这个人非常缺乏经验，甚至不成熟。"他认为肯尼迪"像一个小男孩"。⑥ 当肯尼迪识别了赫鲁晓夫的言行不一或多重信号不匹配时，就表示出他对其信号可信度的怀疑。在与赫鲁晓夫话不投机的漫长争论中，肯尼迪感觉经历了"从未有过的艰难时刻"。⑦

再次，赫鲁晓夫情绪化的强制威胁抑制了肯尼迪的互惠反馈。在1961年维也纳会谈中，赫鲁晓夫多次采取咄咄逼人的态度，有意识地

① Benjamin C. Bradlee, *Conversations with Kennedy, 1961-1963*, New York: W. W. Norton, 1975, p. 126.
② Richard Reeves, *President Kennedy: Profile of Power*, New York: Simon & Schuster, 1993, p. 162.
③ Strobe Talbott, ed., *Khrushchev Remembers: The Last Testament*, Boston and Toronto: Little, Brown and Company, 1974, p. 499.
④ U. S. Department of State, *Foreign Relations of the United States (FRUS), 1961－1963, Vol. 5*, pp. 216-225.
⑤ Dean Rusk, *As I Saw It*, New York: W. W. Norton, 1990, p. 220.
⑥ Seanon S. Wong, "One-Upmanship and Putdowns: The Aggressive Use of Interaction Rituals in Face-to-Face Diplomacy", *International Theory*, Vol. 13, No. 2, 2020, p. 26.
⑦ David Halberstam, *The Best and the Brightest*, New York: Random House, 1972, pp. 96-97.

利用情绪化武器威胁对方。一般而言，领导人会避免在会谈中公然威胁对方，以维持基本的关系。但赫鲁晓夫经常虚张声势。[1] 与肯尼迪的精英形象不同，赫鲁晓夫出身寒微，性格敏感，总是对国内外真实的或想象中的威胁保持警惕。赫鲁晓夫也不善于掩饰情绪，脾气暴躁，常常被简单的问题所挫败和激怒。[2] 其口头威胁用"如果你不做 X，我就惩罚你"的直接强制，挫伤了肯尼迪的互惠积极性。赫鲁晓夫首先发表长篇大论，表示有必要与民主德国从法律上终止第二次世界大战。如果美国拒绝，苏联将与民主德国签署和平条约。肯尼迪反驳认为，如果美国失去保卫柏林的权利，"没有人会对美国的承诺和保证有任何信心"。[3] 苏联领导人则不断提醒：在雅尔塔，罗斯福曾承诺美国军队只会在欧洲停留几年；在日内瓦，艾森豪威尔曾承认柏林局势"不正常"。赫鲁晓夫两次提到第二次世界大战中死去的 2000 万苏联人，而美国的死亡人数仅有 35 万人。负面的情绪化强制没有给予肯尼迪总统充分的尊重和表达空间，单方面压制显然难以达成信任谅解。[4]

最后，双方关注的焦点差异使得后续互动缺乏延续。赫鲁晓夫虽然也想举行会谈，但他不理解肯尼迪"真的会那么优柔寡断"。[5] 虽然两位领导人都希望走向会谈，但双方的关注点完全不同。肯尼迪受到国内巨大压力，要求阻止苏联的核试验，而赫鲁晓夫则认为禁止核试验应该在优先事项清单中处于次要地位，未对肯尼迪关于禁止核试验的提议做出积极回应。肯尼迪还提出在太空方面进行合作，但苏联的反应也很冷淡。为了在"猪湾事件"后巩固自己的威信，肯尼迪坚持认为，与苏联会谈的重点是"表明美国对和平与自由的持久关注"，反击苏联的全球扩张。而苏联领导人显然不这么想，不仅在公开场合拒绝让步，而且赫鲁晓夫私下里表示肯尼迪比他儿子还要年轻（赫鲁晓夫的长子与肯尼迪

---

[1] U. S. Department of State, *Foreign Relations of the United States*（*FRUS*），*1961 - 1963*，*Vol. 5*, pp. 216-225.

[2] David Halberstam, *The Best and the Brightest*, New York：Random House, p. 95.

[3] 参见［俄］亚历山大·富尔先科、［英］蒂莫西·纳夫塔利：《赫鲁晓夫的冷战：一个美国对手的内幕故事》，王立平译，黄河出版传媒集团、宁夏人民出版社 2012 年版。

[4] Benjamin C. Bradlee, *Conversations with Kennedy, 1961 - 1963*, New York：W. W. Norton, 1975, p. 126.

[5] Michael R. Beschloss, *The Crisis Years: Kennedy and Khrushchev, 1960 - 1963*, New York：Harper Collins, 1991, p. 225.

同龄），不过是一个"花花公子"。① 共同议题的缺乏导致双方话不投机，尴尬互动氛围破坏了后续见面的基础。

整体而言，维也纳会谈中的领导人互动缺乏情感能量与关系契约驱动，廉价话语的可信度不足。② 就情感能量而言，维也纳会谈中双方缺乏相互关注与共同的互动节奏。在"猪湾事件"背景下，赫鲁晓夫认为肯尼迪缺乏决心，而肯尼迪对赫鲁晓夫的傲慢与粗鲁言行颇为不满。双方的面对面交流最终在无休止的对立和威胁中结束。就关系契约而言，维也纳会谈不具有连续性，双方缺乏对未来关系的积极预期。这种"暂时性会谈"类似于单轮博弈，缺乏可信度的关系基础。③ 在此次会谈后的 5 年内，美苏领导人不曾再次见面。④

三、20 世纪 80 年代末戈尔巴乔夫-里根日内瓦会晤

有关冷战为什么会和平结束的争议往往低估了首脑外交塑造信任的价值。⑤ 尽管美苏长期保持战略不信任，但 20 世纪末两国领导人的高效面对面会谈为冷战结束创造出特殊的信任氛围。有资料显示，戈尔巴乔夫和里根之间的情感传递与私人互动对于可信度识别具有重要意义。实际上，1985年前后美苏领导人面对面会谈的氛围并不乐观。在 20 世纪 80 年代中后期冷战还未结束、柏林墙仍然屹立不倒的背景下，双方领导人传递和解善意的过程不会一帆风顺。⑥ 1981 年 1 月，里根入主白宫，他对苏联的态度是"采取长期战略攻势"，主张进行大规模军备竞赛以拖垮苏联经济。1983 年

---

① David Reynolds, *Summits: Six Meetings That Shaped the Twentieth Century*, Philadelphia：Basic Books, 2007, pp. 180-188.

② ［美］格雷厄姆·艾利森、菲利普·泽利科：《决策的本质：还原古巴导弹危机的真相》，王伟光、王云萍译，商务印书馆 2015 年版，第 102 页。

③ G. R. Berridge, *Diplomacy: Theory and Practice*, New York：Palgrave Macmillan, 2015, pp. 181-190.

④ 直到 1967 年 6 月，美国总统林登·约翰逊与苏联部长会议主席阿列克谢·柯西金才在葛拉斯堡罗举行了面对面会谈。

⑤ 参见 Odd Arne Westad, *The Cold War: A World History*, New York：Basic Books, 2019；Melvyn P. Leffler, *For the Soul of Mankind: The United States, the Soviet Union, and the Cold War*, New York：Hill and Wang, 2008。

⑥ Marcus Holmes, *Face-to-Face Diplomacy: Social Neuroscience and International Relations*, New York：Cambridge University Press, 2018, pp. 82-86.

3 月，里根发表了著名的"邪恶帝国"演讲，将苏联描述为狂热的、撒旦式的"邪恶帝国"。[①] 此后公开提出"战略防御计划"（SDI）（即"星球大战"计划），助推了冷战竞争的第二波紧张高潮。随着被称为"反共斗士"的里根继续释放大量强硬信号，戈尔巴乔夫对美国战略意图产生了怀疑。在这样的敌对氛围中，1985 年召开的日内瓦会谈完全是试探性的，重在熟悉彼此。结果表明，这次会谈开启了意料之外的后续一系列会谈。那么日内瓦会谈是如何建构美苏信任螺旋的呢？从关系主义角度可以进行如下理解。

第一，面对面互动中的相互关注激活了共享的情感能量。日内瓦会谈尽管充满试探和冲突，但是会谈过程中的渐进接触本身就在潜移默化地塑造彼此预期，而且为后续情感共鸣做了铺垫。1985 年 11 月 19 日，戈尔巴乔夫在日内瓦第一次见到里根时，就快步走上去握住对方的双手，展示了标志性的微笑。双方尽管互不信任，但争取共识却是共同诉求。在初始信任方面，里根显然对戈尔巴乔夫意图的怀疑更强烈，美国政府难以确认"新思维"是否可信。[②]有资料显示，这次面对面互动在很大程度上增进了双方对彼此的具体了解。[③] 在第一次面对面会谈中，预定会谈时间为 15 分钟，但实际上持续了一个小时，这多少表明双方互动节奏比较紧凑。[④] 为展示自己的真实意图，戈尔巴乔夫在并不友好的氛围中坚持向美国传达和平意图。戈尔巴乔夫在回忆录中提到了"互动移情"以及"站在里根立场上"看问题的意义："对话是非常有建设性的……而且我们越了解对方就越可信。"[⑤] 苏美双方的官员都证实了这一观点，时任苏方翻译的帕维尔·帕拉钦科指出，直觉在两人身上发挥了特殊作用，特别是戈尔巴乔夫感触良多。[⑥] 例如，在说服美国削减核武库时，戈尔巴乔夫至少停顿了 30 秒后说："总统先生，我不同意你的观点，但我相信你说

---

① Ronald Wilson Reagan, "The Evil Empire", in Janet Podell and Steven Anzovin eds., *Speeches of the American Presidents*, New York and Dublin: The H. W. Wilson Company, 2001, pp. 882–886.

② 参见［苏］米·谢·戈尔巴乔夫：《改革与新思维》，岑鼎山等译，世界知识出版社 1988 年版。

③ Richard Rhodes, *Arsenals of Folly: The Making of the Nuclear Arms Race*, New York: Knopf Doubleday Publishing Group, 2007, p. 187.

④ Richard Rhodes, *Arsenals of Folly: The Making of the Nuclear Arms Race*, New York: Knopf Doubleday Publishing Group, 2007, p. 188.

⑤ Mikhail Sergeevich Gorbachev, *Memoirs*, New York: Doubleday, 1996, pp. 405–408.

⑥ Pavel Palazhchenko, "A Perspective from Moscow", in Kiron K. Skinner ed., *Turning Points in Ending the Cold War*, Stanford: Hoover Institution Press, 2007, p. xiii.

的是真心话。"① 缓和的语气吸引了里根的目光注视。双方都在向对方澄清自己的意图，并努力走出阴暗的猜疑隧道。② 在面对面互动中，里根认为戈尔巴乔夫考虑得很长远；戈尔巴乔夫也确认了美国的意图不是进攻性的，而是防御性的。

第二，多重信息的匹配验证与一致性强化了可信度感知。冷战是安全困境的产物，但之前美苏领导人对此避而不谈。戈尔巴乔夫意识到，缓解安全困境的第一步是直面矛盾，努力打破猜疑螺旋。③ 20 世纪 80 年代中后期，苏联领导人释放了大量试探信号。面对面接触中的相互关注为多重信号检验创造了条件，而直接互动本身加强了美苏了解彼此的能力。④ 两人之间从一开始的紧张与不和谐的节奏拉扯（如争夺发言权、打断对方讲话节奏、提高讲话声音与语调）转变为后来的相互赞赏与认同。例如双方在面对面情绪感染中，达成了核战争是不道德的共识。在这一共识的指引下，双方进一步签署了《中导条约》。⑤ 会后，里根表示他愿意相信戈尔巴乔夫，因为苏联的行动与话语信号是前后一致的。⑥ 这说明信念的转变在很大程度上表明廉价话语信号发挥了增信释疑的作用。里根在回忆录中写道："我们的分歧是非常根本的，但他（戈尔巴乔夫）也决心采取措施确保和平。这与我们完全一致，这是最关键的一点。"⑦ 戈尔巴乔夫的助手阿纳托利·切尔尼亚耶夫也提到，"戈尔巴乔夫上台后不久，美国认为苏联首次做到了言行一致"。⑧ 基于情感能量的激励，美苏双方同意于 1986 年 10 月 11—12 日在

---

① Jack Matlock, *Autopsy on an Empire: The American Ambassador's Account of the Collapse of the Soviet Union*, New York: Random House, 1996, pp. 169-173.

② Richard Rhodes, *Arsenals of Folly: The Making of the Nuclear Arms Race*, New York: Knopf Doubleday Publishing Group, 2007, p. 210.

③ Alan Collins, *The Security Dilemma and the End of the Cold War*, New York: St. Martin's Press, 1997, p. 157.

④ Ronald Reagan, "Diary Entry, 15 February 1983", in Douglas Brinkley ed., *The Reagan Diaries*, New York: Harper Perennial, 2007, p. 131; Anatoly Dobrynin, *In Confidence: Moscow's Ambassador to America's Six Cold War Presidents*, New York: Times Books, 1995, pp. 517-522.

⑤ George P. Shultz, *Learning from Experience*, Stanford: Hoover Institution Press, 2016, p. 37.

⑥ Anatoly Chernyaev, *My Six Years with Gorbachev*, State College: Pennsylvania State University Press, 2000, p. 60.

⑦ Ronald Reagan, *An American Life*, New York: Simon and Schuster, 1990, p. 643.

⑧ Anatoly Chernyaev, *My Six Years with Gorbachev*, State College: Pennsylvania State University Press, 2000, p. 44.

雷克雅未克再次会面。

第三，单方面的渐进让步诱发了对方的互惠性反馈。互惠性反馈的难点在于冲突双方缺乏首先发起和解的激励。① 然而在关于《中导条约》的面对面谈判中，美国对苏联方面的削减要求远大于苏联对美国的要求，这种不对称反映出美国的不信任程度更高，因此美国一开始怀疑并主张忽视苏联的廉价话语信号。在面对面互动中，苏联领导人展示的前期让步并不仅仅是一种象征姿态，而是呼吁互惠性反馈的政治姿态。② 因此，戈尔巴乔夫宣布停止在欧洲部署 SS-20 导弹，甚至单方面暂停核试验，其目的是诱发对等反应，向美国传递积极的善意信号，诱发互惠性和解。③ 对此，里根政府在试探和观察中认识到戈尔巴乔夫倡议的建设性。如果双方都重视首脑外交中的情感传递、意义塑造与话语框定等廉价信号，那么着眼于未来长期互惠的关系契约约束，有助于克服短期博弈的机会主义冲动。在首次见面中，微小让步实质性地缓解了美苏敌对与猜疑氛围，为后续进一步见面沟通做了良好铺垫。一方面，里根发现戈尔巴乔夫"与其他苏联领导人不同"，具有"建设性的诚意"；另一方面，戈尔巴乔夫逐渐转变了对里根仇共、仇苏的刻板印象，认为在互惠原则下美国是值得信赖的。④

第四，维持后续关系的承诺强化了可信承诺约束。冷战结束前，美苏领导人会面释放了大量意图信号。如果没有美苏领导人的面对面互动，这些廉价话语的迹象可能被忽视，或被认为是不可信的。⑤ 在昂贵成本话语之外，里根也意识到戈尔巴乔夫与众不同的诚意。30 多年的冷战斗争使美苏习惯性地将对方视为具有极大恶意的他者，这种战略

---

① Mikhail Gorbachev, *Perestroika: New Thinking for Our Country*, London：Collins, 1988, p. 225.

② Andrei D. Sakharov, *Moscow and Beyond*, *1986 to 1989*, Hutchinson, 1991, pp. 22-23.

③ 一开始美国的反应是消极的，原因有三点。首先，美国想使其武库现代化，以加强其军备控制谈判中的谈判地位。因此，美国认为该倡议是一种施压策略，而不是一种合作的尝试。其次，美国认为禁止核试验是无法核查的。最后，由于苏联已经完成了核武器测试，美国认为该倡议不过是一种扰乱美国核试验的伎俩而已。上述三种担忧都会让美国怀疑戈尔巴乔夫倡议的真诚性与可信度。美国也无法确定苏联是否会真的遵守承诺，也有理由怀疑苏联在"虚情假意"。

④ Tuomas Forsberg, "Power, Interests and Trust：Explaining Gorbachev's Choices at the End of the Cold War", *Review of International Studies*, Vol. 25, No. 4, 1999, pp. 603-621.

⑤ Andrew H. Kydd, *Trust and Mistrust in International Relations*, Princeton：Princeton University Press, 2005, pp. 217-219.

叙事在冷战初期相当突出。① 随着会谈的临近，里根开始谈论可以消除的"误解"，而不是谈论苏联的所谓"邪恶本质"。② 尽管难免争吵，但事实上他们之间产生了理解的火花，就像他们就未来向对方眨眼一样。③ 里根写道："很明显，戈尔巴乔夫和我之间产生了化学反应，产生了非常接近友谊的东西。"④ 这种感觉显然是相互的，形成了对对方的可信度认知的主观信念。里根认为，戈尔巴乔夫显然考虑得很长远。苏联也从面对面互动中确认了美国的意图是防御性而非进攻性的。里根在回忆录中指出："乔治（舒尔茨）和我都不敢相信发生了什么。我们得到了惊人的协议。随着（第二天）会谈的进行，我感觉到一些重要的事情正在发生。"⑤ 首脑外交有效降低了美苏之间的陌生感，助推两国在冷战后期采取了互惠性安抚行动，确保了国际秩序的平稳过渡。

概言之，1985 年美苏领导人日内瓦首脑外交是一次成功的外交沟通，后续一系列会晤使双方对对方的可信度感知发生转变，原本将苏联称为"邪恶帝国"的里根改称对方为"建设性伙伴"并签署了一系列重大协议。⑥ 如果没有双方努力促成的多次面对面互动，冷战是否会和平结束？坦诚地面对面交流和试探性接触后，双方更加明确承诺：不论面临何种分歧，坐下来一起讨论如何搁置分歧，寻求相互理解。实际上，面对面会谈对美苏关系和解来说是关键性的，其塑造的情感能量与关系契约的双重驱动强化了彼此廉价话语的可信度感知。正如里根所评价的那样："一个深刻的、历史性的转变正在发生。这次见面绝不是第二轮冷战的中场休息。"⑦

---

① Phillip Wander, "The Rhetoric of American Foreign Policy", *Quarterly Journal of Speech*, Vol. 70, No. 4, 1984, pp. 339-361.

② Raymond L. Garthoff, *The Great Transition: American-Soviet Relations and the End of the Cold War*, Washington, D. C.: Brookings Institution, 1994, p. 235.

③ Anatoly Chernyaev, *My Six Years with Gorbachev*, State College: Pennsylvania State University Press, 2000, p. 85.

④ 转引自 David Reynolds, *Summits: Six Meetings That Shaped the Twentieth Century*, State College: Pennsylvania State University Press, 2000, p. 363.

⑤ Ronald Reagan, *An American Life*, New York: Simon and Schuster, 1990, p. 677.

⑥ Douglas Brinkley ed., *The Reagan Diaries*, New York: Harper Perennial, 2007, p. 337.

⑦ 转引自 George Shultz, *Turmoil and Triumph: My Years as Secretary of State*, State College: Pennsylvania State University Press, 2000, p. 1003。

小　结

　　外交峰会已经成为 20 世纪中后期国家间政治互动的重要机制与惯例，最高级别领导人通过面对面谈判解决问题、试探意图与展示情绪。面对面外交实践中广泛存在的廉价话语，是社会交流中经常被忽视却非常重要的变量。当然，外交互动不可避免地会出现一些戏剧性的表演，领导人之间的谈判也不例外。廉价话语不仅仅是话语表达和非语言展示的内隐信息，也是冷认知与热认知的综合施展。那些面对面首脑外交中的愤怒、同情和厌恶的情绪交流，为理解国家外交信号传递的低成本性质提供了必要的理论工具。基于上文分析可得出以下结论。

　　首次，面对面的首脑外交的互动关系过程嵌入在情绪氛围之中。在外交场域，关系情境可以是物质的，比如外交场地、会场布置、礼仪安排等；可以是情感性的，比如团结氛围、友谊象征、道义宣示和特定外交文化等。各种日常生活的故事阐释了面对面外交的政治含义，在琐细的日常生活叙述背后努力去挖掘隐藏其后的一些变量，如时间的安排、空间的格局、基本的关系网络，就是对社会实践的"深度描写"。这种"深度描写"必须在特定的文化和社会背景中进行。①

　　其次，首脑外交中的廉价话语本质上是一种沟通形式，包括语言与非语言传递手段。一种经过仔细斟酌的外交语言可以将不必要的误解降到最低；同时非语言的外交"肢体语言"在一定社会规范下也可以传递意图信号。因此，经典的外交对话就是一种信号系统，外交互动者之间相互解码意图信号。在面对面外交沟通中，领导人之间含糊不清的信号可能是灾难的前奏，也可能产生建设性和创造性的效果。② 外交谈判是一种沟通媒介，在利益冲突与利益融合之间寻求非暴力的解决方案。在首脑外交中的

---

① 参见［美］克利福德·吉尔兹：《地方性知识——阐释人类学论文集》，王海龙等译，中央编译出版社 2004 年版。

② Christer Jönsson and Karin Aggestam, "Trends in Diplomatic Signalling", in Jan Melissen ed., *Innovation in Diplomatic Practice*, New York：Palgrave, 1999, pp. 151–170.

领导人，为寻求双方都能接受的解决方案，会相互试探反复博弈。[①] 根据利益的一致程度不同，国家之间可以通过不同的方式进行接触：双方可以进行公开面对面谈判，也可以进行私下秘密谈判。当然为了混淆视听，各方会通过"谈判"来掩盖他们真正想要的结果。面对面外交中的领导人展示情绪的不同，会产生不同的会谈氛围与结果。

① Paul W Meerts, "The Changing Nature of Diplomatic Negotiation", in Jan Melissen ed., *Innovation in Diplomatic Practice*, New York: Palgrave, 1999, pp. 82–83.

第七章 全球治理的中国角色与叙事建构

战略叙事是支撑领导力和合法性的规范、价值观与软实力基石。近年来，中国在重塑全球治理的话语体系方面进行了创造性努力，在构建人类命运共同体的背景下，"讲好中国故事"是今后相当长一段时期内构建全球叙事话语的重点。基于中国式现代化成果，全球治理的中国话语叙事建构需要提升全球话语合法性基础，传递全球治理的"中国好声音"。2021年11月16日通过的《中共中央关于党的百年奋斗重大成就和历史经验的决议》明确指出："积极参与全球治理体系改革和建设，维护以联合国为核心的国际体系、以国际法为基础的国际秩序、以联合国宪章宗旨和原则为基础的国际关系基本准则，维护和践行真正的多边主义，坚决反对单边主义、保护主义、霸权主义、强权政治，积极推动经济全球化朝着更加开放、包容、普惠、平衡、共赢的方向发展。"① 基于此，努力提升中国话语的感召力、亲和力与可信度，需要以大国情怀构建"欢迎搭便车"的战略叙事，在"南南合作"中传播中国式现代化的全球性叙事，用普惠包容的全球治理方案构建人类命运共同体。

第一节 新型全球公共产品供给的中国叙事

全球公共产品供给行动离不开话语叙事的支持。在和平发展过程中，

---

① 《中共中央关于党的百年奋斗重大成就和历史经验的决议》，新华社，2021年11月16日，http://www.gov.cn/zhengce/2021-11/16/content_ 5651269.htm。

一国的战略叙事能力直接影响其精心设计的公共产品是否会被接受，以及接受后的积极影响有多大。中国外交面临着的一项重要任务就是建立一个有说服力的、有因果关系的、连贯一致的话语体系，让外界明白为什么中国可以供给更优质的公共产品，为何中国的公共产品供给不以地缘政治因素为考量。全球治理体制变革正处于历史转折点上，新兴市场国家和一大批发展中国家快速发展将极大塑造全球治理格局，加强全球治理、推动全球治理体制变革是大势所趋。破解全球治理赤字的中国方案的核心在于，构建共商共建共享的全球合作理念，求同存异、聚同化异；坚持公平包容，打造平衡普惠的发展模式，让世界各国人民共享经济全球化发展成果。

一、中国"欢迎搭便车"的战略叙事

全球公共产品供给归根结底是要改善自身形象，侧重于通过维护国家整体利益来满足政治合法性需求。但是，公共外交不是一种单向的沟通方式，其更加重视身份、形象和世界舆论的互动。汉斯·图奇将公共产品供给外交理解为：努力提升在全球公益中的贡献度，来展示良好意图或减少误解。[①] 公共产品供给的行动往往同时包含着"后果性"与"适当性"两种逻辑，后果性逻辑支配下的行动者通常评估利益得失，而适当性逻辑则考虑合法性规范与道义原则，通过政治计算而非经济计算来实现目标。[②] 全球公共产品的公益性，意味着行为者需要遵循特定价值规范，需要评估消费者的规范性评价与价值认同问题。关于全球公共产品的分析，更多关注的是与身份无关的经济利益，忽视了全球治理背后的政治期待与道德层愿望。[③] 当然此两种逻辑并不相互排斥。

在全球治理领域，新兴国家如何供给全球公共产品是一个重大的现实与理论议题，但主流理论忽视了新兴大国参与全球治理的能动性。自查尔

---

① 参见 Hans N. Tuch, *Communicating with the World: U. S. Public Diplomacy Overseas*, New York: St. Martin's Press, 1990。

② James G. March and Johan P. Olsen, "The Institutional Dynamics of International Political Orders", *International Organization*, Vol. 52, No. 4, 1998, pp. 951-952.

③ 参见 Jürgen Habermas, *Between Facts and Norms: Contributions to a Discourse Theory of Law and Democracy*, William Rehg Trans., Cambridge, MA: MIT Press, 1996。

斯·金德尔伯格（Charles P. Kindleberger）提出"霸权稳定论"以来，霸权国供给全球公共产品成为西方学界关注的焦点议题。① 该理论指出，20世纪30年代衰落的霸权国英国缺乏供给全球公共产品的能力与意愿，而新兴大国美国则奉行孤立主义，由此全球治理的霸权缺位引发国际经济危机。② 基于此，哈佛大学教授约瑟夫·奈指出，霸权国与新兴大国的权力竞争塑造了全球治理格局，如果新兴大国不能扮演全球公共产品的"稳定器"角色，那么全球治理真空将导致"金德尔伯格陷阱"（Kindleberger Trap），即失去霸权国或霸权替代者的全球治理必将失灵。③ 基于历史类比，如果崛起的中国与霸权国美国都袖手旁观，那么21世纪的全球治理真空将引发国际秩序危机。④ 尽管该看法关注了全球公共产品供给的政治竞争问题，但片面将全球治理衰退责任推卸给新兴大国，不仅有失公平而且违背现实。理解新兴大国的全球公共产品供给叙事，可从两方面着手。

一方面，全球公共产品供给以合法性话语为载体。战略叙事是支撑领导合法性的规范、价值观与软实力的基石。在新的全球公共产品供给竞争中，新兴大国只有分享自己的成果，淡化支配与强制色彩，才能在争取民心的援助中，将发展中国家与发达国家纳入自己全球影响力的支持队伍中来。目前涉及全球安全、全球热点问题的联合国决议，大多数仍然由美国及其盟友提供解决方案，中国的贡献主要集中在经贸领域，全球公共产品的供给还需提质升级。增强外交资源汲取能力，就需要创造性把握机遇，展示参与全球治理的合法性叙事。2013年9月，党的十八届三中全会强调中国要加强国际传播能力，在全世界范围内宣传中国文化，构建对外话语体系。公共产品供给的话语权是指能够发出"受到他人尊重和认可"

---

① 樊勇明：《霸权稳定论的理论与政策》，《现代国际关系》2000年第9期。

② Charles P. Kindleberger, *The World in Depression 1929–1939*, Berkeley: University of California Press, 1973, p. 307; Charles P. Kindleberger, "Dominance and Leadership in the International Economy: Exploitation, Public Goods, and Free Rides", *International Studies Quarterly*, Vol. 25, No. 2, 1981, pp. 242–254.

③ Joseph S. Nye, "The Kindleberger Trap", https://www.project-syndicate.org/commentary/trump-china-kindleberger-trap-by-joseph-s--nye-2017-01? barrier=accessreg; 郑永年：《中国可以回避"金德尔伯格陷阱"吗?》，《联合早报》2017年5月9日。

④ ［美］查尔斯·金德尔伯格：《1929~1939年：世界经济萧条》，宋承先、洪文达译，上海译文出版社1986年版，第12~20页。

的思想、观念、主张和方案，产生有创意的提案或设计，在国际舞台上发出声音。

另一方面，新兴大国供给全球公共产品有助于展示自身的良性意图。大国权力竞争会扭曲全球公共产品的非排他性与非竞争性。例如，消费国迫于压力会选边站队，放弃消费新兴大国供给的产品；或者形成排斥新兴大国的小圈子。即便新兴大国提供的全球公共产品高效优质，也可能会被霸权国及其盟友进行负面叙事框定，这样被污名化的公共产品就很难被信任或自愿消费，形成一方供给过剩、一方不愿消费的扭曲局面。由此，新兴大国公共产品供给既不应重复霸权国的供给模式，也不应该与之产生鲜明的对比感，而是应根据时代变化与现实需求适当修正与弥补刚需产品的供给不足。除了作出单一最大努力，新兴大国还需要尽量争取国际组织与其他大国的支持，通过联合供给承担责任降低不信任氛围。

全球治理离不开新兴大国的积极贡献。2008 年全球金融危机后国际权力转移进程加快，国际社会对中国方案的期待不断上升，中国积极供给全球公共产品的意愿日益强烈，公开承诺将致力于完善国际治理体系，更多提出中国方案、贡献中国智慧，为国际社会提供更多公共产品。[1] 习近平主席多次提出欢迎大家搭乘中国发展的列车这一新兴大国主动"欢迎他国搭便车"的逻辑，超越了所谓的"金德尔伯格陷阱"叙事，展示了全球公共产品供给的政治属性。"金德尔伯格陷阱"的关键不在于新兴国家是否愿意提供全球公共产品，而在于国际社会特别是霸权国是否相信与允许新兴大国承担全球公共责任。霸权国关注的是霸权体系持续，但其他国家之所以愿意接受新型公共产品，是因为霸权国不能满足治理需求。

其一，欢迎搭便车有助于积累软实力与感召力。为了获得和平发展的合法性，新兴大国需要更多服务国际社会。近年来，中国在全球公共产品供给的实力与意愿方面都显著增强，越来越重视民生领域的影响力积累。[2] 以对外援助为例，在 2009 年以前中国援助资金的 61% 都集中于经济基础设施，而社会公共设施领域只有 3.2%。[3] 2010 年第九次全国援外

---

① 《习近平接受拉美四国媒体联合采访》，中央政府门户网站，2014 年 7 月 15 日，http://www.gov.cn/xinwen/2014-07/15/content_ 2717218. htm。

② Deborah Brautigam, *The Dragon's Gift: The Real Story of China in Africa*, New York：Oxford University Press，2009，p. 133.

③ 中华人民共和国国务院新闻办公室：《中国的对外援助》，人民出版社 2011 年版，第 8 页。

工作会议确定了"优化援外结构"的大方向，明确提出"要多搞一些受援国急需、当地人欢迎、受惠面广的医院、学校、生活供水、清洁能源等民生项目"。① 2010—2012 年，中国对外援助中经济基础设施所占的比重降低至 44.8%。② 正是经过多年旨在促进"民心相通"的公共产品供给投入，中国在非洲负责任形象得到极大提升。调查显示，2010 年以来中国在非洲国家的影响力与亲和力最高，远高于中国邻国与其他地区。例如埃及有 57% 的民众对"中国的国际影响力"持积极态度；肯尼亚与加纳的比例分别达 58%、68%，其中大部分被调查者认为"中国在非洲发挥了积极的建设性作用"。③

其二，欢迎搭便车有助于合作共赢。全球化促进了相互依赖，帮助他人在某种程度上就是帮助自己。2008 年全球金融危机使得西方国家间保护主义盛行，但这种"只顾自家门前雪，不管他人瓦上霜"的卸责行为，必然会进一步恶化整体环境，从长远来看最终也不利于自身发展。近年来，中国积极参与全球经济治理结构改革，在多边和区域平台 G20、金砖国家峰会、亚太经济合作组织等积极发声，通过供给公共产品构建包容性和开放性的发展环境，进一步优化中国和平发展的国际环境。2016 年在国际市场需求不景气的情况下，中国与共建"一带一路"国家经贸合作成绩显著，进出口总额达到 6.3 万亿元人民币，累计投资超过 185 亿美元，为共建"一带一路"国家创造近 11 亿美元的税收和 18 万个就业岗位。④ 中国的全球治理叙事与行动体现出新兴大国不片面地追求国家利益，而是主张分享红利。

其三，欢迎搭便车展示了中国构建人类命运共同体的历史担当。将"倡导人类命运共同体意识"上升到战略高度，这是中国领导人对当今世界的一种深刻理解，其最大的魅力就在于把"你"和"我"，变成了"我

---

① 《全国援外工作会议在京召开》，《人民日报》2010 年 8 月 15 日，第 1 版。

② 中华人民共和国国务院新闻办公室：《中国的对外援助（2014）》，人民出版社 2014 年版，第 4 页。

③ BBC World Service Poll, "Global Views of United States Improve While Other Countries Decline", April 18, 2010, p. 7, http://www.worldpublicopinion.org/pipa/pipa/pdf/ apr10/BBCViews_ Apr10_ rpt. pdf.

④ 《2016 年中国与共建"一带一路"国家进出口总额达到 6.3 万亿元人民币》，人民网，2017 年 2 月 21 日，http://finance.people.com.cn/n1/2017/0221/c1004-29096880.html。

们"。① 2017 年 1 月，习近平主席在瑞士日内瓦出席"共商共筑人类命运共同体"高级别会议，发表了《共同构建人类命运共同体》的主旨演讲，系统阐述了中国提出的新理念。同年 2 月 10 日，联合国将"构建人类命运共同体"理念写入决议。中国贡献的价值类公共产品发挥了独特的治理功能。一方面，凝聚共识，为全球治理设定规范基础。2017 年 2 月慕尼黑安全会议的主题是"后真相、后西方、后秩序?"，与会人员普遍认为当今世界面临二战以来最脆弱的时刻，西方主导的国际秩序正走向终结，世界有可能正在迈向后西方时代。越来越多的西方学者开始怀疑西方的政治模式与价值观。而"命运共同体"旨在达成共识，凝聚人心。另一方面，人类命运共同体与全球治理理念一脉相承。人类居住在一个地球村，共同体意识长期存在。② 美国驻联合国前大使阿德莱·史蒂文森（Adlai Ewing Stevenson II）形象地指出，"我们所有人都是乘坐在狭小的宇宙飞船上的旅客，我们的安全均维系在这艘宇宙飞船的安全与和平之上"。③ 地球如同一个"太空舱"，④ 人类休戚与共的命运感是一种精神财富。

其四，欢迎搭便车符合联合国发展议程需要。联合国本身就是促进全球治理的公共产品，联合国会费支撑全球公益和全球治理，是典型的公共产品。值得注意的是，2019 年至 2021 年预算分摊比例方案中，中国超越日本成为联合国第二大会费缴纳国，会费贡献比例上升至 12.01%。⑤ 此外，中国积极落实联合国可持续发展议程。2016 年 1 月 1 日联合国《2030 年可持续发展议程》（简称《2030 年议程》）正式生效，该议程彰显的是全球发展的"5P"理念，即 People（人人）⑥、Planet（地球）、Prosperity（繁荣）、Peace（和平）和 Partnership（合作）。为落实好

---

① 《命运共同体——习近平"和"的境界》，新华网，2016 年 8 月 17 日，http：//news. xinhuanet. com/politics/2016-08/17/c_ 1119401010. htm。

② 韩雪晴：《自由、正义与秩序——全球公域治理的伦理之思》，《世界经济与政治》2017 年第 1 期。

③ 转引自［日］佐佐木毅、［韩］金泰昌主编：《公共哲学（第 9 卷）：地球环境与公共性》，韩立新、李欣荣译，人民出版社 2009 年版，第 11 页。

④ Kenneth E. Boulding, "The Economics of the Coming Spaceship Earth", in Henry Jarrett ed., *Environmental Quality in a Growing Economy*, Baltimore：Johns Hopkins University Press for Resources for the Future, 1966, pp. 3-14.

⑤ 孙秀萍、卢戈：《联合国预算分摊比例中国超越日本升至第二》，《环球时报》2018 年 12 月 24 日。

⑥ 此处的 people 并非指单个的、具体的人或族类，也非泛指的民众或人类，而是指人人，每一个人，强调"一个都不落下"，关注每一个人的尊严和权益。

《2030 年议程》，中国政府公开承诺比 2030 年目标提前 10 年实现全部脱贫，即到 2020 年让中国现行标准下的 5000 多万农村贫困人口全部脱贫。[①] 在全球治理层面上，中国持续强化对联合国的支持。2015 年在第 70 届联合国大会及其系列峰会上，中国承诺支持建立 "中国气候变化南南合作基金"；向联合国妇女署捐款 1000 万美元；5 年内计划帮助发展中国家实施 100 个 "妇幼健康工程" 和 100 个 "快乐校园工程"，邀请 3 万名发展中国家妇女来华参加培训；设立为期 10 年、总额 10 亿美元的中国-联合国和平与发展基金。[②] 这都是中国依托联合国所贡献的全球公共产品。

二、传播中国式现代化的全球性叙事

历经百年艰辛探索，中国式现代化为人类历史文明提供了新选择。将中国式现代化置于人类现代化进程的大坐标中，方可发现其独特的国际发展与全球治理意义。从全球性叙事审视中国式现代化，不仅要看到这是惠及 14 亿国人的发展经验，也是推动全球治理体制转型的中国方案。新时期全球挑战加剧、全球治理赤字加剧，而中国式现代化实践则有意识地嵌入在全球普惠发展机制之内，促进 "增量改进"。新时期在全球叙事方面，中国创造性发起了一系列全球治理倡议，例如通过构建 "亚投行"、丝路基金、"一带一路" 倡议促进世界互联互通的基础设施建设，带动周边国家搭乘中国发展的快车；通过金砖国家新开发银行、上海合作组织升级扩容，打造周边安全共同体，凝聚新兴经济体的力量；提出 "全球发展倡议"、"全球安全倡议" 与 "人类命运共同体" 理念，以宏大历史视野构建出全球普惠发展的时代性话语体系。

首先，以大国情怀担当促进人类全面均衡发展。党的二十大报告中指出，"全面推进中国特色大国外交，推动构建人类命运共同体，坚定维护国际公平正义，倡导践行真正的多边主义"。[③] 走共同发展道路，中国把自己的事情办好就是对世界的贡献。世界没有放之四海而皆准的发展模

---

① 《中国落实 2030 年可持续发展议程国别方案》，2016 年 9 月，第 19 页。
② 《将向发展中国家提供 "8 个 100"》，《北京青年报》2015 年 9 月 28 日。
③ 习近平：《高举中国特色社会主义伟大旗帜，为全面建设社会主义现代化国家而团结奋斗——在中国共产党第二十次全国代表大会上的报告》，2022 年 10 月 16 日。

式，各方应该尊重世界文明多样性和发展模式多样化。一副药方不可能包治百病，一种模式也不可能解决所有国家的问题，生搬硬套或强加于人都会引起水土不服。① 到 2035 年中国将基本实现社会主义现代化目标，中国积极从世界汲取发展动力，也让中国发展更好惠及世界。人类命运共同体理念"提出建设一个持久和平、普遍安全、共同繁荣、开放包容、清洁美丽的世界"。②《联合国宪章》明确的四大宗旨和七项原则，到万隆会议倡导的和平共处五项基本原则，再到今天的全球发展倡议、全球安全倡议与全球文明倡议，中国式现代化丰富了全球共享价值。

其次，中国式现代化为人类实现现代化提供了新的选择，为解决人类面临的共同问题提供了中国智慧、中国方案、中国理念。展现中国式现代化的全球意涵，就是要创造性供给全球治理方案，就是让中国式现代化成为世界发展的典范。面向 2035 年，平衡机遇与挑战并存需重点把握两个关键。一方面，促进共建"一带一路"与全球发展倡议对接。"一带一路"倡议是目前中国最具规模的全球公共产品供给行动，是推进全球治理模式转型升级的新载体。落实习近平主席提出的"全球发展倡议"，需要将中国特色现代化建设经验与联合国《2030 年议程》对接，以超越传统不平等的全球发展体系；立足新南南合作平台，建构全球发展伙伴网络。另一方面，放眼全球，维持现代化的战略节奏与定力。着眼于长远，中国保持战略耐心，在现代化发展进程中不断调整与优化路线图，让富强的中国惠及全球，充分彰显中国式现代化的全球意涵。

最后，要积极构建自主知识体系，做人类新知识的提供者。中国式现代化是物质文明和精神文明相协调的现代化。在国际层面共同知识是一套集体共享的信念，它构成了行动者的利益和偏好的基础。中国式现代化的丰富实践有助于提炼新的发展知识体系。中国国内发展与援助实践需要突破碎片化表达，形成系统性的原创知识和"叙事"架构，为国际发展合作与人类命运共同体建设提供理论支撑。例如，进一步提炼升华"要致富多修路"的基础设施实践；总结自由贸易区、工业园区和出口加工区等经济特区发展模式；提炼"摸着石头过河"的政策试验逻

---

① 中共中央宣传部、中华人民共和国外交部编：《习近平外交思想学习纲要》，人民出版社，学习出版社 2021 年版，第 190 页。

② 中共中央宣传部、中华人民共和国外交部编：《习近平外交思想学习纲要》，人民出版社，学习出版社 2021 年版，第 52 页。

辑。继续供给优质全球农业公共产品，突出特色，发挥倡议与报告"起草人"角色。作为新兴经济体，发挥"南北桥梁"的作用，切实推进全球发展援助理念与体制改革。改革开放以来，中国基于"增量改进"原则，维护以联合国为核心的多边国际机制，并主动构建新型治理平台。这些全球治理行动是物质结构与观念结构双重约束的产物。人类命运共同体作为一种创新性价值理念，有助于增强国际社会对中国方案的认可度。

第二节　中国特色的全球治理实践及其叙事

21 世纪的人类社会不确定性与相互依赖同步强化，全球治理也面临前所未有的诸多挑战，在全球秩序转型的关键时期，构建人类命运共同体理念应运而生。构建人类命运共同体是新时代中国提出的国际秩序构想，包含着中国外交传统与核心理念，引领世界向着包容普惠合作共赢方向发展。"人类命运共同体"理念植根于中华优秀传统文化，具有"和而不同""义利统一"等丰富扎实厚重的文化底蕴，表达了"协和万邦"的政治理念与"亲仁善邻"的价值追求。在反思西方理论基础上，理解"中国特色"的全球叙事框架，需要促进中国话语模式与全球治理需求对接，对中国全球治理的叙事创新进行学理化总结。

一、人类命运共同体的话语叙事重点

推动构建人类命运共同体是中国为全球治理提供的新方案，是重大的战略叙事创新，对于促进人类整体的永续发展有着重大的战略意义。自2008 年全球金融危机以来，全球治理格局发生了深刻变化。西方国家的孤立主义情绪与反全球化思潮日益高涨，新兴国家的治理意愿与能力则显著提升，全球治理体制变革乃大势所趋。在实践方面，中国兼具世界大国与发展中国家双重身份，对全球化时代的命运共享有深切体会，具有推动构建人类命运共同体的历史责任感与实践能力。展望"两个一百年"战略蓝图，创造性供给全球治理的中国方案，既是中国自身发展的需要，也是国际社会的普遍期待。从战略叙事角度来看，中国在促进全球治理体系扩容、升级与优化的过程中，致力于将人类命运共同体理念升华为全球共享的叙事创新体系。

首先，求同存异，为凝聚全球力量构建最大共识。在全球化时代如何理解差异化，中西方文化常常具有不同思路。整体上，西方国家习惯于建立复杂的制度结构，这种跨国实体成为约束国家私利、激励集体行动的工具载体，但国际制度在汇聚国家利益时却很少考虑文化差异，当不同文化边界交汇时情感认同与角色认知问题就会凸显出来。与之不同，中国主张依靠"命运共同体"共识的使命感与方向感，让不同国家看到历史的深厚联系。例如，中国政府的叙事强调"一带一路"倡议的文明积淀，指出早在 2100 年前汉朝张骞两次出使西域，打通了陆上丝绸之路，让东亚、中东与欧洲文明连接起来；而在海上丝绸之路方面，郑和下西洋带着和平友好的精神遍访诸国，联通了非洲、亚洲两大文明板块的文化纽带。与西方国家对全球化的一体化叙事相比，中国的"一带一路"倡议叙事突出不同文明之间的民心交流，与西方式的技术扩张与帝国主义干预不同。①

其次，包容多元文化提出全球合作的互惠道义。在中国的全球治理叙事中，国际合作的终极目标是共同建构"人类命运共同体"，该理念根植于中国传统文化，但却具有全球跨文化性特点，能够被不同文化中的国家所理解与接受，因为这是人类共同普遍的美好愿望。为了克服因差异而导致的偏见与隔阂，只能依赖于尊重平等基础上的交流与合作，看到自己的命运与遥远社群的命运是共享的。在东方文化中，共同体类似家庭社群，不仅是利益生存的载体更是伦理道义的归属，不承担共同体责任的个体则难以得到自我与他人认可。长期以来，西方自由主义思潮下的全球化进程强调"普世"主义，淡化世界不同地区的文化差异，将西方标准与规则作为普遍适用的产品向外输出，这种忽视文化差异的沟通交流常常让他国对单边干预报以怨言甚至抗争。而人类命运共同体理念致力于化解的是高度依赖下的分化，通过展示包容韧性与互惠共享精神，让所有国家为共同命运承担责任，为多样化的世界提供应对全球危机的基本共识。

---

① ［英］马丁·阿尔布劳：《中国在人类命运共同体中的角色——走向全球领导力理论》，严忠志译，商务印书馆 2020 年版，第 34 页。

最后，人类命运共同体叙事追求人类价值的最大公约数。人类命运共同体理念体现了全球化时代的国际体系特征，即人类社会高度相互依赖、命运与共。在人类命运一体的深刻认识基础上，中国主动承担变革并发展全球治理秩序的责任，奋发有为地参与全球治理体系的存量与增量改革进程，引领国际社会开创新型全球治理体系。中国传统文化追求人与自然、人与人、人的内心终极和谐，实现"各美其美，美美与共"。这种叙事不否认国家间的利益交易，也不否认价值观与利益冲突，而是鼓励在尊重文化多样性的同时尝试在合作中发现共同事业，培育大家庭的集体意识。2014年4月，习近平主席在布鲁日欧洲学院讲话中表示，中国茶叶的含蓄内敛与欧洲啤酒的热烈奔放，代表着品味生命、解读世界的两种不同方式，展现了中国"和而不同"理念与欧盟"多元一体"理念的交汇。[①] 在全球治理中理解文化差异至关重要，建立在此基础上的"一带一路"倡议则不仅是分享全球化发展红利的平台，更是促进异质文化交流的互动网络，将多元行动者的命运紧密联结起来。[②]

二、"亚投行"的制度创新及其全球叙事建构

任何国际机制背后都有理念与叙事话语的支撑，彰显有关全球治理与国际秩序的独特理念。亚洲基础设施投资银行（简称"亚投行"）的宗旨是通过在基础设施及其他生产性领域的投资，促进亚洲经济可持续发展、创造财富并改善基础设施互联互通。在全球治理领域，亚投行更多聚焦基础设施，同时对成员国资格保持高度开放，这些机制设计不仅可确保传统与新型国际发展机构之间的模仿与创新、竞争与合作，更为全球治理的渐进改革和民主平等提供基础。当然亚投行作为新型国际发展机制，要得到国际认可就需积极地同世界银行、亚洲开发银行、拉美开发银行、欧洲复兴开发银行、欧洲投资银行、美洲开发银行、国际农业发展基金等传统机制对接合作。作为与现有国际机制平行叠加的新型国际发展机构，亚投行的叙事特点突出包容合作，主要体现在四个方面。

---

① 习近平：《在布鲁日欧洲学院的演讲》，载习近平：《论坚持推动构建人类命运共同体》，中央文献出版社2018年版，第103页。

② ［英］马丁·阿尔布劳：《中国在人类命运共同体中的角色——走向全球领导力理论》，严忠志译，商务印书馆2020年版，第143页。

其一，亚投行在战略定位方面，强调与主流国际制度高度互补。冷战后全球结构的多层次、碎片化和网络化趋势凸显，中国主张在真正的多边主义基础上改善现有的全球治理体系。为适应全球功能分化，中国明确表示："积极参与全球治理体系改革和建设，维护以联合国为核心的国际体系、以国际法为基础的国际秩序、以联合国宪章宗旨和原则为基础的国际关系基本准则，维护和践行真正的多边主义，坚决反对单边主义、保护主义、霸权主义、强权政治，积极推动经济全球化朝着更加开放、包容、普惠、平衡、共赢的方向发展。"① 在制度功能方面，亚投行更多聚焦基础设施，传统国际发展机构重点关注的知识银行、开放数据等暂时不是关注重点；同时成员资格具有高度开放性，如亚投行的成员资格向国际复兴开发银行和亚洲开发银行成员开放。在亚投行成立之初，习近平主席就明确指出"亚投行应该结合国际发展融资领域新趋势和发展中成员国多样化需求，创新业务模式和融资工具"。②

其二，突出比较优势，建构追求精干、廉洁与绿色的叙事话语。基础设施作为一项重大全球公共产品，需要供给者着眼长远进行综合收益核算，但其溢出效应对整个区域经济的辐射带动，潜力巨大。中国从一开始就希望亚投行成为"一流的、具备 21 世纪高治理标准的开放式开发银行"，为全球树立新典范。中国外交话语强调，亚投行致力于成为高标准、高治理、高起点的新型多边发展银行，为全球治理未来探索新模式。在基础设施建设融资方面，亚投行有自己的显著的比较优势，中国的基础设施建设能力与经验无可替代，同时未来需要在环境治理与金融创新方面进一步发展，与全球其他多边机制建立良性互补的合作关系。亚投行行长金立群指出，亚投行的核心理念有三点：精干、廉洁与绿色。避免了传统多边机制的人浮于事和官僚主义。效率优先；同时对腐败零容忍，健全监督问责机制，尽可能高标准透明公开；在环境、债务和社会发展可持续方面，亚投行需要"更好实践"，对现有做法进行改进完善，整合公私部门

---

① 《中共中央关于党的百年奋斗重大成就和历史经验的决议》，新华社，2021 年 11 月 16 日，http：//www.gov.cn/zhengce/2021-11/16/content_5651269.htm。
② 《习近平在亚洲基础设施投资银行开业仪式上的致辞》，新华社，2016 年 1 月 16 日，http：//www.gov.cn/xinwen/2016-01/16/content_5033454.htm。

的优点，从世界范围招揽最优秀人才。[①]

其三，求同存异，建立超越国家利益的全球价值观。当前全球治理中充斥着的大量有关价值观的话语争论。比如，欧美发达国家倡议的"自由主义"关注普遍的个人权利和开放的市场；但是很多发展中国家认为社会稳定与民生发展才是最大的自由，主权独立是个人人权的前提。意识形态竞争也体现在多边联盟和国际机制的建设过程中。与世界银行或欧洲复兴开发银行的贷款相比，亚投行贷款对目标国国内人权与民主状况的要求较低，这种不干涉原则对发展中国家充满吸引力。[②] 2017 年，中国财政部时任部长、亚投行中国理事肖捷就强调，"中国希望亚投行能够打造自身优势和特色，为现有多边开发银行体系增添新活力，展示其作为 21 世纪新型多边开发银行的独特性与创新性"。[③] 此外，亚投行十分重视保持独立性，在话语叙事中强调其并非仅仅服务中国国家利益的工具，而是完善全球治理体系、为所有成员国利益服务的公共产品。

其四，坚持对话协商，中国始终做全球发展的贡献者。亚投行的建立表明，中国的发展是世界机遇，欢迎各国搭乘中国发展的"顺风车"，实现共同发展。21 世纪的多边主义要守正出新、面向未来，既要坚持多边主义的核心价值和基本原则，也要立足世界格局变化，着眼应对全球性挑战的需要，在广泛协商、凝聚共识基础上改革和完善全球治理体系。[④] 亚投行正式成立并开业，对全球经济治理体系改革完善具有重大意义，顺应了世界经济格局调整演变的趋势，有助于推动全球经济治理体系朝着更加公正合理有效的方向发展……中国是国际发展体系的积极参与者和受益者，也是建设性的贡献者。倡议成立亚投行，就是中国承担更多国际责任、推动完善现有国际积极体系、提供国际公共产品的建设性举动，有利

---

① 转引自何兴强：《龙之印迹：中国与二十国集团框架下的全球经济治理》，中国社会科学出版社 2016 年版，第 218~219 页。

② Erik Voeten, *Ideology and International Institutions*, Princeton, NJ: Princeton University Press, 2021, pp. 8~10.

③ 《财政部部长在亚投行第二届理事会年会上的书面发言》，财政部，http://www.gov.cn/xinwen/ 2017-06/18/content_ 5203535. htm。

④ 中共中央宣传部、中华人民共和国外交部编：《习近平外交思想学习纲要》，人民出版社、学习出版社 2021 年版，第 146、162 页。

于促进各方实现互利共赢。①

综上所述，亚投行作为中国倡议与设计的首个重大全球金融与国际制度，不仅积极回应了全球治理体系改革的国际期望，而且也建立起独具特色的战略叙事体系。在全球治理过程中，亚投行的战略叙事能力有助于推动国际社会更加理解与接受中国供给的新型全球公共产品。全球治理的中国叙事反复强调，推动全球治理体系变革是国际社会大家的事，要坚持共商共建共享原则，使关于全球治理体系变革的主张转化为各方共识，形成一致行动。要坚持为发展中国家发声，加强同发展中国家团结合作。② 面向未来，中国外交面临着的重要任务，在于建立一个有说服力的话语叙事体系，让国际社会理解为什么中国可以供给更优质的全球公共产品，为何中国的全球治理模式可以超越传统的地缘政治思维，最终说服他国相信和认可中国特色的全球公共产品的普惠性特质。

三、"全球安全"倡议与"全球发展"倡议叙事

在全球安全议题方面，新兴大国的战略压力较大，因此需要以叠加嵌入方式参与全球公共产品供给。二战后，美国建立的庞大联盟安全网络，是一个排他性的俱乐部产品。③ 基于紧密的联盟网络，美国能够以相对较低的成本，维持霸权优势。④ 全球安全类公共产品具有显著的排他性与敏感性特征，也容易被霸权国工具化与私物化。随着霸权国的合法性衰落，新兴大国开始谨慎探索全球安全新机制。在 2022 年博鳌亚洲论坛开幕式上，习近平主席首次提出"全球安全倡议"，倡议以"六个坚持"为核心以解决全球和平赤字、发展赤字、治理赤字与信任赤字。⑤ 全球安全倡议

---

① 习近平：《在亚洲基础设施投资银行开业仪式上的致辞》，载习近平：《论坚持推动构建人类命运共同体》，中央文献出版社 2018 年版，第 312~313 页。

② 习近平：《提高我国参与全球治理的能力》，载习近平：《论坚持推动构建人类命运共同体》，中央文献出版社 2018 年版，第 385 页。

③ Daniel W. Drezner, "Counter-Hegemonic Strategies in the Global Economy", *Security Studies*, Vol. 28, No. 3, 2019, pp. 505-531.

④ Yonatan Lupu and Vincent A. Traag, "Trading Communities, the Networked Structure of International Relations, and the Kantian Peace", *Journal of Peace Research*, Vol. 57, No. 6, 2013, pp. 1011-1042.

⑤ 《习近平提出全球安全倡议》，新华网，2022 年 4 月 21 日，http://www.news.cn/politics/leaders/2022-04/21/c_1128580296.htm。

追求的是共同安全，强调的是和平、安全与综合的安全观，有助于建立相互尊重、平等互信的国际秩序，对人类实现持久和平与长远发展有重大意义。全球安全倡议叙事强调维护以联合国为核心的国际秩序，实现普遍可持续的安全。

一方面，呼吁推进以联合国为核心的全球安全体系建设。在当前国际关系体系中，联合国发挥着核心作用。"世界只有一个体系，就是以联合国为核心的国际体系；只有一个秩序，就是以国际法为基础的国际秩序；只有一套规则，就是以联合国宪章宗旨和原则为基础的国际关系基本准则。国际规则只能由联合国 193 个成员国共同遵守，没有也不应该有例外"。① 为此，中国通过向联合国系统的各种基金投资和派遣人员大力支持全球公共产品的供给。长期以来，中国都是安理会常任理事国中最大的维和行动部队派遣国，截至目前，累计近 4 万名中国维和人员参加了 30 多个联合国特派团。2015 年，在习近平主席的倡议下创设为期 10 年、总额 10 亿美元的中国−联合国和平发展基金，支持联合国的多边安全与和平事业。中国对维和行动的财政捐助份额也不断增加（从 2016 年的 6.6% 增至 2019 年的 15.21%）。实践表明，中国已经成为全球安全与和平的维护者，在全球和平建设中建构出具有特色的话语体系。

另一方面，树立全球普遍安全与可持续安全理念。冷战后全球安全呈现多层次、碎片化和网络化特征，需要在功能分化基础上促进全球依赖与合作。面对全球安全治理的挑战，中国在长期坚持和平发展道路的同时，也积极推动各国共同坚持和平发展。习近平主席提出，"中国将积极承担更多国际责任，同世界各国共同维护人类良知和国际公理，在世界和地区事务中主持公道、伸张正义，更加积极有为地参与热点问题的解决，既通过维护世界和平来发展自己，又以自身发展促进世界和平"。② 为了促进世界安危与共，坚持通过对话协商以和平方式解决国家间的分歧和争端，

---

① 中共中央宣传部、中华人民共和国外交部编：《习近平外交思想学习问答》，学习出版社、人民出版社 2023 年版，第 60 页。

② 习近平：《中国人民不接受"国强必霸"的逻辑》，载习近平：《论坚持推动构建人类命运共同体》，中央文献出版社 2018 年版，第 105、108 页。

支持一切有利于和平解决危机的努力。① 为构建亚洲与全球战略信任，中国通过上海合作组织升级扩容，促进综合安全观落地扎根。同时完善亚太经济合作组织（APEC）、亚洲相互协作与信任措施会议和金砖国家组织，提出应对全球治理的发展与安全关联方案。

在全球发展方面，普惠包容的全球合作致力于构建互利共赢的"人类命运共同体"。2021 年 9 月 21 日，习近平主席出席第七十六届联合国大会一般性辩论并发表重要讲话时提出全球发展倡议，强调全球各国要共同推动全球发展迈向平衡协调包容新阶段。"全球发展倡议"中"人与自然和谐共生"是核心原则之一，"气候变化和绿色发展"是"全球发展倡议"的重点合作领域。② 新型发展合作模式是超越国界的公共产品，全球发展倡议强调全球各国要共同推动全球发展迈向平衡协调包容新阶段。全球发展倡议有助于实现联合国 2030 年可持续发展目标，为各国制定可持续发展政策提供了思路和启示。"全球发展倡议"是继"一带一路"倡议和亚洲基础设施投资银行以来，又一面向全世界的重大全球公共产品。基于独具特色的国际实践，中国正在向世界提供更多更好的发展类公共产品，致力于探索全球普惠发展新路径。

在发展实践方面，中国丰富的发展合作实践经验为全球南方国家发展提供了重要参考。2015 年 9 月，中国宣布设立"南南合作援助基金"，首期提供 20 亿美元，支持发展中国家落实 2015 年后发展议程。此外，结合共建"一带一路"和联合国 2030 年可持续发展议程，2017 年 5 月中国向共建"一带一路"的发展中国家提供 20 亿元人民币紧急粮食援助，向南南合作援助基金增资 10 亿美元，在共建国家实施 100 个"幸福家园"、100 个"爱心助困"、100 个"康复助医"等项目。③ 以全球普惠发展为目标，中国发起了众多重大全球公共产品倡议，嵌入式改革全球发展机制与理念。

---

① 《习近平提出全球安全倡议》，新华网，2022 年 4 月 21 日，http：//www. news. cn/politics/leaders/2022-04/21/c_ 1128580296. htm。

② 《坚定信心 共克时艰 共建更加美好的世界——在第七十六届联合国大会一般性辩论上的讲话》，人民出版社，2021，第 3-4 页。

③ 《新时代的中国能源发展（2020 年 12 月）》，新华社，2020 年 12 月 21 日，https：//www. gov. cn/zhengce/2020-12/21/content_ 5571916. htm。

第三节　南南合作与中国援外话语叙事创新

发展是全球南南合作的核心目标。中国的自身发展是在适当利用外资和技术基础上，以中国特色社会主义市场经济的道路实现了崛起，很好诠释了自力更生与对外援助的关系，为南方国家树立了典范。因此，中国在援助其他国家时也必然强调以自身能力建设为根本，真正让南方国家不依赖西方国家的理论或道路，走出最符合自己国情的道路。中国对外援助遵循着南南合作的基本精神与原则，体现着中国的国际责任与道义，始终与中国和发展中国家的复兴进程相契合。这种南南双向互助互援模式，通过推进南南合作具有了某种世界体系层面意义，通过展现相对更高的发展有效性推动着国际援助体系的创新和发展。① "授人以鱼，不如授人以渔" "发展是硬道理" "要想富先修路" 这些口号得到越来越多发展中国家青睐。为此，构建中国特色对外援助理论首先需要提炼援外话语叙事，后者具有现实紧迫性，是理解中国对外援助的重要切入点。

一、援外实践的中国特色与叙事

学界普遍认为，中国援助与西方传统援助模式存在很多差异。② 西方传统援助国与广大受援国在漫长历史中始终处于不对等的结构关系之中，受援国家经济和社会发展所处阶段和遇到的大部分问题大都是西方传统援助国不曾经历过的。③ 西方模式是利益导向的交换，涉及成本与资源分

---

① 罗建波：《中国对外援助模式：理论、经验与世界意义》，《国际论坛》2020 年第 6 期。

② 参见周弘主编：《对外援助与国际关系》，中国社会科学出版社 2002 年版；李小云、唐丽霞、武晋编著《国际发展援助概论》，社会科学文献出版社 2009 年版；张永蓬：《国际发展合作与非洲：中国与西方援助非洲比较研究》，社会科学文献出版社 2012 年版；李小云、徐秀丽、王伊欢编著《国际发展援助——非发达国家的对外援助》，世界知识出版社 2013 年版。

③ 李小云、张悦、刘文勇：《知识和技术的嵌入与遭遇：中国援助实践叙事》，《西南民族大学学报》（人文社会科学版）2017 年第 11 期。

配考虑；中国模式是社会导向的交换，注重价值匹配度，建立可持续的心理与社会纽带。① 作为发展中国家，中国在致力于自身发展的同时坚持向其他发展中国家提供力所能及的援助，形成了具有特色的援助模式。虽然是"新兴援助国"，但中国实际上并非发展援助"新手"。② 早在 20 世纪 50 年代，中国就对亚非拉国家进行了大规模援助。中国提供的是一种不同于新自由主义意识形态的发展观念，为南方国家带来了从资本主义世界经济体系的边缘地位中摆脱出来的机会。中国秉承"授人以渔"的理念，对发展中国家进行技术援助、分享发展模式和经验。中国一贯主张在和平共处五项原则基础上开展国际发展合作，坚持国家不分大小、强弱、贫富，都是国际社会平等成员。开展国际发展合作时，不干预其他国家探索符合国情的发展道路，不干涉其他国家内政，不把自己的意志强加于人，不附加任何政治条件，不谋取政治私利。③

作为最具发展活力的发展中国家，中国对全球治理的未来设计与探索，将深刻影响南南合作与南北关系走向。随着南方新兴大国作为发展援助的提供者和参与者的影响力增加，占主导地位的西方新自由主义面临着多方面的挑战。新兴国家的国际发展合作与南南合作议程相一致，追求更广泛的目标，包括贸易、投资、技术和扩大在双边和多边框架中的影响力。④ 南南发展合作是发展中国家之间的资源、技术、知识及专业技能交换，建立在共同发展、相互学习和平等尊重基础上，先发南方国家的经验对后发南方国家有很大的参考价值，处于相同阶段与国情结构下的交流学习，更容易建立真正的发展能力。中国成功是因为中国曾经是一位好学生，理解困难所在和如何发挥自己优势，因而更容易带动其他国家实现能

---

① 黄梅波、刘爱兰：《中国对外援助的经济动机与经济利益》，《国际经济合作》2013 年第 4 期；罗建波：《中国与西方国家的对非外交：在分歧中寻求共识与合作》，《世界经济与政治》2009 年第 4 期；丁韶彬：《大国对外援助——社会交换理论视角》，社会科学文献出版社 2010 年版。

② Ngaire Woods, "Whose Aid? Whose Influence? China, Emerging Donors and the Silent Revolution in Development Assistance", *International Affairs*, Vol. 84, No. 6, 2008, pp. 1205-1221.

③ 中华人民共和国国务院新闻办公室：《新时代的中国国际发展合作（2021 年 1 月）》，2021 年 1 月 10 日。

④ Gilles Carbonnier and Andy Sumner, "Reframing Aid in a World Where the Poor Live in Emerging Economies", in Gilles Carbonnier ed., *International Development Policy Aid, Emerging Economies and Global Policies*, New York: Palgrave Macmillan, 2012, pp. 11-12.

够做到的目标，专注于将该国"拥有什么（资源禀赋）"转化为"可能做好什么（潜在比较优势）"。① 概言之，南南合作的渐进式引导的爬台阶，鼓励"干中学"，比传统援助的简单"扔一个拐杖"，更能培养独立发展能力。

如表 7-1 所示，两者的特点差异可以归纳为"垂直范式"和"水平范式"两种理想类型。传统援助国代表了"垂直范式"，是不平等的权力和影响力传递；北方国家和南方国家的地位存在明显差异。② 但是以中国为代表的新型援助，则是南南合作的内部援助，更具有"水平范式"特点，关注和尊重被援助国的心理感受与主权独立。③ 换言之，由西方国家主导的援助忽视内生因素，外部力量主导的援助造成不对称依赖，损伤了独立自主发展的能力。与西方援助不同，中国始终坚持以自力更生作为立足点，提升自主发展能力，"输血"与"造血"相结合。④ 截至目前，中国发布了三份白皮书（2011 年、2014 年、2021 年），总结了中国外援助及国际发展合作与联合国《2030 年议程》对接经验，新型国际发展合作致力于突破传统模式的局限性，注重对援助所产生的效果的强调。威廉·伊斯特利（William Easterly）在《白人的负担》（*The White Man's Burden*）一书中批评道，发达国家在提供发展援助的过程中给受援国带来巨大的成本压力，导致援助的效力降低。2011 年釜山援助有效性高级别论坛之后，国际发展话语从援助有效性向发展有效性转变。⑤

表 7-1　对外援助的两种模式

	垂直范式	水平范式
角色定位	援助国/受援国、北方/南方	共同南方、互惠伙伴

① 林毅夫、王燕：《超越发展援助：在一个多极世界中重构发展合作新理念》，宋琛译，北京大学出版社 2016 年版，第 110 页。

② 庞珣：《新兴援助国的"兴"与"新"——垂直范式与水平范式的实证比较研究》，《世界经济与政治》2013 年第 5 期。

③ 刘毅：《关系取向、礼物交换与对外援助的类型学》，《世界经济与政治》2014 年第 12 期。

④ ［赞比亚］丹比萨·莫约：《援助的死亡》，王涛、杨惠等译，世界知识出版社 2010 年版，第 4~5 页。

⑤ 转引自 Jonathan R. W. Temple, "Aid and Conditionality", in Dani Rodrick and Mark Rosenzweig eds. , *Handbook of Development Economics*, *Vol. 5*, Amsterdam, Oxford：Elsevier, 2010, pp. 4415-4523.

续表

	垂直范式	水平范式
价值原则	干涉原则/给予援助的前提是满足政治条件	不干涉内政/援助与政治脱钩,没有前提条件
发展方向	全球差异化发展,维持不公正国际体系	全球共同发展,改革不公正国际体系
援助特点	具有优惠性质,实力差距下的施舍与政治拉拢,意在促进受援国更好融入国际体系和价值共同体	具有帮助性质,相似发展阶段与历史经历容易产生独立自强共鸣,意在完善现有秩序

资料来源：修改自庞珣《新兴援助国的"兴"与"新"——垂直范式与水平范式的实证比较研究》,《世界经济与政治》2013 年第 5 期。

　　"授人以渔"的内源性发展哲学，是中国帮助南方国家的核心原则，任何外部激励都需要经过自身内因转化，因此促进内源性发展，才能走出一条独立自主道路。2011 年中国发布的第一份对外援助白皮书将"南南合作"视为援助的核心，通过积极分享中国知识与经验、促进技术转移与资金合作，实现对方国家的自力更生和全球发展能力建设。2021 年中国发布第三份对外援助官方白皮书，第一次使用"国际发展合作"，取代了传统的"对外援助"，修正和拓展了西方的官方发展援助（ODA）概念，更加重视南南合作的新模式，促进援助、投资与贸易三者有机结合，实现更加平等多元的国际发展合作机制。此外，"自力更生"也是中国对外援助的目标，它起源于中国的革命实践哲学，并在中国作为受援国的经验中得到进一步加强。1960 年，苏联取消了对中国援助，中国的领导人敏锐地意识到了依赖外部援助的风险。[1] 国际社会开始将中国不断增加的对外援助视为一种新的全球公共产品，其探索建设性的全球治理新路径。例如可能供给促进减贫和经济发展的新方案，并为国际援助界提供另一种思维方式。[2]

---

[1] Yasutami Shimomura and Hideo Ohashi, "Why China's Foreign Aid Matters?" in Yasutami Shimomura and Hideo Ohashi eds. , *A Study of China's Foreign Aid: An Asian Perspective*, New York：Palgrave Macmillan UK, 2013, pp. 5-8.

[2] Wang Ping, "The Chinese View：Reflection of the Long-Term Experiences of Aid Receiving and Giving", in Yasutami Shimomura and Hideo Ohashi eds. , *A Study of China's Foreign Aid: An Asian Perspective*, New York：Palgrave Macmillan, 2013, pp. 40-43.

二、全球发展知识传授与经验分享

发展是全球南南合作的核心目标。南南合作框架下的双向互助，体现了"发展合作"的平等性、互助性、互利性。"南南合作"倡导在尊重主权、不干涉内政和权利平等的基本原则下开展双边和多边国际合作，共同构建人类命运共同体。中国对外援助遵循着南南合作的基本精神与原则，体现着中国的国际责任与道义，始终与中国和发展中国家的复兴进程相契合。这种南南双向互助互援模式，通过推进南南合作具有了某种世界体系层面意义，通过展现相对更高的发展有效性推动着国际援助体系的创新和发展。[①] 新型南南合作需要建设共享模式的经济发展结构、合理的成本分担机制、有序的成长机制以及公共产品供给机制。新型发展合作提升了南方国家援助的包容性，拓展了共同利益诉求和合作空间。[②] 2008 年中国启动南南发展中心项目，促进南方专家与机构的知识共享。2009 年成立的中国-FAO 南南合作信托基金，经过三期捐资后信托基金资金总额达 1.3 亿美元，派遣约 350 多名中国专家和技术人员为 12 个发展中国家分享知识与技术；接待 100 多个国家的 1000 名学员参加 40 多场能力建设活动。[③]

在历史上，"南南合作"第一次出现在国际会议中是在 1986 年第八届不结盟运动峰会上。尽管存在经济、政治和社会方面的异质性，但南方国家有着基本共同的诉求即发展的需求和改革国际秩序的共同利益。1986 年 5 月，在吉隆坡召开的第二次南南会议上正式决定成立"南方委员会"（The South Commission）。南方委员会建议改变"第三世界"表达，将"南方"以一个整体呈现，超越差异展示共同特点，即欠发展状态下兴起的共同志向和改革诉求。隶属于联合国开发计划署（UNDP）的南南合作办公室对南南合作做出定义：南方国家之间进行政治、经济、社会、文化、环境和技术领域协作的广泛框架。[④] 2004 年联合国南

---

① 罗建波：《中国对外援助模式：理论、经验与世界意义》，《国际论坛》2020 年第 6 期。
② 郑宇：《新型国际发展合作范式的初现与挑战》，《中国社会科学评价》2021 年第 2 期。
③ FAO 组：《中国设立第三期中国-FAO 南南合作信托基金》，农业部网站，2020 年 9 月 25 日。
④ 南南合作金融中心编著：《迈向 2030：南南合作在全球发展体系中的角色变化》，社会科学文献出版社 2017 年版。

南合作办公室南南合作知识分享平台正式建立，并基于此建立全球南南发展学院、举办全球南南发展博览会、搭建南南全球融资和技术交流网络平台。2008 年国际金融危机后，金砖银行、亚投行相继成立，开始建构新型国际制度。2015 年中国国家主席习近平在联合国可持续发展峰会上承诺设立"南南合作援助基金"。① 2015 年，时隔 60 年之后亚非国家在万隆再聚首，会议发布了《重振亚非新型战略伙伴关系宣言》。

南南合作的知识分享遵循从高地到洼地流动的规律。中国基于与周边国家关系的历史经验，从自身被殖民遭遇和社会主义实践中，形成了自力更生、互惠互利（双赢）和不干涉内政的基本价值观。中国南南合作的独特经验体现在两方面。一方面，经济特区作为全球问题的国内试验，积累重要发展经验。中国改革开放四十多年探索建立了多样化的经济试验区与工业园区，以在中国这个幅员辽阔、人口众多的超级国家内部进行经验积累。工业园区与合作建设产业园是推动"一带一路"国际合作的重要平台，是中资企业抱团走出去、融入世界的重要途径。例如，中国-白俄罗斯工业园被誉为"丝绸之路经济带上的明珠"，通过信息分享、支持项目前期准备和能力建设，为"一带一路"建设聚集更多资金红利。而且从受援国的角度来看，建立经济特区的主要动力是创造就业和提升技能。发展中国家之间的知识转移，是以平等姿态实现可持续发展目标，成为发展的催化剂。例如，埃塞俄比亚东部工业区（EIZ）和柬埔寨西哈努克港经济特区（SSEZ）就是中国智力援助的新代表，为全球治理在地化探索新方案。

另一方面，"发展是硬道理"的中国经验，具有全球普遍意义。联合国《21 世纪议程》序言开篇就庄严指出："人类站在历史的关键时刻。面对贫困、饥饿、病痛、生态恶化等全球性问题，没有任何一个国家能单独实现这个目标，但只要我们共同努力，建立促进可持续发展的全球伙伴关系，这个目标是可以实现的。"② 中国作为世界上第一个实现贫困人口比

---

① 基金首期提供 20 亿美元支持发展中国家落实 2015 年后发展议程；将继续增加对最不发达国家投资，到 2030 年达到 120 亿美元；将免除对有关最不发达国家、内陆发展中国家、小岛屿发展中国家截至 2015 年底到期未还的政府间无息贷款债务，并将设立国际发展知识中心，同各国一道研究和交流适合各自国情的发展理论和发展实践。

② 《21 世纪议程》，国家环境保护局译，中国环境科学出版社 1993 年版，中文版序言第 1 页。

例减半目标的国家，对世界发展做出了杰出贡献。从外部因素看人类命运共同体的广泛利益需要凝聚共识，全球治理既要继承现有国际机制优势，同时也需依托南南合作、"一带一路"倡议等新型多边合作机制，推动国际秩序朝着开放、包容、普惠、共赢的方向发展。

第四节　"一带一路"倡议下的多边话语建构

党的十八大以来，中国积极供给新型国际公共产品，推动以"共商共建共享"为核心原则的全球治理体系变革，构建了全球治理的新型话语体系。2013 年 6 月，中国外交部部长王毅首次公开推介治国理政的中国经验，强调要为全球治理增添中国方案，为人类社会提供更多有益的公共产品。[①] 2013 年 9—10 月，中国国家主席习近平在访问哈萨克斯坦和印度尼西亚时，分别提出了建设"丝绸之路经济带"和"21 世纪海上丝绸之路"的倡议。2015 年 3 月 28 日，国家发展改革委、外交部、商务部三部委经国务院授权，联合发布《推动共建丝绸之路经济带和 21 世纪海上丝绸之路的愿景与行动》，从时代背景、共建原则、框架思路、合作重点、合作机制等方面阐述了"一带一路"倡议的主张与内涵，提出了共建"一带一路"的方向和任务。从历史上看，"一带一路"倡议是对中国古代丝绸之路精神与郑和下西洋遗产的弘扬，着眼于通过互联互通合作突破旧有全球化的制度壁垒与不公平结构，该倡议不是简单的经济合作，更涉及政治、安全、文化、民生等各个方面。"一带一路"话语叙事属于人类命运共同体建设的一部分，注重从互联互通角度，突出话语叙事的亲和性。

一、"一带一路"倡议的包容互惠话语体系建设

"一带一路"倡议倡导互联互通，中国在话语体系建设上反复强调希

---

① 《探索中国特色大国外交之路——外交部长王毅在第二届世界和平论坛午餐会上的演讲》，《北京周报》2013 年第 35 期。

望通过共商共建共享形成广泛的人类命运共同体。中国倡议的"一带一路"全球合作网络强调包容合作与互惠承诺，超越西方主导的正式规则契约下的治理模式。通过建立支撑"一带一路"倡议的多边网络，与世行、亚行、联合国开发署、欧亚经济联盟、东盟等保持多边主义合作，使得中国成为全球治理网络的关键节点。"一带一路"倡议作为中国在全球供给新型公共产品的重要抓手，将广大发展中国家与全球公共利益、与人类命运共同体的蓝图对接。在"两个一百年"战略规划中，中国将有序推进全球互联互通取得全局性进展，"一带一路"将建成扩展至全球的多维互联的网络体系，通过互联网、物联网的软联通和高铁网、公路网、航空网、管道网、港口网等实体网络的硬联通，推动亚洲乃至全球走向更紧密的共同体。概言之，与传统全球治理模式和话语不同，"一带一路"突出包容互惠的话语体系建设。

首先，"一带一路"倡议的叙事核心是全球互联互通。"一带一路"倡议编织的社会关系网络，为广大发展中国家提供了与传统全球治理机制不同的国际合作模式。"一带一路"倡议网络强调互惠承诺，在互联互通的合作网络中培育信任预期。以共建"一带一路"为牵引的"六廊六路多国多港"互联互通架构基本形成，一大批合作项目落地生根，一系列标志性项目取得积极进展，构建基础设施、制度规章、人员交流"三位一体"的互联互通大格局稳步推进，陆上、海上、冰上、天上、网上的联通正逐步从愿景变为现实。"一带一路"合作网络促进了中国全球范围的跨国往来，"互联互通"不仅涉及基础设施、投资贸易、经济物流和人民来往，也涉及超越国家边界的全球范围协调的多边行动。其不仅产生全球影响，也正在培育新型全球治理体系。截至2023年，加入"一带一路"倡议的国家与国际组织分别有150多个和30多个，惠及全球70%以上人口，合计GDP约占世界GDP的40%。该框架网络重点投资发展中国家的关键基础设施，包括港口、机场、高速公路、铁路、管道和发电厂。

其次，"一带一路"合作项目促进互利共赢，展示共享包容叙事。随着"一带一路"的合作网络不断扩展，各国切实获得参与"一带一路"的发展红利。"一带一路"倡议与联合国《2030年议程》相辅相成，重点支持发展基础设施和全球贸易，展现中国作为负责任大国参与全球治理的新贡献。新兴大国的全球治理贡献是一种战略声誉，有助于成为说服他人与其达成协议的重要资产。中国在当前全球治理框架中的影响力源自对传统模式的创新，以及中国的贡献。为履行《2030 年议程》中的承诺，中国继续坚持《巴黎协定》，中国发行了"一带一路"绿色债券。① 共建国家大多属于发展中国家，各方聚力解决发展中国家基础设施落后、产业发展滞后、工业化程度低、资金和技术缺乏、人才储备不足等短板问题，促进经济社会发展。中国坚持道义为先、义利并举，向共建国家提供力所能及的帮助，真心实意帮助发展中国家加快发展。②

最后，彰显共建共治共享的全球合作理念，获得越来越多认可。区域基础设施互联互通能够帮助弱小的经济体更有效参与一体化，有助于补足网络中的薄弱一环。中国对"一带一路"倡议的支持和基础设施建设推进，将对推进全球南方的普惠发展供给解决方案与国际公共产品。③ "一带一路"倡议通过建立政策沟通、设施联通、贸易畅通、资金融通、民心相通的"五通"格局，对现有全球经济治理模式进行补充、升级与完善。④ 共建"一带一路"倡议及其核心理念被纳入联合国、二十国集团、亚太经合组织、上合组织等重要国际机制成果文件之中，彰显了中国理念和中国方案对全球治理的重要贡献。正是因为"一带一路"倡议坚持各方共同参与，充分发掘和发挥各方发展潜力和比较优势，才能共同开创发展新机遇、谋求发展新动力、拓展发展新空间。

二、关系协调下的非正式治理话语建构

"一带一路"倡议编织了一个高度复杂的协议网络，中国与共建"一带一路"国家签署的大量谅解备忘录与项目合同都具备显著的非正式治理特点。具体而言，"一带一路"倡议的协议网络包括初级协议（特别是

---

① Ken Hu, "China Is Shifting the Green Bond Market with 'Green Financing'", *South China Morning Post*, 2018, https：//www.scmp.com/business/banking - finance /article/2117507/china - shifting - green-bond-market- green-financing.

② 国务院新闻办公室：《共建"一带一路"：构建人类命运共同体的重大实践》，2023 年 10 月 10 日，http：//www.scio.gov.cn/zfbps/zfbps_ 2279/202310/t20231010_ 773682.html。

③ 郑永年：《"一带一路"是可持续的公共产品》，《人民日报》2017 年 4 月 16 日。

④ 《2016 年中国与"一带一路"沿线国家进出口总额达到 6.3 万亿元人民币》，中央政府门户网站，2017 年 2 月 21 日，http：//www.gov.cn/shuju/2017-02/21/content_ 5169878.htm。

谅解备忘录）和次级协议（如履约协议）。"一带一路"倡议的初级协议可以被视为一种软法律，其特点在于：①降低规则的法律化约束，②基于协商共识来推进项目，以及③建立枢纽和辐条的网络关系。一般而言，法律化是评估文书软性或硬性法律特征的重要维度，这可以从三个方面来定义：法律义务（行动者受规范或承诺约束，其行为受到监督）、规则精确性（明确定义的行为规则），以及授权（第三方被授权实施、解释、应用，甚至发展规则，包括争端解决）。与现有的软法相比，大多数初级协议的法律化程度很低，具有较强的倡议性，契约义务相对模糊，制度化程度较低。① 整体上，"一带一路"的非正式治理话语呈现几大鲜明特点。

首先，"一带一路"倡议初级协议淡化强制性约束，为互惠关系建立留下空间。目前还没有涵盖"一带一路"倡议的固定协议模式，大多数协议本身"按照自己的条款"运作，与硬法（如 WTO 规则）相比条款较为模糊，这是典型的"关系契约"，协议执行的程度不仅仅取决于签约方的政治关系，也取决于彼此对准法律义务的关系性理解。"一带一路"倡议是全新的跨区域倡议，因而其受到地缘政治和国内政治因素的复杂影响，而且关于"一带一路"倡议的看法和政策也不断变化。在这种动态进程中，签署谅解备忘录的各方通过软法"缓和和调整他们的承诺水平"，通过将承诺指定为不具约束力的劝告性语言、例外、保留等来为互惠关系保留回旋空间。初级协议允许最大限度的灵活性，有助于凝聚中国式全球公共产品的合法性共识。在不确定环境下，保持灵活性是一种探索实践的需要，适合"干中学"渐进式逐步改进项目。这种松散非正式协商共识，使中国能够从实践中不断学习，并在"一带一路"倡议在实施过程中因地制宜、因时制宜地调整合作节奏。

其次，"一带一路"倡议的双边谅解备忘录，传递合作试探的互动信号。"一带一路"初级协议根据项目性质不断变化，具有软法特征，用来补充谈判达成的条约，就像"建立在硬法之上的软法"。"一带一路"协议议题反映了协议缔约方的不同关切，协议具体覆盖面也涉及高度多样化的主题，包括联合发展交通基础设施、联合建立工业园区、建立姐妹城市网络、促进贸易和投资、亚洲基础设施和投资银行战略合作、区域倡议的

---

① Heng Wang, "The Belt and Road Initiative Agreements: Characteristics, Rationale, and Challenges", *World Trade Review*, Vol. 20, No. 3, 2021, pp. 282-305.

联合合作和数字经济合作，以及更具体的能源、金融合作和争端解决，等等。整体而言，软法在应对政治动态和非正式性方面具有灵活性优势，可以满足不同需求，包括不同的政府和国际组织、不同的领域和部门、不同合作项目。协议网络在争端解决、贸易便利化、基础设施融资、数字经济和基础设施标准方面以低成本增强新成员的合作能力。例如中国外交部与联合国亚洲及太平洋经济社会委员会（ESCAP）签署了一份为期三年的意向书，随后签署了一份谅解备忘录。中国认为这进一步深化了双方的接触，传递出互惠合作的积极信号。

最后，"一带一路"倡议的文本协议结构呈现"星型网络"特征。"一带一路"倡议的初级协议都需与中国签署，为中国在特定问题（例如基础设施、金融和互联网）上的新区域外治理奠定基础。中国重视与共建"一带一路"的发展中国家达成协议，尽管协议本身具有象征性，但其会诱发更多国家参与谈判和签署合作备忘录。对于签署初级协议的伙伴国而言，法律义务程度较低，其主要的基本义务仅是"宣示与明确合作意图"，支持无法律约束力的全球共识与原则声明。例如，《中国与马来西亚交通部关于交通基础设施合作的谅解备忘录》并非正式的国际协议，其条款应被理解为各方履行政治信任与合作意愿的承诺，表述中常常使用"努力实现""相互约定"等非正式条款用语。"一带一路"双边谅解备忘录引导各方理解互惠合作的五大重点领域（政策沟通、设施联通、贸易畅通、资金融通以及民心相通）。大多数谅解备忘录都会强调这五个优先领域，以此强化"一带一路"倡议的宗旨与愿景。① 总的来说，以中国为关键节点的协议网络具有一定软法性质，对中国标准和中国经验的全球扩散不做硬性规定，更注重于依赖关系网络的松散协作达成共识，这也有助于在异质性国家之间建立"一带一路"合作框架，提升国际社会对"一带一路"倡议的接受度。

综上，多边话语叙事有助于"一带一路"倡议获得国际社会的广泛支持，改革传统全球治理机制。从领导力建构角度来看，"一带一路"倡议作为新型全球公共产品平台，可以将中国的治理理念合法化。中国通过

---

① Giuseppe Martinico, "Comparative Law Reflections on the Use of Soft Law in the Belt and Road Initiative", in Giuseppe Martinico and Xueyan Wu eds., *A Legal Analysis of the Belt and Road Initiative: Towards a New Silk Road?* London: Palgrave Macmillan, 2020, p. 138.

利用软法的"协商建构"凝聚合作共识，一方面是对"不确定性"的国际形势的回应，另一方面是对多元化利益分歧的非正式协商。如果协商失败，各方不会遭受直接法律制裁或声誉压力，也不需要对违约行为进行经济补偿。跨国基础设施建设涉及复杂的问题领域，五个层面的互联互通治理本身存在风险。例如，基础设施建设可能会影响国家内部的利益博弈，可能存在多个方面的压力：利益分歧（谁获益，谁损失，谁获益更多）；相互冲突的理念利害关系（在维护主权、自治和特性方面的相互冲突的立场）；关于结盟偏好的立场冲突（大国与小国、发展中国家与发达国家之间的动机差异）；缺乏共同的文化、法律制度和地缘政治利益；等等。"一带一路"倡议实践或制度构建避免正式制度约束，渐进式地培育关系治理下的政治信任。①

小　结

　　人类生活在同一个地球村，国际社会日益成为一个你中有我、我中有你的命运共同体。世界各国需要以负责任的精神同舟共济、协调行动。在全球治理进程中，中国主导的共享叙事建构需要突出以下几方面。一是构建"人类命运共同体"思想要根植于国际关系民主化的时代趋势，支持扩大发展中国家的代表性与发言权。通过"一带一路"等国际发展计划与治理制度创新，中国经验为北南合作、南南合作提供一种务实方略。当代发展中国家面对"逆全球化"思潮和"中等收入陷阱"风险，在积极探索符合本国国情的发展道路过程中，需要打破线性发展的思维定式，正确处理经济效率与分配公平、生态保护等的非线性关系，这正是人类命运共同体的题中应有之义。二是供给新型全球公共产品既是中国特色大国外交理念的集中体现，也是构建中国方案、中国倡议与中国主张的实践需要。面对百年未有之大变局，中国通过以全球安全倡议与全球发展倡议为抓手进行替代式供给，以亚投行等新型多边金融机制为依托进行错位式供

---

① Heng Wang, "Selective Reshaping: China's Paradigm Shift in International Economic Governance", *Journal of International Economic Law*, Vol. 23, No. 3, 2020, pp. 583–606.

给，以"一带一路"基建与国际发展援助为重点进行叠加式供给，展示出中国在互惠交换、关系契约与利益贡献上的合法性优势，以开创共商共建共享的全球治理新局面。

历史表明，每个时代有属于每个时代的主流叙事。人类命运共同体叙事作为一种包容全人类多元发展形态、促进世界和平与合作的叙事，为消解"自我-他者"二元框架提供了新的路径方案。构建人类命运共同体需要话语资源支撑，以提升其话语普适性与合法性。叙事如何能让国际社会听懂，怎么求同存异给西方讲清楚中国倡议的内涵与意图，仍面临诸多挑战，这需要新的理论框架予以回答。全球治理的中国倡议符合国际社会的普遍预期，呼吁共同合作供给更加充足的全球公共产品，协力建设持久和平、普遍安全、共同繁荣、开放包容、清洁美丽的世界，需要克服国际冲突与利益博弈的现实因素。① 面对西方舆论对中国的误解、歪曲和抹黑，中国参与全球治理的话语叙事需要把握国际听众心理，从建构叙事平台、把握叙事情境、优化叙事结构、注重工具理性与价值理性的平衡等维度全面提升应对百年未有之大变局的国际叙事能力。

① 《习近平：坚持正确方向创新方法手段，提高新闻舆论传播力引导力》，新华社，2016 年 2 月 19 日。

结　论

　　立足于回答中国外交面临的理论和现实挑战，并为"讲好中国故事"提供有益启发，本书综合运用政治话语分析、政治心理学与政治传播学等跨学科知识，揭示战略叙事的变迁机制。本书的主要创新在于揭示多变量的内在叙事机制。通过合理假设危机冲击、叙事黏性与话语机会结构之间的变量关系，采用实证方法予以验证；考察国际系统、国家与个人不同层次的叙事变化逻辑，构建综合性的叙事变迁理论框架。战略叙事的变迁理论具体内容分为三部分。第一，梳理叙事研究的思想流派。提炼工具性话语、沟通行动理论、反思性话语与后结构性话语等叙事类型。第二，论述战略叙事的"隐喻"与"框定"两大机制。"隐喻"将源域的意义映射到目标域，激发叙事情感；框定机制选择性地裁剪信息操纵听众认知。第三，案例专题研究。关注特朗普贴标签式的框定叙事、揭示大国竞争的叙事结构转变机制、分析首脑峰会外交的叙事的约束机制，阐释了全球治理中的中国话语框定。

一、全书主要内容

　　通过回答"叙事何以塑造政治"这一问题，本书揭示了政治话语、修辞表达和权力竞争之间的相互作用。基于一系列案例比较，笔者发现界定国际关系的叙事结构是外交互动的基石，可以为外交政策选择提供合法性。与传统上关注物质力量与价值信念的二分法不同，叙事分析主张将后果性逻辑与适当性逻辑整合到争论逻辑的框架内进行理解，从而让权力竞争中的非物质话语也能发挥叙事强制的约束功能；让文化符号中的情感价值通过话语叙事得以强化，形成螺旋式的话语模式。因此，军事和政治政策实质上受到理念因素的制约，决策者也应对他们的叙事负责，叙事是一个物质与理念相互交织的修辞表达过程。本书的分析发现与研究结论如下。

第一，揭示出战略叙事的多元功能。叙事可以被理解为人们在努力理解世界的过程中所构建的故事，人们通过故事来理解世界，并据此采取行动。因此，在这层意义上，社会行动是被嵌入到叙事框架之中的。国际关系并非无声的世界，大量的外交沟通展示了语言修辞的建构性、约束性与情境性。"叙事人"（homo narrans）假设认为，人们对世界的理解很大部分来自叙事，包括神话传说、寓言史诗、戏剧漫画、新闻报道等，这些故事使世界成为人们所期望的世界。叙事是一个有开头、中间和结尾的完整故事，往往包括场景设置、因果关联、角色塑造与情节演变四个要素。国际关系中的叙事通过国际系统层次、国家层次与政策层次的"叙事议题"呈现出来。在无政府状态下，每个国家都可以通过连贯的叙事模板向外投射历史记忆、身份认同、争论性共识与战略利益。整体而言，国际关系理论存在三种话语分析路径，即工具性话语分析、沟通行动理论以及后结构主义方法，分别指涉战略叙事的话语强制、共识沟通与身份认同三大功能。

第二，梳理学科史发展脉络，找回被忽视的政治话语变量。自古以来，修辞是一种强大的政治语言。古希腊的修辞学派认为修辞属于公共集会，修辞的悠久历史凸显了它对西方政治文化的重大影响。本书从学术史角度对古希腊以来的西方叙事思想进行总结，探究叙事本质。沟通与权力是战略叙事分析的试金石。政治家努力铸造叙事、反复讲故事，并不仅仅是为了保持软实力魅力，而且在于叙事本身就是权力。从修辞角度看，政治叙事具有构成性、工具性与本体性特征。叙事作为讲故事的能力，是政治行动者实施行动的意义塑造装置，意在通过话语影响人们对外交事务的理解和看法。自 20 世纪 70 年代开始社会科学出现叙事"转向"，有关政治话语的学术争论存在三大焦点。其一，关注话语传递与建构中的听众感知。叙事者需要考虑听众关心哪些问题，通过框定、隐喻、情感绑定等方式激发情感共鸣。其二，聚焦政治修辞策略。政治家须善于使用不同的修辞策略，通过诱导、说服支持者，或抹黑与打击竞争对手，来实现政治目标。其三，创新经典的修辞模式。古希腊哲学家亚里士多德提出了叙事说服三原则，即逻辑论证、可信度与情感感染。而现代修辞学分析在此基础上关注叙事者如何策略性运用三大原则，甚至通过话语欺骗来达到既定目的。"哥本哈根学派"的安全化理论与哈贝马斯的言语行动理论均表明，自利者有动机投射虚假修辞以掩盖或促进特定利益。

第三，在反思既有研究不足基础上，借鉴跨学科知识，提出战略叙事塑造机制。作为战略竞争的"话语武器"，叙事基于场景设置、因果关系、角色扮演与情节演变四要素组合，直接影响大战略的制定与实施效力。合理的战略叙事有助于降低战略成本、推进安全化框定、提升战略说服能力。换言之，战略叙事分析的前提是承认物质权力的重要性，话语竞争与物质实力不可分割。话语沟通并非都是积极的，一方面叙事确实可以促进不同位置上的行动者换位思考，减少战略误判与认知误解。例如，中国与欧美国家的战略沟通，可以化解因不了解和认知偏见而产生的误会，战略叙事是促进国际合作与相互理解的整合性工具。另一方面主流外交话语分析假定话语存在一个自我强化的螺旋，冲突性叙事竞争会导向一种自我实现的预言。这种静态视角忽视了战略叙事的建构性与动态性，危机冲击下的叙事竞争剧本其实是动态调整的。大国叙事与反叙事的相互竞争，为消解"自我-他者"二元框架提供了可能空间。本研究揭示了悲剧、喜剧、浪漫剧与讽刺剧这四大叙事剧本之间的动态转化机制。制度化的话语具有一定的延续性，"叙事黏性"描述了主导性叙事被不断复制的路径依赖。当前的大国叙事黏性是"修昔底德陷阱"与"金德尔伯格陷阱"论，在大国竞争变化影响下，这种叙事黏性就有被弱化与翻转的可能。叙事黏性构成叙事变迁的反面概念，重大危机冲击有助于颠覆既有叙事话语结构。

第四，为"讲好中国故事"提供学理支撑。纵观历史可知，每个时代有属于每个时代的大国竞争叙事。在百年未有之大变局的时代背景下，如何运用战略叙事建构、延续和强化战略优势是实现中华民族伟大复兴的迫切需求。新时代"讲好中国故事"需要遵循战略叙事的构建规律，讲好新时代的中国故事更需要有宽广的战略视野，广泛对话，求同存异，为大国关系转圜提出新倡议、新方案与新思路。"中国威胁论"的西方话语，实际上是长期政治叙事框定的结果。简单的、断然的与零和的"中国威胁论"叙事，包含"中国是自由秩序的威胁"和"中国挑战基于规则的秩序"等具体论述，虽然这些说法缺乏足够证据，却能潜移默化地塑造世界对快速发展的中国的微妙情感。这意味着，根据物质能力分布来计算权力转移的做法是不充分的，还需要考虑话语的建构性和规范性维度。通过叙事、仪式和社会支持，而不是物质与权力，可以化解社会误解。这意味着，来自国际社会的压力很大程度上与战略叙事的不足有关。长期以来，中国外交修辞是否以及如何塑造新兴大国形象，需要更多理论提炼与总结。

二、研究局限与展望

清晰地分析战略叙事的因果链条并非易事，而且也不存在完美的叙事模式，战略叙事不一定能引发共鸣。再者，叙事本身是中性的，叙事后果既可以是正面的也可能是消极的。那些致力于产生积极效果的叙事可能最终事与愿违，产生意想不到的"自我束缚"效应。叙事要通过听众的信念体系发挥作用，对叙事接受造成影响，因此叙事生成、投射与接收的过程是复杂交织的，在关注学理机制的同时也需警醒可能的研究局限。本书作为初步尝试，不可避免存在研究挑战与难点。

首先，叙事话语本身是多元的，其多维功能可能存在冲突。大量的外交沟通展示了语言修辞的建构性、约束性与情境性，战略叙事分析的前提是承认物质权力的重要性，话语竞争与物质实力不可分割。此外，叙事沟通也会带来意想不到的后果。鉴于话语能够与行动分离，自利者就有动机操纵话语进行欺骗，借助叙事转移注意力、制造虚幻的认同、编造虚假的故事，而这些做法一旦被识破，将极大影响彼此间的信任。此外，在新媒体时代，过度宣传与话语包装，也会增加沟通的成本，提高认知世界真相的难度，由此战略叙事的效力有一定局限。

其次，话语的复杂性与动态性，为理论建构带来一定挑战。建构叙事因果链条并非易事。叙事话语的模糊性与复杂性，意味着捕捉与刻画外交话语内容将是需要解决的重要难点。因价值立场、意识形态、注意力分配与利益重心差异，话语叙事可能会产生意想不到的后果。例如宣扬"合作"叙事可能会遭遇国内政治压力，反而挤压合作空间。在逻辑上厘清话语相互作用的机制，完善外交沟通理论是最大难点。如何更准确捕获战略叙事发挥作用的过程证据，需要多元方法论的结合，更需要研究方法上的技术突破，才能真正将话语和行动区分开来，将话语叙事的逻辑刻画出来，这些都有待于学术界的共同努力，需要长时间的知识积累和技术准备。

最后，战略叙事与中国和平发展的关联值得进一步挖掘。万物并育而不相害，道并行而不相悖。中国充分尊重世界文明多样性和发展模式多样化，反对一副药方包治百病，愿永远做一个学习大国。中华民族之所以历经数千年而生生不息，正是得益于见贤思齐、海纳百川的学习精神。如何将独特的中国发展经验上升为全球主流叙事，如何全面提升未来全球叙事能力都是需要学界深入思考的问题，而本书仅仅起到抛砖引玉的作用，希望激发出更多讨论与争鸣。

在叙事类型与理论机制的建构方面本书还有进一步提升和完善的空间。战略叙事作为一个重大议题还有诸多亟待深挖的问题，笔者希望能在未来的研究中继续追踪下去。理论结合实际，笔者建议未来的叙事研究可以从四个方面切入：①纯学理角度探讨话语运作的机制，弄清楚决策者是如何沟通的，获得知识上的收获；②深入了解叙事的本质以批评政治家操纵话语的行为，对脱离大众的政治话语进行改革；③帮助决策者更科学、全面地审视叙事策略，提升话语投射的精准性与修辞表达的可信度；④反思叙事话语的伦理与政治后果，倡导真诚、克制与令人敬畏的修辞风格，关注言辞的道德基础。

参考文献

一、中文文献

［美］彼得·卡赞斯坦、罗伯特·基欧汉：《世界政治中的反美主义》，朱世龙、刘利琼译，中国人民大学出版社 2012 年版。

曹德军：《大国竞争中的战略叙事——中美外交话语博弈及其叙事剧本》，《世界经济与政治》2021 年第 5 期。

陈拯：《说辞政治与"保护的责任"的兴起》，《世界经济与政治》2018 年第 6 期。

［美］丹尼尔·卡尼曼、保罗·斯洛维奇、阿莫斯·特沃斯基编：《不确定状况下的判断：启发式和偏差》，方文等译，中国人民大学出版社 2008 年版。

邓志勇：《修辞运作的"锚现象"与修辞学的重要特征》，《当代修辞学》2017 年第 2 期。

樊勇明、钱亚平、饶芸燕：《区域全球公共产品与东亚合作》，上海人民出版社 2014 年版。

［美］费正清主编：《中国的世界秩序：传统中国的对外关系》，杜继东译，中国社会科学出版社 2010 年版。

傅强、袁正清：《隐喻与对外政策：中美关系的隐喻之战》，《外交评论》（外交学院学报）2017 年第 2 期。

［美］戈登·克雷格、亚历山大·乔治：《武力与治国方略——我们时代的外交问题》，时殷弘等译，商务印书馆 2004 年版。

［美］格雷厄姆·艾利森：《注定一战：中美能避免修昔底德陷阱吗？》，陈定定、傅强译，上海人民出版社 2019 年版。

龚群：《道德乌托邦的重构——哈贝马斯交往伦理思想研究》，商务印书馆 2003 年版。

郭台辉：《语言的政治化与政治的语言化——政治学方法论的"语言学转向"问题》，《政治学研究》2019 年第 4 期。

国纪平：《为世界许诺一个更好的未来：论迈向人类命运共同体》，《人民日报》2015 年 5 月 18 日第 1 版。

［美］汉斯·摩根索：《国家间政治：权力斗争与和平》（第七版），徐昕等译，北京大学出版社 2006 年版。

贺刚：《叙述结构、角色扮演与暴力进程的演变：丹麦与瑞典漫画危机的比较研究》，《欧洲研究》2017 年第 6 期。

侯光辉等：《框定、情感与归责：焦点事件在政治话语中的意义建构》，《公共管理学报》2019 年第 3 期。

［美］杰克·斯奈德：《帝国的迷思：国内政治与对外扩张》，于铁军等译，北京大学出版社 2007 年版。

雷龙乾、纪方雄：《习近平"人类命运共同体"思想的历史叙事逻辑》，《江汉学术》2018 年第 3 期。

刘亚猛：《追求力量的象征：关于西方修辞思想的思考》，生活·读书·新知三联书店 2004 年版。

刘永涛：《话语政治：符号权力和美国对外政策》，复旦大学出版社 2014 年版。

刘永涛：《语言与国际关系：拓展政治分析的新视角》，《世界经济与政治》2011 年第 7 期。

鹿晓燕、高万云：《修辞主体间性理论的两个基本问题》，《当代修辞学》2016 年第 1 期。

［美］罗伯特·希勒：《叙事经济学》，陆殷莉译，中信出版社 2020 年版。

［新加坡］马凯硕：《中国能够发展起一种亚洲愿景吗》，载王缉思主编：《中国国际战略评论 2009》，世界知识出版社 2009 年版。

［新加坡］马凯硕、孙合记：《东盟奇迹》，翟崑、王丽娜等译，北京大学出版社 2017 年版。

彭刚：《叙事的转向：当代西方史学理论的考察》，北京大学出版社 2017 年版。

［美］乔治·莱考夫：《隐喻的现代理论》，载盖拉茨主编：《认知语言学基础》，邵军航、杨波译，上海译文出版社 2012 年版。

［美］乔治·莱考夫、马克·约翰逊：《我们赖以生存的隐喻》，何文忠译，浙江大学出版社 2015 年版。

田海龙：《新修辞学的落地与批评话语分析的兴起》，《当代修辞学》2015 年第 4 期。

王毅：《坚持和平发展，实现民族复兴中国梦》，《学习时报》2014 年 2 月 17 日。

韦民：《小国与国际安全》，北京大学出版社 2016 年版。

［古希腊］亚里士多德：《修辞术·亚历山大修辞学·论诗》，颜一、崔延强译，中国人民大学出版社 2003 年版。

［美］亚历山大·温特：《国际政治的社会理论》，秦亚青译，上海人民出版社 2008 年版。

杨原：《大国政治的喜剧——两极体系下大国彼此结盟之谜》，《世界经济与政治》2019 年第 12 期。

尹继武、郑建君、李宏洲：《特朗普的政治人格特质及其政策偏好分析》，《现代国际关系》2017 年第 2 期。

张清敏、刘兵：《首脑出访与中国外交》，《国际政治研究》2008 年第 2 期。

章晓英：《中国对外话语体系建构：一个叙事学视角》，《国际传播》2019 年第 1 期。

郑远汉：《消极修辞的研究——〈消极修辞有开拓的空间〉读后》，《当代修辞学》2015 年第 6 期。

［新加坡］庄嘉颖、［英］郝拓德：《反复性紧张局势的后果研究：以东亚双边争端为例》，方鹿敏、鲍磊翔译，《世界经济与政治》2014 年第 9 期。

二、英文文献

Abalakina-Paap, Marina, Walter G. Stephan, Traci Craig and W. Larry Gregory, "Beliefs in Conspiracies", *Political Psychology*, Vol. 20, No. 3, 1999.

Abbott, Philip, "Story-telling and Political Theory", *Soundings: An Interdisciplinary Journal*, Vol. 74, No. 3/4, 1991.

Achugar, Mariana, *What We Remember the Construction of Memory in Military Discourse*, Amsterdam and Philadelphia: John Benjamins Publishing Company, 2008.

Adler-Nissen, Rebecca, Katrine Emilie Andersen and Lene Hansen, "Images, Emotions, and International Politics: The Death of Alan Kurdi", *Review of International Studies*, Vol. 46, No. 1, 2020.

Adorisio, Anna Linda Musacchio, *Storytelling in Organizations: From Theory to Empirical Research*, London: Palgrave Macmillan, 2009.

Akkerman, Agnes, Cas Mudde and Andrej Zaslove, "How Populist Are the People? Measuring Populist Attitudes in Voters", *Comparative Political Studies*, Vol. 47, No. 9, 2014.

Ali, S. Mahmud, *US-China Strategic Competition Towards a New Power Equilibrium*, New York: Springer-Verlag Berlin Heidelberg 2015.

Amossy, Ruth, "The Argumentative Dimension of Discourse", in Frans H. van Eemeren and Peter Houtlosser eds. , *Practices of Argumentation*, Amsterdam: John Benjamins, 2005.

Ankersmit, Franklin, *Narrative Logic: A Semantic Analysis of the Historians Language*, The Hague: Martinus Nijhoff Publishers, 1983.

Aragonès, Enriqueta and Zvika Neeman, "Strategic Ambiguity in Electoral Competition", *Journal of Theoretical Politics*, Vol. 12, No. 2, 2000.

Aristotle, *On Poetics*, Indiana: St. Augustine's Press, 2002.

Aristotle, *Rhetoric*, New York: Modern Library, 1954.

Aristotle, *The Art of Rhetoric*, London: Penguin, 1991.

Arnhart, Larry, *Aristotle on Political Reasoning*, DeKalb, IL: Northern Illinois University Press, 1981.

Augoustinos, Martha, "Discourse Analysis", in Brendan Gough ed. , *The Palgrave Handbook of Critical Social Psychology*, London: Palgrave Macmillan, 2017.

Bader, Jeffrey A. , *Obama and China's Rise: An Insider's Account of America's Asia Strategy*, Washington, D. C. : Brookings Institution Press, 2012.

Bale, Jeffrey M. , "Political Paranoia V. Political Realism: On Distinguishing between Bogus Conspiracy Theories and Genuine Conspiratorial Politics", *Patterns of Prejudice*, Vol. 41, No. 1, 2007.

Barilleaux, Ryan J. and Mark J. Rozell, *Power and Prudence: The Presidency of George H. W. Bush*, College Station, TX.: Texas A&M University Press, 2004.

Barnett, Michael and Raymond Duvall, "Power in International Politics", *International Organization*, Vol. 59, No. 1, 2005.

Bates, Benjamin R., "Audiences, Metaphors, and the Persian Gulf War", *Communication Studies*, Vol. 55, No. 3, 2004.

Benford, Robert D. and David A. Snow, "Framing Processes and Social Movements: An Overview and Assessment", *Annual Review of Sociology*, Vol. 26, 2000.

Berejekian, Jeffrey, "The Gains Debate: Framing State Choice", *American Political Science Review*, Vol. 91, No. 4, 1997.

Berezin, Mabel, "Secure States: Towards a Political Sociology of Emotion", in Jack Barbalet ed., *Emotions and Sociology*, Oxford: Blackwell Publishing, 2002.

Billig, Michael, *Arguing and Thinking: A Rhetorical Approach to Social Psychology*, Cambridge: Cambridge University Press, 1987.

Binder, Martin and Monika Heupel, "Rising Powers, UN Security Council Reform, and the Failure of Rhetorical Coercion", *Global Policy*, Vol. 11, S. 3, 2020.

Black, Max, "More about Metaphor", in Andrew Ortony ed., *Metaphor and Thought*, Cambridge: Cambridge UP, 1993.

Blumer, Herbert, *Symbolic Interactionism: Perspective and Method*, Englewood Cliffs, NJ: Prentice-Hall, 1969.

Boje, David, "The Storytelling Organization: A Study of Story Performance in an Office Supply Firm", *Administrative Science Quarterly*, Vol. 36, No. 1, 1991.

Bolman, Lee G. and Terrence E. Deal, *Reframing Organizations: Artistry, Choice, and Leadership (Sixth Edition)*, Hoboken, NJ: John Wiley & Sons, 2017.

Bonn, Scott A., *Mass Deception: Moral Panic and the US War on Iraq*, New Brunswick, NJ: Rutgers University Press, 2010.

Braddock, Kurt, *Weaponized Words: The Strategic Role of Persuasion in Violent Radicalization and Counter-Radicalization*, New York: Cambridge

University Press, 2020.

Brader, Ted, "The Political Brain: The Role of Emotion in Deciding the Fate of the Nation by Drew Westen", *Review of Policy Research*, Vol. 25, No. 4, 2008.

Brader, Ted, George E. Marcus and Kristyn L. Miller, "Emotion and Public Opinion", in George C. Edwards III, Lawrence R. Jacobs and Robert Y. Shapiro eds., *Oxford Handbook of American Public Opinion and the Media*, Oxford: Oxford University Press, 2011, pp. 384-401.

Breuer, Adam and Alastair Iain Johnston, "Memes, Narratives and The Emergent US-China Security Dilemma", *Cambridge Review of International Affairs*, Vol. 32, No. 4, 2019.

Campbell, David, *Writing Security: United States Foreign Policy and the Politics of Identity*, Minneapolis, MN.: University of Minnesota Press, 1998.

Campbell, Joseph, *The Hero with A Thousand Faces*, Princeton, NJ: Princeton University Press, 1949.

Charteris-Black, Jonathan, *Politicians and Rhetoric the Persuasive Power of Metaphor*, New York: Palgrave Macmillan, 2011.

Checkel, Jeffrey T., "Why Comply? Social Learning and European Identity Change", *International Organization*, Vol. 55, No. 3, 2001.

Chernoff, Fred, *Theory and Metatheory in International Relations: Concepts and Contending Accounts*, Palgrave Macmillan, 2007.

Chiozza, Giacomo and Hein Goemans, *Leaders and International Conflict*, Cambridge: Cambridge University Press, 2011.

Chong, Dennis and James N. Druckman, "A Theory of Framing and Opinion Formation in Competitive Elite Environments", *Journal of Communication*, Vol. 57, No. 1, 2007.

Chong, Dennis and James N. Druckman, "Framing Theory", *Annual Review of Political Science*, Vol. 10, 2007.

Chong, Dennis and James N. Druckman, "A Theory of Framing and Opinion Formation in Competitive Elite Environments", *Journal of Communication*, Vol. 57, No. 1, 2007.

Clements, Kevin P. ed., *Identity, Trust, and Reconciliation in East Asia:*

Dealing with Painful History to Create a Peaceful Present, Cham, Switzerland: Palgrave Macmillan, 2018.

Coats, A. W., "Economic Rhetoric: The Social and Historical Context", in Arjo Klamer, Donald N. McCloskey and Robert M. Solow eds., *The Consequences of Economic Rhetoric*, New York: Cambridge University Press 1988.

Cohen, Bernard E., *The Press and Foreign Policy*, Princeton, NJ: Princeton University Press, 1963.

Condit, Celeste Michelle, *Angry Public Rhetorics: Global Relations and Emotion in the Wake of 9/11*, Ann Arbor, University of Michigan Press, 2018.

Conley, Thomas M., *Rhetoric in the European Tradition*, Chicago, IL: University of Chicago Press, 1994.

Crawford, Neta, "The Passion of World Politics: Propositions on Emotions and Emotional Relationships", *International Security*, Vol. 24, No. 4, 2000.

Crawford, Neta, *Argument and Change in World Politics: Ethics, Decolonization, and Humanitarian Intervention*, New York: Cambridge University Press, 2002.

Czarniawska, Barbara, *Narrating the Organization: Dramas of Institutional Identity*, Chicago and London: University of Chicago Press, 1997.

Damasio, Antonio, *Descartes' Error: Emotion, Reason and the Human Brain*, London: Vintage, 1994.

Danisch, Robert, *Pragmatism, Democracy, and the Necessity of Rhetoric*, Columbia: University of South Carolina Press, 2007.

Deitelhoff, Nicole and Harald Müller, "Theoretical Paradise-Empirically Lost? Arguing with Habermas", *Review of International Studies*, Vol. 31, No. 1, 2005.

Douglas, Karen M., Robbie M. Sutton and Aleksandra Cichocka, "The Psychology of Conspiracy Theories", *Current Directions in Psychological Science*, Vol. 26, No. 6, 2017.

Douglas, Karen M. et al., "Understanding Conspiracy Theories", *Advances in Political Psychology*, Vol. 40, S. 1, 2019.

Downs, George W. and Michael A. Jones, "Reputation, Compliance, and International Law", *The Journal of Legal Studies*, Vol. 31, No. S1, 2002.

Dufey, Gavan, "Language Games: Dialogical Analysis of INF Negotiations",

International Studies Quarterly, Vol. 42, No. 2, 1998.

Duncombe, Constance, "The Politics of Twitter: Emotions and the Power of Social Media", *International Political Sociology*, Vol. 13, No. 4, 2019.

Edelman, Murray, *Political Language: Words That Succeed and Policies That Fail*, New York: Academic Press, 1977.

Edelman, Murray, *The Politics of Misinformation*, New York: Cambridge University Press, 2001.

Edkins, Jenny, *Postructuralism and International Relations: Bringing the Political Back in*, Boulder: Lynne Rienner, 1999.

Elmer, Peter, "Towards a Politics of Witchcraft in Early Modern England", in Stuart Clark ed., *Languages of Witchcraft: Narrative, Ideology and Meaning in Early Modern Culture*, Basingstoke: Palgrave Macmillan, 2001.

Emmers, Ralf, "Securitization", in Alan Collins ed., *Contemporary Security Studies*, Oxford: Oxford University Press, 2013.

Ensink, Titus and Christoph Sauer, "A Discourse Analytic Approach to the Commemorative Speeches about the Warsaw Uprising", in Titus Ensink and Christoph Sauer eds., *The Art of Commemoration: Fifty Years after the Warsaw Uprising*, Amsterdam and Philadelphia: John Benjamins Publishing Company, 2003.

Entman, Robert M., "Framing: Toward Clarification of a Fractured Paradigm", *Journal of Communication*, Vol. 43, No. 4, 1993.

Entman, Robert M., *Projections of Power: Framing News, Public Opinion, and U.S. Foreign Policy*, London: University of Chicago Press, 2004.

Entman, Robert, "Framing: Toward Clarification of a Fractured Paradigm", *Journal of Communication*, Vol. 43, No. 4, 1993.

Epstein, Charlotte, *The Power of Words in International Relations: Birth of an Anti-Whaling Discourse*, Cambridge, Massachusetts: MIT Press, 2008.

Evangelista, Matthew, "Norms, Heresthetics, and the End of the Cold War", *Journal of Cold War Studies*, Vol. 3, No. 1, 2001.

Fahnestock, Jeanne, *Rhetorical Style: The Uses of Language in Persuasion*, Oxford: Oxford University Press, 2011.

Farrell, Joseph and Bob Gibbons, "Cheap Talk in Bargaining", Mimeo, Massachusetts Institute of Technology, 1986.

Farrell, Joseph and Matthew Rabin, "Cheap Talk", *Journal of Economic Perspectives*, Vol. 10, No. 3, 1996.

Fearon, James D., "Signaling Foreign Policy Interests: Tying Hands versus Sinking Costs", *Journal of Conflict Resolution*, Vol. 41, No. 1, 1997.

Ferrari, Federica, *Metaphor and Persuasion in Strategic Communication: Sustainable Perspectives*, Abingdon, Oxon: Routledge, 2018.

Fina, Anna De, Deborah Schiffrin and Michael Bamberg, *Discourse and Identity*, Cambridge: Cambridge University Press, 2006.

Finlay, David J., Ole R. Holsti and Richard R. Fagen, *Enemies in Politics*, Chicago: Rand McNally, 1967.

Finnemore, Martha and Kathryn Sikkink, "International Norm Dynamics and Political Change", *International Organization*, Vol. 52, No. 4, 1998.

Foley, Megan, "Peitho and Bia: The Force of Language", *Symploke*, Vol. 20, No. 1-2, 2012.

Fook, Lye Liang, "China in World Politics: Is China a Status Quo Power?" *China: An International Journal*, Vol. 15, No. 1, 2017.

Foss, Nicolai J. and Libby Webber, "Moving Opportunism to the Back Seat: Bounded Rationality, Costly Conflict, and Hierarchical Forms", *Academy of Management Review*, Vol. 41, No. 1, 2016.

Freeman, Mark, "Mythical Time, Historical Time, and the Narrative Fabric of the Self", *Narrative Inquiry*, Vol. 8, No. 1, 1998.

Friedberg, Aaron, *A Contest for Supremacy*, New York: W. W. Norton, 2012.

Fulghum, Robert, *From Beginning to End: The Rituals of Our Lives*, New York: Villard Books, 1995.

Ganzevoort, R. Ruard, Maaike Hardt and Michael Scherer-Rath, *Religious Stories We Live by: Narrative Approaches in Theology and Religious Studies*, Leiden: Brill Academic Publishers, 2013.

Gartner, Scott Sigmund and Christopher F. Gelpi, "The Affect and Effect of Images of War on Individual Opinion and Emotions", *International Interactions*, Vol. 42, No. 1, 2016.

Ghareman, Azarm, *Soul of World, Soul of Word*, San Luis Obispo, CA: Self-published, 2003.

Gitlin, Todd, *The Whole World Is Watching: Mass Media in the Making and Unmaking of the New Left*, Berkeley: University of California Press, 1980.

Goffman, Erving, *Frame Analysis: An Essay on the Organization of Experience*, London: Harper and Row, 1974.

Goldstein, Judith and Robert O. Keohane, *Ideas and Foreign Policy: Beliefs, Institutions, and Political Change*, Ithaca: Cornell University Press, 1993.

Gottschall, Jonathan, *The Storytelling Animal: How Stories Make Us Human*, New York: Houghton Mifflin Harcourt, 2012.

Grant, Ruth W. and Robert O. Keohane, "Accountability and Abuses of Power in World Politics", *American Political Science Review*, Vol. 99, No. 1, 2005.

Green, Jack, *The New Cold War: China versus America*, New York: Independently Published, 2020.

Green, Melanie C. and Timothy C. Brock, "In the Mind's Eye: Imagery and Transportation into Narrative Worlds", in Melanie C. Green, Jeffrey J. Strange and Timothy C. Brock eds., *Narrative Impact: Social and Cognitive Foundations*, Mahwah, NJ: Erlbaum, 2002.

Grube, Dennis, "The Rhetorical Framing of Policy Intervention", *Australian Journal of Political Science*, Vol. 45, No. 4, 2010.

Gumperz, John J., *Discourse Strategies*, Cambridge: Cambridge University Press, 1982.

Haacke, Jürgen, "Theory and Praxis in International Relations: Habermas, Self-Reflection, Rational Argumentation", *Millennium: Journal of International Studies*, Vol. 25, No. 2, 1996.

Habermas, Jürgen, *Between Facts and Norms: Contributions to a Discourse Theory of Law and Democracy*, Cambridge: Polity Press, 1996.

Habermas, Jürgen, *Moral Consciousness and Communicative Action*, Cambridge, MA: MIT Press, 1990.

Habermas, Jürgen, *The Theory of Communication Action*, Vol. I: Reason and the Rationalization of Society, Thomas McCarthy trans., Boston, MA: Beacon Press, 1984.

Hagström, Linus and Karl Gustafsson, "Narrative Power: How Storytelling

Shapes East Asian International Politics", *Cambridge Review of International Affairs*, Vol. 32, No. 4, 2019.

Hall, Todd and Andrew Ross, "Affective Politics After 9/11", *International Organization*, Vol. 69, No. 4, 2015.

Hanrieder, Tine, "The False Promise of the Better Argument", *International Theory*, Vol. 3, No. 3, 2011.

Hansen, Lene, *Security as Practice: Discourse Analysis and the Bosnian War*, London: Routledge, 2006.

Harris, Edward M., "Rhetoric and Politics", in Michael J. Macdonald ed., *The Oxford Handbook of Rhetorical Studies*, Oxford: Oxford University Press, 2017.

Hart, Roderick P., *Trump and US: What He Says and Why People Listen*, New York: Cambridge University Press, 2020.

Hawhee, Debra, "Looking into Aristotle's Eyes: Toward a Theory of Rhetorical Vision", *Advances in the History of Rhetoric*, Vol. 14, No. 2, 2011.

Hodges, Adam, *The "War on Terror" Narrative: Discourse and Intertextuality in the Construction and Contestation of Sociopolitical Reality*, New York: Oxford University Press, 2011.

Hulse, Rainer and Alexander Spencer, "The Metaphor of Terror: Terrorism Studies and the Constructivist Turn", *Security Dialogue*, Vol. 39, No. 6, 2008.

Huntington, Samuel P., "The Clash of Civilizations?" *Foreign Affairs*, Vol. 72, No. 3, 1993.

Huppe, Bernard F. and Jack Kaminsky, *Logic and Language*, New York: Alfred A. Knopf, 1957.

Hurd, Ian, "Legitimacy and Authority in International Politics", *International Organization*, Vol. 53, No. 2, 1999.

Hutchings, Robert L., *At the End of the American Century: America's Role in the Post-Cold War World*, Washington, D. C.: The Woodrow Wilson Center Press, 1998.

Hyland, William G., *Clinton's World*, Westport, CT: Praeger, 1999.

Indorf, Hans H., *Strategies for Small-States Survival*, New York: Institute of Strategic and International Studies, 1985.

Isaksen, Judy, "Obama's Rhetorical Shift: Insights for Communication Studies", *Communication Studies*, Vol. 62, No. 3, 2011.

Ivie, Robert L., "Argument from Similitude in Martin Luther King, Jr.'s Deliberative Dissent from War", *Argumentation*, Vol. 34, No. 1, 2020.

Johnson, James, "Habermas on Strategic and Communicative Action", *Political Theory*, Vol. 19, No. 2, 1991.

Johnson, James, "Is Talk Really Cheap: Prompting Conversation between Critical Theory and Rational Choice", *American Political Science Review*, Vol. 87, No. 1, 1993.

Johnson, Niall P. A. S. and Juergen Mueller, "Updating the Accounts: Global Mortality of the 1918–1920 'Spanish' Influenza Pandemic", *Bulletin of the History of Medicine*, Vol. 76, No. 1, 2002.

Jones, Bryan D. and Frank R. Baumgartner, *The Politics of Attention: How Government Prioritizes Problems*, Chicago: University of Chicago Press, 2005.

Kahneman, Daniel and Amos Tversky, *Choices, Values, and Frames*, Cambridge: Cambridge University Press, 2000.

Kahnman, Daniel and Amos Tversky, "Prospect Theory: An Analysis of Decision Under Risk", *Econometrica*, Vol. 47, No. 2, 1979.

Keen, Samuel, *Faces of the Enemy: Reflections of the Hostile Imagination*, San Francisco: Harper Row, 1986.

Kennedy, George A., *A New History of Classical Rhetoric*, Princeton, NJ: Princeton University Press, 1994.

Kiewe, Amos, "Framing Memory through Eulogy: Ronald Reagan's Long Good-bye", in Kendall R. Phillips ed., *Framing Public Memory*, Tuscaloosa: The University of Alabama Press, 2004.

Kim, Hyo J. and Glen T. Cameron, "Emotions Matter in Crisis: The Role in Anger and Sadness in the Publics' Response to Crisis News Framing and Corporate Crisis Response", *Communication Research*, Vol. 38, No. 6, 2011.

Kim, Jeong-Yoo, "Cheap Talk and Reputation in Repeated Pretrial Negotiation," *The RAND Journal of Economics*, Vol. 27, No. 4, 1996.

Kogler, Hans, *The Power of Dialogue: Critical Hermeneutics after Gadamer and Foucault*, Paul Hendrickson trans., Cambridge, MA: MIT Press, 1996.

Kövecses, Zoltán, "Metaphor and Metonymy in the Conceptual System", in Frank Polzenhagen and Stefanie Vogelbacher eds. , *Cognitive Explorations into Metaphor and Metonymy*, New York: Peter Lang GmbH, 2014.

Krebs, Ronald R. and Jennifer K. Lobasz, "Fixing the Meaning of 9/11: Hegemony, Coercion, and the Road to War in Iraq", *Security Studies*, Vol. 16, No. 3, 2007.

Krebs, Ronald R. and Patrick Thaddeus Jackson, "Twisting Tongues and Twisting Arms: The Power of Political Rhetoric", *European Journal of International Relations*, Vol. 13, No. 1, 2007.

Kreis, Ramona, "The 'Tweet Politics' of President Trump", *Journal of Language and Politics*, Vol. 16, No. 4, 2017.

Kruglanski, Arie W. , *The Psychology of Closed-Mindedness*, New York: Psychology Press, 2004.

Kurylo, Bohdana, "The Discourse and Aesthetics of Populism as Securitisation Style", *International Relations*, Vol. 34, No. 4, 2020.

Kuusisto, Riikka, "Comic Plots as Conflict Resolution Strategy", *European Journal of International Relations*, Vol. 14, No. 4, 2009.

Lakoff, George and Mark Johnson, *Metaphors We Live By*, Chicago: University of Chicago Press, 1980.

Lakoff, George, "Metaphor and War: The Metaphor System Used to Justify War in The Gulf", *Peace Research*, Vol. 23, No. 2/3, 1991.

Lakoff, George, "The Contemporary Theory of Metaphor", in Andrew Ortony, ed. , *Metaphor and Thought*, Cambridge: Cambridge University Press, 1993.

Lakoff, George, *Don't Think of an Elephant: Know Your Values and Frame the Debate—The Essential Guide for Progressives*, White River Junction, VT: Chelsea Green, 2004.

Larson, Deborah Welch, "Trust and Missed Opportunities in International Relations", *Political Psychology*, Vol. 18, No. 3, 1997.

Lee, Hyunmin and Mi Rosie Jahng, "The Role of Storytelling in Crisis Communication: A Test of Crisis Severity, Crisis Responsibility and Organizational Trust", *Journalism & Mass Communication Quarterly*, Vol. 97, No. 4, 2020.

Leffler, Melvyn P. , *For the Soul of Mankind: The United States, the Soviet*

Union, *and the Cold War*, New York: Hill and Wang, 2008.

Levy, Jack S. , "Learning and Foreign Policy: Sweeping a Conceptual Minefield", *International Organization*, Vol. 48, No. 2, 1994.

Levy, Jack S. , "Prospect Theory, Rational Choice, and International Relations", *International Studies Quarterly*, Vol. 41, No. 1, 1997.

Levy, Moshe and Haim Levy, "Prospect Theory: Much Ado about Nothing?" *Management Science*, Vol. 48, No. 10, 2002.

Lind, Jennifer, "Narratives and International Reconciliation", *Journal of Global Security Studies*, Vol. 5, No. 2, 2020.

Longaker, Mark Garret, *Rhetoric and the Republic: Politics*, *Civic Discourse*, *and Education in Early America*, Tuscaloosa: University of Alabama Press, 2007.

Louch, A. R. , "History as Narrative", *History and Theory*, Vol. 8, No. 1, 1969.

Lucks, S. Daniel, "Martin Luther King, Jr. 's Riverside Speech and Cold War Civil Rights", *Peace & Change*, Vol. 40, No. 3, 2015.

Lyon, Arabella, *Deliberative Acts: Democracy*, *Rhetoric*, *and Rights*, University Park: Penn State University Press, 2013.

Macaulay, Marcia, *Populist Discourse: International Perspectives*, London: Palgrave Macmillan, 2019.

Maoz, Zeev, "Framing the National Interest: The Manipulation of Foreign Policy Decisions in Group Settings", *World Politics*, Vol. 43, No. 1, 1990.

Margalit, Avishai, *The Ethics of Memory*, Cambridge, MA: Harvard University Press, 2004.

Markiewicz, Dorothy, "Effects of Humor on Persuasion", *Sociometry*, Vol. 37, No. 3, 1974.

Marks, Michael P. , *Revisiting Metaphors in International Relations Theory*, Cham, Switzerland: Palgrave Macmillan, 2018.

Martin, James, *Politics and Rhetoric: A Critical Introduction*, New York: Routledge, 2014.

Mattern, Janice Bially, *Ordering International Politics: Identity*, *Crisis*, *and Representational Force*, New York: Routledge, 2005.

Mayer, Frederick, *Narrative Politics: Stories and Collective Action*, New

York: Oxford University Press, 2014.

McAdams, Dan P. , "Personal Narratives and the Life Story", in Oliver John, Richard Robins and Lawrence A. Pervin eds. , *Handbook of Personality: Theory and Research*, New York: Guilford Press, 2008.

McCartney, Paul T. , "Americanism: New Perspectives on the History of an Ideal", *Journal of American History*, Vol. 94, No. 1, 2007.

McCartney, Paul T. , *Power and Progress: American National Identity, the War of 1898, and the Rise of American Imperialism*, Baton Rouge: Louisiana State University Press, 2006.

McDermott, Rose, *Risk-Taking in International Politics*, Ann Arbor: University of Michigan Press, 1998.

McKinley, William, "War with Spain", in Janet Podell and Steven Anzovin eds. , *Speeches of the American Presidents (Second Edition)*, New York and Dublin: The H. W. Wilson Company, 2001.

Medhurst, Martin et al. , *Cold War Rhetoric: Strategy, Metaphor, Ideology*, East Lansing, MI: Michigan State University Press, 1997.

Medhurst, Martin J. , "Atoms for Peace and Nuclear Hegemony: The Rhetorical Structure of a Cold War Campaign", *Armed Forces & Society*, Vol. 23, No. 4, 1997.

Medhurst, Martin J. , *Eisenhower's War of Words: Rhetoric and Leadership*, East Lansing: Michigan State University Press, 1994.

Meretoja, Hanna, *The Narrative Turn in Fiction and Theory: The Crisis and Return of Storytelling from Robbe-Grillet to Tournier*, Basingstoke: Palgrave Macmillan, 2014.

Miliken, Jennifer, "The Study of Discourse in International Relations: A Critique of Research and Methods", *European Journal of International Relations*, Vol. 5, No. 2, 1999.

Miller, Kristina C. , "The Limitations of Heuristics for Political Elites", *Political Psychology*, Vol. 30, No. 6, 2009.

Mink, Louis O. , "Narrative Form as a Cognitive Instrument", in Robert H. Canary and Henry Kozicki eds. , *The Writing of History: Literary Form and Historical Understanding*, Madison: University of Wisconsin Press, 1978.

Mio, Jeffery S., "Metaphor and Politics", *Metaphor and Symbol*, Vol. 12, No. 2, 1997.

Mio, Jeffery S., "Metaphor, Politics, and Persuasion", in Jeffery Scott Mio et al. eds., *Metaphor: Implications and Applications*, Mahwah NJ: Lawrence Earlbaum, 1996.

Mishler, Elliot G., "Narrative and Identity: The Double Arrow of Time", in Anna De Fina, Deborah Schiffrin and Michael Bamberg eds., *Discourse and Identity*, Cambridge and New York: Cambridge University Press, 2006.

Mishler, Elliot, *Storyline: Craftartists' Narratives of Identity*, Cambridge, MA: Harvard University Press, 1999.

Miskimmon, Alister, Ben O'Loughlin and Laura Roselle, *Strategic Narratives: Communication Power and the New World Order*, New York: Routledge, 2013.

Mitzen, Jennifer, "Reading Habermas in Anarchy: Multilateral Diplomacy and Global Public Spheres", *American Political Science Review*, Vol. 99, No. 3, 2005.

Moghaddam, Fathali M. and Rom Harre, "Words, Conflicts, and Political Processes", in Fathali Moghaddam and Rom Harre eds., *Words of Conflict, Words of War: How the Language We Use in Political Processes Sparks Fighting*, Santa Barbara, California: Praeger, 2010.

Mor, Ben D., "The Rhetoric of Public Diplomacy and Propaganda Wars: A View from Self-Presentation Theory", *European Journal of Political Research*, Vol. 46, No. 5, 2007.

Morrow, James D., *Game Theory for Political Scientists*, Princeton: Princeton University Press, 1994.

Mortensgaard, Lin Alexandra, "Contesting Frames and (De) Securitizing Schemas: Bridging the Copenhagen School's Framework and Framing Theory", *International Studies Review*, Vol. 22, No. 3, 2020.

Müller, Harald, "Arguing, Bargaining and All That: Communicative Action, Rationalist Theory and the Logic of Appropriateness in International Relations", *European Journal of International Relations*, Vol. 10, No. 3, 2004.

Murphy, Peter, "Maritime Disputes as a Test of Communist Party Legitimacy", *Journal of Territorial and Maritime Studies*, Vol. 4, No. 2, 2017.

Musolff, Andreas, "Metaphors and Trains of Thought: Spotting Journey Imagery in British and German Political Discourse", in Sue Wright, Linda Hanrais and Jolyon Howorth eds. , *Language*, *Politics and Society*, Clevedon: Multilingual Matters, 1998.

Musolff, Andreas, *Metaphor and Political Discourse: Analogical Reasoning in Debates about Europe*, New York: Palgrave Macmillan, 2004.

Nabi, Robin L. and Melanie C. Green, "The Role of a Narrative's Emotional Flow in Promoting Persuasive Outcomes", *Media Psychology*, Vol. 18, No. 2, 2015.

Nussbaum, Martha C. , "Aristotle on Emotions and Rational Persuasion", in Amelie Oskenberg Rorty ed. , *Essays on Aristotle's Rhetoric*, Berkeley: University of California Press, 1996.

Nussbaum, Martha C. , *The Fragility of Goodness: Luck and Ethics in Greek Tragedy and Philosophy*, New York: Cambridge University Press, 1986.

O'Connor, Patricia E. , *Speaking of Crime: Narratives of Prisoners*, Lincoln: University of Nebraska Press, 2000.

Osborn, Michael, "Archetypal Metaphor in Rhetoric: The Light-Dark Family", *Quarterly Journal of Speech*, Vol. 53, No. 2, 1967.

Osborn, Michael, "Rhetorical Depiction", in Herbert W. Simons and Aram A. Aghazarian eds. , *Form*, *Genre*, *and the Study of Political Discourse*, Columbia, SC: University of South Carolina Press, 1986.

Ott, Brian L. and Greg Dickinson, *The Twitter Presidency: Donald J. Trump and the Politics of White Rage*, New York: Routledge, 2019.

Owens, Patricia, "Hannah Arendt, Violence, and the Inescapable Fact of Humanity", in Anthony F. Lang, Jr. and John Williams eds. , *Hannah Arendt and International Relations*, New York: Palgrave-MacMillan, 2005.

Panke, Diana, "More Arguing than Bargaining? The Institutional Designs of the European Convention and Intergovernmental Conferences Compared", *Journal of European Integration*, Vol. 28, No. 4, 2006.

Patterson, Molly and Kristen Monroe, "Narrative in Political Science", *Annual Review of Political Science*, Vol. 1, 1998.

Peake, Jeffrey S. , "Presidential Agenda Setting in Foreign Policy",

Political Research Quarterly, Vol. 54, No. 1, 2001.

Perelman, Chaim, *The Realm of Rhetoric*, Notre Dame: University of Notre Dame Press, 1982.

Petty, Richard E. and John T. Cacioppo, *Communication and Persuasion: Central and Peripheral Routes to Attitude Change*, New York: Springer-Verlag, 1986.

Phillips, Kendall R. ed., *Framing Public Memory*, Tuscaloosa: The University of Alabama Press, 2004.

Podell, Janet and Steven Anzovin ed., *Speeches of the American Presidents (Second Edition)*, New York and Dublin: The H. W. Wilson Company, 2001.

Polkinghorne, Donald E., *Narrative Knowing and the Human Sciences*, New York: State University of New York Press, 1988.

Potter, Jonathan and Margaret Wetherell, *Discourse and Social Psychology: Beyond Attitudes and Behaviour*, London: Sage, 1987.

Powell, Robert, "Persistent Fighting and Shifting Power", *American Journal of Political Science*, Vol. 56, No. 3, 2012.

Presser, Lois and Sveinung Sandberg, *Narrative Criminology: Understanding Stories of Crime*, New York: New York University Press, 2015.

Quintilian, *Institutio Oratoria*, Cambridge, MA, Harvard University Press, 1953.

Quintilian, *The Institutio Oratoria*, H. E. Butler trans., Cambridge, MA: Harvard University Press, 1933.

Record, Jeffrey, "Retiring Hitler and Appeasement from The National Security Debate", *Parameters*, Vol. 38, No. 2, 2008.

Reed, William, "Information, Power and War", *The American Political Science Review*, Vol. 97, No. 4, 2003.

Reiser, Christa, *Reflections on Anger: Women and Men in a Changing Society*, Westport, CT: Praeger, 1999.

Reissman, Catherine K., *Narrative Analysis*, Newbury Park, CA: Sage, 1993.

Restad, Hilde, *American Exceptionalism: An Idea That Made a Nation and Remade the World*, New York: Routledge, 2015.

Riessman, Catherine Kohler, *Narrative Methods for the Human Sciences*, Thousand Oaks, CA: Sage, 2008.

Riley, Denise, *Impersonal Passion: Language as Affect*, Durham, NC: Duke University Press, 2005.

Ringmar, Erik, "On the Ontological Status of The State", *European Journal of International Relations*, Vol. 2, No. 4, 1996.

Ringmar, Erik, "Performing International Systems: Two East-Asian Alternatives to the Westphalian Order", *International Organization*, Vol. 66, No. 1, 2012.

Ringmar, Erik, *Identity, Interest and Action: A Cultural Explanation of Sweden's Intervention in the Thirty Years War*, Cambridge, MA: Cambridge University Press, 1996.

Roselle, Laura, *Media and the Politics of Failure: Great Powers, Communication Strategies, and Military Defeats*, London: Palgrave Macmillan, 2006.

Ross, Andrew, *Mixed Emotions: Beyond Fear and Hatred in International Conflict*, Chicago, IL: University of Chicago Press, 2014.

Rousseau, David L., *Identifying Threats and Threatening Identities*, Stanford, CA: Stanford University Press, 2006.

Ryan, Marie-Laure, "Toward a Definition of Narrative", in David Herman ed., *The Cambridge Companion to Narrative*, Cambridge: Cambridge University Press, 2007.

Ryan, Marie-Laure, Kenneth Foote and Maoz Azaryahu, *Narrating Space/ Spatializing Narrative: Where Narrative Theory and Geography Meet*, Columbus, Ohio State University Press, 2016.

Sarah Ahmed, *The Cultural Politics of Emotion*, New York: Routledge, 2004.

Sawyer, R. Keith, *Creating Conversations: Improvisation in Everyday Discourse*, Cresskill: Hampton Press, 2001.

Sayer, Andrew, "Pierre Bourdieu: Ally Or Foe of Discourse Analysis?" in Ruth Wodak and Bernhard Forchtner eds., *The Routledge Handbook of Language and Politics*, New York: Routledge, 2018.

Schiff, Brian and Chaim Noy, "Making It Personal: Shared Meanings in The Narratives of Holocaust Survivors", in Anna De Fina, Deborah Schiffrin, Michael

Bamberg eds. , *Discourse and Identity*, Cambridge and New York: Cambridge University Press, 2006.

Schiffrin, Deborah, *In Other Words: Variation in Reference and Narrative*, Cambridge, UK: Cambridge University Press, 2006.

Schimmelfennig, Frank, "Strategic Calculation and International Socialization: Membership Incentives, Party Constellations, and Sustained Compliance in Central and Eastern Europe", *International Organization*, Vol. 59, No. 4, 2005.

Schimmelfennig, Frank, "The Community Trap: Liberal Norms, Rhetorical Actions and the Eastern Enlargement of the European Union", *International Organization*, Vol. 55, No. 1, 2001.

Schmitt, Olivier, "When Are Strategic Narratives Effective? The Shaping of Political Discourse through the Interaction between Political Myths and Strategic Narratives", *Contemporary Security Policy*, Vol. 39, No. 4, 2018.

Scott, Blake D. , "Argumentation and the Challenge of Time: Perelman, Temporality, and the Future of Argument", *Argumentation*, Vol. 34, No. 4, 2020.

Semino, Elena, *Metaphor in Discourse*, Cambridge: Cambridge University Press, 2008.

Shimko, Keith, "Metaphors and Foreign Policy Decision Making", *Political Psychology*, Vol. 15, No. 4, 1994.

Slovic, Paul, Melissa L. Finucane, Ellen Peters and Donald G. MacGregor, "The Affect Heuristic", *European Journal of Operational Research*, Vol. 177, No. 3, 2007.

Snow, David A. and Robert D. Benford, "Ideology, Frame Resonance, and Participation Mobilization", *International Social Movement Research*, Vol. 1, No. 1, 1988.

Snyder, Jack, "The Gorbachev Revolution: A Waning of Soviet Expansionism?" in Frederick J. Fleron, Jr. , Eric P. Hoffman and Robbin F. Laird eds. , *Soviet Foreign Policy 1917-1991: Classic and Contemporary Issues*, New York: Routledge, 2017.

Snyder, Jack, *Myths of Empire: Domestic Politics and International Ambition*, Ithaca: Cornell University Press, 1991.

Solomon, Ty, *The Politics of Subjectivity in American Foreign Policy Discourses*, Ann Arbor: University of Michigan Press, 2015.

Steele, Brent J., *Defacing Power: The Aesthetics of Insecurity in Global Politics*, Ann Arbor: The University of Michigan Press, 2010.

Stein, Janice Gross, "Threat Perception in International Relations", in Leonie Huddy, David O. Sears and Jack S. Levy eds., *The Oxford Handbook of Political Psychology*, Oxford: Oxford University Press, 2013.

Stephen, Matthew D., "'Can You Pass the Salt?' The Legitimacy of International Institutions and Indirect Speech", *European Journal of International Relations*, Vol. 21, No. 4, 2015.

Steuter, Erin and Deborah Wills, *At War with Metaphor: Media, Propaganda, and Racism in the War on Terror*, Plymouth, UK: Rowman & Littlefield Publishing Group Inc., 2008.

Stuckey, Mary E., *The Good Neighbor: Franklin D. Roosevelt and the Rhetoric of American Power*, East Lansing, Michigan State University Press, 2013.

Subotić, Jelena, "Narrative, Ontological Security, and Foreign Policy Change", *Foreign Policy Analysis*, Vol. 12, No. 4, 2016.

Suchman, Mark C., "Managing Legitimacy: Strategic and Institutional Approaches", *Academy of Management Review*, Vol. 20, No. 3, 1995.

Suganami, Hidemi, "Agents, Structures, Narratives", *European Journal of International Relations*, Vol. 5, No. 3, 1999.

Sundaram, Sasikumar S., "Varieties of Political Rhetorical Reasoning: Norm Types, Scorekeepers, and Political Projects", *International Theory*, Vol. 12, No. 4, 2020.

Tannen, Deborah, *Talking Voices: Repetition, Dialogue, and Imagery in Conversational Discourse*, Cambridge: Cambridge University Press, 1989.

Thatcher, Margaret, *The Downing Street Years*, London: Harper Collins, 1993.

Thyne, Clayton L., *How International Relations Affect Civil Conflict: Cheap Signals, Costly Consequences*, New York: Lexington Books, 2009.

Tindale, Christopher W., *Acts of Arguing: A Rhetorical Model of Argument*, Albany, NY: SUNY Press, 1999.

Toft, Monica, "Indivisible Territory, Geographic Concentration, and Ethnic War", *Security Studies*, Vol. 12, No. 2, 2002.

Torfing, Jacob, "Discourse Theory: Achievements, Arguments, and

Challenges", in David Howarth and Jacob Torfing eds. , *Discourse Theory in European Politics: Identity, Policy, and Governance*, Houndmills, Basingstoke: Palgrave Macmillan, 2005.

Toye, Richard, *Rhetoric: A Very Short Introduction*, Oxford: Oxford University Press, 2013.

Triadafilopoulos, Triadafilos, "Politics, Speech, and the Art of Persuasion: Toward an Aristotelian Conception of the Public Sphere", *Journal of Politics*, Vol. 61, No. 3, 1999.

Turner, Mark and Gilles Fauconnier, "Metaphor, Metonymy, and Binding", in Antonio Barcelona ed. , *Metaphor and Metonymy at the Crossroads: A Cognitive Perspective*, Berlin and New York: De Gruyter, 2000.

Turner, Oliver and Nicola Nymalm, "Morality and Progress: IR Narratives on International Revisionism and the Status Quo", *Cambridge Review of International Affairs*, Vol. 32, No. 4, 2019.

Tversky, Amos and Daniel Kahneman, "Judgment under Uncertainty: Heuristics and Biases", *Science*, Vol. 185, No. 4157, 1982.

Tversky, Amos and Daniel Kahneman, "The Framing of Decisions and the Psychology of Choice", *Science*, Vol. 211, No. 4481, 1981.

Tversky, Amos and Daniel Kahnman, "Rational Choice and the Framing of Decisions", *Journal of Business*, Vol. 59, No. 4, 1986.

Volf, Miroslav, *The End of Memory: Remembering Rightly in a Violent World*, Grand Rapids, MI: W. B. Eerdmans, 2006.

Wæver, Ole, "Securitization and Desecuritization", in Barry Buzan and Lene Hansen eds. , *International Security (Volume III)*, Los Angeles: Sage Publications, 2007.

Walton, Douglas, *Scare Tactics: Arguments That Appeal to Fear and Threats*, London: Springer Science, 2000.

Weiser, M. Elizabeth, *Museum Rhetoric: Building Civic Identity in National Spaces*, University Park, The Pennsylvania State University Press, 2017.

Welch, David, *Propaganda: Power and Persuasion*, London: The British Library Board, 2013.

White, Eugene E. , "Rhetoric as Historical Configuration", in Eugene

E. White ed. , *Rhetoric in Transition: Studies in the Nature and Uses of Rhetoric*, University Park, Pa. : Pennsylvania State University Press, 1980.

White, Hayden, *The Content of the Form: Narrative Discourse and Historical Representation*, Baltimore, MD: Johns Hopkins University Press, 1987.

Wignell, Peter, Sabine Tan, Kay L. O'Hallora and Kevin Chai, "The Twittering Presidents: An Analysis of Tweets from @ BarackObama and @ realDonaldTrump", *Journal of Language and Politics*, Vol. 20, No. 1, 2021.

Williams, Michael C. , "Words, Images, Enemies: Securitization and International Politics", *International Studies Quarterly*, Vol. 47, No. 4, 2003.

Williams, Michael C. , *Culture and Security: Symbolic Power and the Politics of International Security*, London: Routledge, 2007.

Wilson, John, *Talking with the President: The Pragmatics of Presidential Language*, New York: Oxford University Press, 2015.

Winner, Ellen, *The Point of Words*, Cambridge, MA: Harvard University Press, 1988.

Witte, Kim, "Fear Control and Danger Control: A Test of the Extended Parallel Process Model (EPPM)", *Communication Monographs*, Vol. 61, No. 2, 1994.

Wolff, Michael, *Fire and Fury: Inside the Trump White House*, New York: Henry Holt and Co. , 2018.

Yang, Michelle Murray, *American Political Discourse on China*, New York: Taylor & Francis, 2017.

Yates, Frances A. , *The Art of Memory*, Chicago: University of Chicago Press, 2001.

Yuan, Zhengqing and Qiang Fu, "Narrative Framing and the United States' Threat Construction of Rivals", *Chinese Journal of International Politics*, Vol. 13, No. 3, 2020.

索 引

后　记

　　关于战略叙事的研究缘起于博士学位论文写作中的困惑。我的博士学位论文选题是中国睦邻外交中的可信承诺问题，论文完成后收获的最大学术"副产品"就是我对战略叙事的作用产生了兴趣。这或许就是科研的魅力，不断解惑的过程中不断形成新的困惑。外交信号理论大多沿袭经济学理论的昂贵成本信号思路，将战略叙事视为"廉价话语"，即没有成本和价值的空话。但是这却难以解释为何国际关系中会存在大量的话语交锋和经典叙事。或许某一种说法与倡议是低成本或无成本的，但一旦被越来越多的听众接受，那么违背这种话语就会产生严重的后果。美国著名国际关系学者杰克·斯奈德（Jack Snyder）就在《帝国的迷思》一书中将政治话语的约束机制称为"后坐效应"（blowback effects）。遗憾的是，大多数读者往往会忽视他的这个重要术语。外交不可能是无声的，战略叙事的重要意义不可忽视。尤其是在中国"构建人类命运共同体"、"实现中华民族的伟大复兴"与"百年未有之大变局"等战略叙事背景下，更需要从学理上理解战略叙事的运作逻辑。作为一种场景设置、因果关系、角色扮演与情节演变的组合，每个时代都有属于那个时代的主流叙事。主流叙事的风格与结构，不可避免会影响嵌入其中的行动者。由此，本研究借鉴经济学、心理学、文学理论与传播学知识，探究战略叙事的运作机制。

　　在博士后研究期间，围绕"固有领土"话语叙事逻辑，我接触了许多叙事学文献，对外交话语的兴趣更加浓烈了，但是国内国际关系领域尚对此缺乏系统研究。尽管国际政治语言学、外交说辞分析部分涉及了语言的意义和运作机制，但却将话语、修辞与战略叙事的概念混淆，对叙事类型、叙事黏性、叙事变迁与叙事竞争等一系列重要问题尚未给予深度解答。一旦有了写书想法，我就期待着能有一大段安静的时间将想法诉诸实践。幸运的是，博士后出站后我顺利进入了中国人民大学工作。中国人民大学不仅学术氛围浓厚，而且对新老师比较关照，入职后的第一年原则上不安排教学与学生工作任务。这就意味着除了必要培训和适应新岗位外，第一年时间可以自由支配。那真是一段难得的安静时光。9月入职报到后，我马不停蹄地开始了写作计划。这半年时间真是一段无人打扰、安心写作的美好学术时光。在这半年里，劳累却也充实，今天这本小书终于完成。作为我入职后创作的第一本学术作品，它具有一定承前启后的意义。十分感谢在不同阶段给予我支持、关怀与鼓励的老师们。

首先，感谢王逸舟教授长期的学术教诲。作为我的博士生导师与博士后导师，王老师给予了我很多包容、鼓励和启发，使我从一腔热情的少年成长为行且坚毅的青年。但愿我能不负师恩，将敢于创新、求真求善的精神延续下去。在北京大学学习生活的六年时间，是永生难忘的浪漫岁月。时常在学习之余，漫步于未名湖畔，沉思于博雅塔下；奔跑在五四操场，嬉戏于静园草坪。北大情怀与精神熏陶，让我不断提醒自己精益求精。从学术进步角度看，任何一本书都只是思想的逗号，而非句号。当然这本书也难免存在各种瑕疵与不足，我也深知学无止境，希望在未来进一步完善与提升。以先辈学人为榜样，以北大精神为支撑，勇毅笃行。

其次，感谢中国人民大学国际关系学院的全体同仁。"大学之道，在明明德"。每次步入绯红的明德楼群，便不由自主地思考何为大学之道。人文，人本，人民。希望在这个优秀大家庭中，未来会获得更多学术创新的灵感。在此，要特别感谢方长平教授、田野教授、李巍副院长、崔守军所长，他们对我的鼓励与关照让一个新人倍感温暖；十分感谢尹继武教授、左希迎教授、刁大明教授、孙龙副教授，他们以不同形式鼓励和帮助我适应新环境，树立新目标。同时感谢中国社会科学院与社会科学文献出版社，拙作能入选"中国社会科学博士后文库"倍感荣幸，这既是对自己的鼓励，也是一种鞭策。书稿经历多次校对修改，感谢宋浩敏编辑在出版过程中给予的各种帮助与指正。

最后，深深感谢我的家人。儿子刚满周岁时，我带着电脑早出晚归，撰写书稿挤占了很多陪他玩耍的时间。在忙碌之时，我的妻子、母亲分担了主要的家务和照顾孩子的重任。学术生活是平静与平淡的，在日复一日的坚持中，默默守候的家人成了我前进的重要精神动力。希望未来自己能讲好学术故事，创造属于自己的学术风格与品位；同时也能讲好生活故事，在陪伴家人的时候能讲出更温暖的人生故事。

2023 年深秋于明德国际楼办公室

第十批《中国社会科学博士后文库》专家推荐表 1

　　《中国社会科学博士后文库》由中国社会科学院与全国博士后管理委员会共同设立，旨在集中推出选题立意高、成果质量高、真正反映当前我国哲学社会科学领域博士后研究最高学术水准的创新成果，充分发挥哲学社会科学优秀博士后科研成果和优秀博士后人才的引领示范作用，让《文库》著作真正成为时代的符号、学术的示范。

推荐专家姓名	王逸舟	电　话	
专业技术职务	教授	研究专长	中国外交、国际关系理论
工作单位	北京大学国际关系学院	行政职务	无
推荐成果名称	《理解战略叙事：国际政治中的话语武器与外交修辞》		
成果作者姓名	曹德军		

　　（对书稿的学术创新、理论价值、现实意义、政治理论倾向及是否具有出版价值等方面做出全面评价，并指出其不足之处）

　　外交叙事是国家利益的载体，研究决策者如何对外阐明言论，如何塑造连贯一致的战略表述，具有重要的学理意义。国际政治语言学长期对外交话语已有相关阐述，但专门探究战略叙事机制的著作并不多见。尤其在大国竞争加剧时代，对战略叙事的塑造机制进行深度的学理解释与阐发尤为必要。基于此，《理解战略叙事》体现了跨学科创新意识，学术价值突出，值得鼓励与赞许。

　　德军是我指导的博士生中最勤奋，也是成果最丰富的一位。但愿他能继续保持学术研究的热情与灵感。当然战略叙事研究还可以更加实证与精细化，建议未来可以进行更多理论建构与实证检验，同时也可以从中国传统思想中发掘新的知识增长点，以助于超越主流学说框架。

　　特此推荐。

签字：
2021 年 2 月 26 日

　　说明：该推荐表须由具有正高级专业技术职务的同行专家填写，并由推荐人亲自签字，一旦推荐，须承担个人信誉责任。如推荐书稿入选《文库》，推荐专家姓名及推荐意见将印入著作。

第十批《中国社会科学博士后文库》专家推荐表 2

《中国社会科学博士后文库》由中国社会科学院与全国博士后管理委员会共同设立，旨在集中推出选题立意高、成果质量高、真正反映当前我国哲学社会科学领域博士后研究最高学术水准的创新成果，充分发挥哲学社会科学优秀博士后科研成果和优秀博士后人才的引领示范作用，让《文库》著作真正成为时代的符号、学术的示范。

推荐专家姓名	方长平	电　话	
专业技术职务	教授	研究专长	国际政治理论
工作单位	中国人民大学国际关系学院	行政职务	副院长
推荐成果名称	《理解战略叙事：国际政治中的话语武器与外交修辞》		
成果作者姓名	曹德军		

（对书稿的学术创新、理论价值、现实意义、政治理论倾向及是否具有出版价值等方面做出全面评价，并指出其不足之处）

战略叙事是国际关系中一个重要但却未被充分探讨的学术议题。曹博士的书稿选题问题意识突出，具有较强的理论价值与政策意义。该书围绕战略叙事的生成、投射与变迁逻辑，分别探讨了若干重要案例。一方面，为洞悉大国竞争的话语逻辑提供综合性的分析框架，对主流外交沟通理论和政治语言学具有完善与创新意义。另一方面，在现实政策方面为深入理解大国战略竞争、首脑外交与全球治理提供了新视野、新思路。

作者学术功底扎实、文字表达清晰，能较好驾驭基础性学术问题。书稿立足于回答中国外交面临的理论和现实挑战，将为"讲好中国故事"提供有益启发，具有较强的出版价值。当然，叙事类型化与理论机制建构还有进一步提升和完善的空间，希望作者日后继续追踪研究。

特此推荐。

签字：方长平

2021 年 2 月 25 日

说明：该推荐表须由具有正高级专业技术职务的同行专家填写，并由推荐人亲自签字，一旦推荐，须承担个人信誉责任。如推荐书稿选入《文库》，推荐专家姓名及推荐意见将印入著作。